貧困と地域福祉活動

―セツルメントと社会福祉協議会の記録―

柴田　謙治　著

（株）みらい

はじめに

　筆者は、本書において、高度成長期までの日本におけるセツルメントと社会福祉協議会（以下「社協」と略）の実践から、①貧困問題のなかでも制度的な解決が必要な側面には社会政策が対応し、地域福祉活動は貧困の質的な側面に対して物心両面から必要を充足する、②①を通じた人格的交流には地域住民の主体化につながり、そこから地域福祉活動が芽生える可能性がある、③貧困に対応する地域福祉活動は、調査と話し合いによって貧困を自分にもかかわる問題として認識し、身につまされる思いによって価値観が変わることからすすめられたという事実を掘り起こしたい。

　筆者は上のような結論を模索して25年間悪戦苦闘してきたが、本書でセツルメントや社協による地域福祉活動の伝統と向かい合い、地域福祉活動を推進する方法を自分なりにことばにする作業を一段落させることができた。少しだけホッとしている。

　本書を執筆することができたのは、金城学院大学現代文化学部福祉社会学科でソーシャルワーカーを養成する体制が整備されたことによる。現在の同僚である朝倉美江氏、浅野正嗣氏、王文亮氏、杉本貴代榮氏、高橋和文氏、時岡新氏、林智樹氏、原史子氏、そして特任教授というお立場であり、「同僚」などと記載するのもおこがましいが、副田義也先生に感謝申し上げたい。また上智大学文学部社会福祉学科でお世話になった故・松崎粂太郎先生、大学院の講義などでお世話になった江口英一先生、大学院生時代からご指導いただいている濱野一郎先生、頼りない筆者に温かい励ましのことばをかけてくださった井岡勉先生、右田紀久惠先生に感謝申し上げたい。

　そして重田信一先生と渡部剛士先生との出会いがなければ、本書は存在しなかったであろう。重田先生には、全社協を育てられたご本人からお話を伺い、大量な原稿に目を通していただいて、ご助言いただくという、非

常に豪華で貴重な経験をさせていただいた。また渡部先生と出会い、山形県社協に保管されていた貴重な歴史的資料にふれることが、本書を執筆し、記録を遺す動機や使命感につながった。筆者をこれらの資料と現在の実践に出会わせてくださった山形県社協の松田昭裕事務局長、柴田邦昭氏、そして山形県社協と山形の市町村社協の職員の皆様並びに日本地域福祉施設協議会でお付き合いいただいている皆さまに感謝申し上げたい。

　本書の出版にあたっては、金城学院大学・父母会特別研究助成費より出版を助成していただいた。心から感謝申し上げたい。また株式会社みらいには、出版事情が厳しいにもかかわらず、本書の出版を引き受けていただいた。代表取締役の酒向省志氏に、感謝の意を表したい。

2007年10月

柴田　謙治

目次

はじめに

序章　本研究の目的と研究方法、構成 …………………13

第Ⅰ節　本研究の背景と目的―なぜ貧困と地域福祉活動か―
　………………………………………………………………13
1　本研究の背景／13
2　本研究の目的／15

第Ⅱ節　研究の課題と視点、仮説―貧困に対応する地域福祉活動とは何か― ………………………………………18
1　研究の課題と視点／18
2　研究の仮説と枠組み／20

第Ⅲ節　研究の方法と構成 …………………………………22
1　研究の方法と対象領域／22
2　第Ⅰ部の構成と研究方法／24
3　第Ⅱ部の構成と研究方法／25
4　第9章の課題と研究方法／28
5　終章の課題と結論／29

第Ⅰ部　セツルメントにおける人格的交流と主体化

第1章　セツルメントにおける人格的交流 ……………37

第Ⅰ節　セツルメントの定義と草創期の活動 ………………37
1　セツルメントとは何か―人格的交流を通じた自律支援―／37
2　草創期のセツルメントと貧困地域における教育／39

第Ⅱ節　セツルメントの全盛期と衰退、復興 ………………41
1　貧困地域の増加とセツルメントの全盛期／41

  2 セツルメントの衰退と復興／44
 第Ⅲ節 東京帝国大学セツルメントと人格的交流 ……45
  1 東京帝国大学セツルメントの誕生／45
  2 東京帝国大学セツルメントにおける人格的交流／47
 第Ⅳ節 財源問題と協同組合的運営 ……51
  1 協同組合の運営と東京帝国大学セツルメントの閉鎖／51
  2 戦後の医療活動と協同組合方式による運営／53

第2章 貧困と人格的交流による主体化 ……57

 第Ⅰ節 人格的交流による住民の主体化
    ―興望館の歴史から― ……57
  1 セツルメントによる人格的交流と住民の主体化／57
  2 必要を充たされる経験と人格的交流、主体化／59
 第Ⅱ節 貧困とセツルメント活動の代替性 ……61
  1 スラム地区の貧困とセツルメントによる活動の限界／61
  2 スラム地区におけるセツルメント活動の代替性／63
  3 補充性の課題―独自の対象と機能―／65
 第Ⅲ節 代替性のもとでのセツルメントの役割 ……67
  1 セツルメントの独自の対象としての「うめき」と主体性の侵食／67
  2 人格的交流と生活に潤いを与えるプログラム／70
 第Ⅳ節 スラム地区の減少とセツルメントの退潮 ……75
  1 スラム地区の減少とセツルメントの退潮／75
  2 スラム地区の減少の社会階層的背景／76
  3 日本のセツルメントの退潮／81

第3章 セツルメントのコミュニティケアへの展開 …87

 第Ⅰ節 横須賀基督教社会館のとコミュニティケア ……87

1　設立からコミュニティ・オーガニゼーションへ／87
　　2　地域組織化の実践と「地域が支える福祉」の発展／91
　　3　「地域で支える福祉」とコミュニティケアへの転換／93
　第Ⅱ節　インナー・シティにおける地域組織化 ……………96
　　1　川崎・横浜愛泉ホームの設立と活動の展開／96
　　2　愛泉ホームにおける住民主体と地域組織化の方法／98
　第Ⅲ節　名古屋キリスト教社会館の実践 ……………………99
　　1　名古屋キリスト教社会館の特長と設立の背景／99
　　2　障がい者の自立支援とコミュニティケアへの展開／100
　　3　高齢者のコミュニティケアと社会関係の保存／102
　第Ⅳ節　セツルメントにおける地域組織化の課題 …………104
　　1　今日のセツルメントと貧困に対応する地域福祉活動／104
　　2　サービス供給と地域組織化、利用者参加／108
　　3　セツルメントの大衆性と拠点性―善隣館の歴史から―／111
　　4　善隣館と地域との関係／113

第Ⅱ部　山形における住民主体と地域組織化

第4章　社協の設立と保健福祉活動への展開 ………119

　第Ⅰ節　アメリカにおける社協の誕生 ………………………119
　　1　コミュニティ・オーガニゼーションの発展／119
　　2　ソーシャル・アクションから自治への展開／122
　第Ⅱ節　日本の地域組織化の原像と社協の設立 ……………125
　　1　戦前の日本における地域組織化の原像／125
　　2　社協の設立とコミュニティ・オーガニゼーション／127
　第Ⅲ節　保健福祉活動による地域組織化への展開 …………130
　　1　地域組織化の困難と保健福祉活動への展開／130

2　保健福祉地区組織育成中央協議会と保健福祉活動／132

第5章　住民主体と山形会議 …………………………137

第Ⅰ節　1962年社協基本要項と住民主体原則 …………137
   1　1962年社協基本要項における住民主体の記述／137
   2　住民主体に影響を与えた社協の実践／139

第Ⅱ節　山形会議の概要 ……………………………141
   1　住民主体と山形会議／141
   2　社協の自主性と組織構造の矛盾、地域組織化の方法／142

第Ⅲ節　山形会議の結論 ……………………………146
   1　都道府県社協と郡市町村社協について／146
   2　社協活動の課題と方向／147

第Ⅳ節　飯豊町社協における住民主体 ………………149
   1　飯豊町社協における地域組織化のはじまり／149
   2　飯豊町社協における活動の広がりと住民主体／153

第Ⅴ節　住民主体と身につまされる思い ……………156
   1　山形における社協活動の発展と身につまされる思い／156
   2　住民主体と思想、身につまされる思い／161

第6章　身につまされる思いと調査による掘り起こし
　　　　　……………………………………………………167

第Ⅰ節　山形における住民主体の開拓と渡部剛士氏 ………167
   1　戦争の反省と農村のうめき／167
   2　社協への就職と調査による問題の掘り起こし／169

第Ⅱ節　農村の貧困と身につまされる思い ……………173
   1　調査による問題と農民のうめきの掘り起こし―西村山郡西川町小山
      地区の記録から―／173

2　貧困への取り組みとしての保健福祉活動／176
　3　貧困の質的な側面と農民の「うめき」／178
第Ⅲ節　心を動かす「調査と話し合い」の実践 …………184
　1　「調査と話し合い」による住民主体の保健福祉活動／184
　2　心を動かす「調査と話し合い」／186

第7章　地域組織化の成立と「調査と話し合い」……191

第Ⅰ節　本章の目的と方法…191
　1　本章の目的と構成／191
　2　事例分析の枠組みについて／192
第Ⅱ節　調査と話し合いによる地域組織化の事例（余目町社協）………………………………………………195
　1　準備段階と地域診断／195
　2　調査と話し合いによる地域組織化の過程／197
　3　問題の把握と活動目標の決定、実施、評価の繰り返し／199
第Ⅲ節　リーダーの支援とインターグループ・ワーク（宮内町足軽地区）………………………………201
　1　地区指定までの準備段階／201
　2　地域組織化の過程と技術／202
第Ⅳ節　調査と話し合いから「つなげる実践」へ（白鷹町社協）………………………………………………206
　1　準備段階と地域診断／206
　2　育成協の活動の展開／207
　3　「調査と話し合い」から「つなげる実践」へ／209
第Ⅴ節　貧困と保健福祉活動─調査と話し合いという方法─
　　　　　………………………………………………………211
　1　農村の貧困と保健福祉活動／211

2　地域組織化の過程と技術—調査と話し合いという方法—／212

第8章　住民主体の継承と社協の役割の再検討 ……221

第Ⅰ節　社協の財源問題と役割の転換点 …………………221
　　1　共同募金の配分の減額と財源問題のはじまり／221
　　2　社協の財源問題と行政への依存／222

第Ⅱ節　山形における住民主体の継承 …………………224
　　1　住民主体、調査と話し合いの継承—川西町社協の事例—／224
　　2　山形における住民主体の継承とサービスの提供の課題／227

第Ⅲ節　地域組織化と社協のセクター論的再検討 …………229
　　1　インフォーマル部門の役割の問い直し／229
　　2　社協の役割と地域福祉活動をすすめる方法の問い直し／232

第Ⅳ節　社協によるサービスの供給の課題 ………………234
　　1　社協によるサービスの供給と公私役割分担／234
　　2　社協によるサービス供給とセクター論的位置／235

第9章　イングランドにおける貧困とコミュニティワーク ……………………………………243

第Ⅰ節　貧困に対応する政策体系と公的部門によるコミュニティワーク ………………………………………243
　　1　貧困に対応する社会政策と地域福祉活動の位置／243
　　2　インナー・シティの貧困とインナー・シティ政策／246
　　3　公的部門によるコミュニティワークの挑戦と限界／249

第Ⅱ節　インフォーマル部門の役割と限界 ………………252
　　1　貧困地域における助け合い—難しさと可能性—／252
　　2　良い隣人運動とインフォーマル部門の役割／256

第Ⅲ節　社会的経済とボランタリー部門の役割 ……………260

1　ボランタリー部門による仕事づくりの展開と限界／260
　　2　ボランタリー部門の特質と役割／264
　第Ⅳ節　コミュニティ・ディベロップメントの機関 ………266
　　1　コミュニティ・ディベロップメント・ワークの方法／266
　　2　コミュニティ・ディベロップメント・ワークの機関／269

終　章　貧困と地域福祉活動―価値観の転換と推進方法―
…………………………………………………**277**

　第Ⅰ節　野宿生活者の貧困と社会政策の課題 …………277
　　1　野宿生活者の貧困と社会政策／277
　　2　野宿生活者の貧困と私たちのへだたり／280
　第Ⅱ節　貧困と地域福祉活動の対象としての私たち ………284
　　1　貧困の変容と「私たち」とのへだたりの拡大／284
　　2　地域福祉活動の対象としての私たちの価値観／287
　第Ⅲ節　私たちの価値観の転換と社会福祉実践 …………289
　　1　中川福祉村における福祉文化と自治への取り組み／289
　　2　価値観の変革と内面の変革、社会福祉実践／293

文献 ……………………………………………………299

序章

本研究の目的と研究方法、構成

第Ⅰ節　本研究の背景と目的
　　　　―なぜ貧困と地域福祉活動か―

1　本研究の背景

（1）貧困と地域福祉、コミュニティワークのかかわり

　筆者はこの研究で、貧困問題に対応する地域福祉活動をすすめる方法について、考察したい。貧困問題を解決するためには社会政策が不可欠であり、社会政策の研究が重要であるにもかかわらず、なぜ貧困と地域福祉活動について研究するのか。それは地域福祉活動には地域住民の価値観に働きかけ、貧困を地域住民にかかわりのある問題として認識させるという、社会政策とは独自の役割があるからである。

　そして今日では、貧困に対して地域福祉やコミュニティワークがどのようにかかわるのかが問われている。たとえば厚生省（現「厚生労働省」）の「『社会的な援護を要する人々に対する社会福祉のあり方に関する検討会』報告書」では、貧困や心身の障がい、社会的排除や摩擦、社会的孤立、孤独などの問題に対して、(1)新たな「公」の創造、(2)問題の発見・把握、それ自体の重視、(3)問題把握から解決までの連携と統合的アプローチ、(4)基

本的人権に基づいたセーフティネットの確立という考え方に基づいた、新しい社会福祉の考え方が提言され、地域福祉やコミュニティワークには個性を尊重し、異なる文化を受容する地域社会づくりが期待されている。

（2）地域福祉とは何か

　地域福祉とは、永田幹夫氏の定義によると「社会福祉サービスを必要とする個人・家族の自立を地域社会の場において図ることを目的とし、それを可能とする地域社会の統合化・基盤形成を図るうえに必要な環境改善サービスと対人的福祉サービス体系の創設・改善・確保・運用およびこれらの実現のための組織化活動の総体」であり、①予防的サービス、専門的ケア、在宅ケア、福祉増進サービスを含む「在宅福祉サービス」、②物的・制度的条件の改善整備のための「環境改善サービス」、③地域組織化・福祉組織化を含む「組織活動」から構成される（永田、1985、p.36）。極度に単純化して表現するならば、地域福祉とは「地域で支える福祉」と「地域が支える福祉」によって成り立つ、といってよいのかもしれない[1]。

　なお野原光氏は、個人の「自立」を他の何者にも依存しない近代的市民像として強調するのではなく、「助けを求め、求められる存在という意味で、連帯をうちに含んだ概念」として設定し、自立した個人とは自己決定に基づいて助けを求め、他者の自律を脅かすことなく助け、助けられる関係を形成する「自律的な」個人であると述べられている（野原、2004、pp.292─293）。それゆえに筆者は、地域福祉の目的を「自立」の支援ではなく「自律」の支援だと考えたい。

　また右田紀久惠氏の定義によると、地域福祉とは包括的には「生活権と生活圏を基盤とする一定の地域社会において、経済社会条件に規定されて地域住民が担わされてきた生活問題を、生活原則・権利原則・住民主体原則に立脚して軽減・除去し、または発生を予防し、労働者・地域住民の主体的生活全般にかかわる水準を保障し、より高めるための社会的施策と方

法の総体であって、具体的には労働者・地域住民の生活権保障と、個としての社会的自己実現を目的とする公私の制度・サービス体系と、地域福祉計画・地域組織化・住民運動を基礎要件とする」福祉であり（右田、1973、p.1)、在宅福祉サービスや地域組織化だけでなく、所得保障、雇用、教育、保健、医療、住宅、生活環境等の関係公共施策といった地域での生活を成り立たせる基本的要件が存在して成り立つものである[2]。

その後地域福祉のあるべき姿として、"新たな「公共」の構築"をめざす「自治型地域福祉」が示された。右田氏によると公共性とは「生」の営みにおける共同性を原点とした「ともに生きる」原理であり、地域福祉の主体である地域住民が多様な差異を認識して自己同一性を打ち立てる力を身につけ、私的な利害を主体的に調整することも含むものである。そして自治型地域福祉を構築するためには、上記のような地方自治を形成する住民の力と、地域福祉を推進する基礎自治体の自治能力が重要である（右田、1993、p.12、8、2000、p.14、16）。

今日では地域福祉を推進する方法は、地域組織化やコミュニティワークだけでなく、コミュニティソーシャルワークによる個別支援や福祉教育、ボランティア活動の推進、当事者の組織化などの主体形成、計画策定、社会福祉の運営など重層化している。そして地域組織化やコミュニティワークは、地域福祉を推進する方法の1つである。

2　本研究の目的

（1）貧困に対応する地域福祉とは何か

今日では貧困が再び社会福祉の課題になりつつあるため、貧困に対応する地域福祉の構想が示されてもよいかもしれない。筆者は前述のような地域福祉論の蓄積を参考にして、貧困に取り組むためには以下のような地域福祉が必要だと考えている。

まず貧困に対応する地域福祉の目的は、貧困な人の生活権の保障と、主体性や自律の尊重である。そして貧困に対応する地域福祉の前提条件は所得保障や雇用、教育、保健、医療、住宅、生活環境などにかかわる社会政策である。公的部門には無拠出で資産調査がなく、基本的な人権として利用できる公的扶助や、労働市場へのアクセスを高めるための職業訓練と雇用創出という雇用政策、貧困になっても住まいを喪失せずにすむような住宅政策、依存症などに苦しむ人の必要を充足できるような医療、衰退地域の支援などを提供することが求められる。(Schulte,2002,pp.122—124、130—138、p.140)。

　「地域で支える福祉」には、情報提供やリーチアウト、公的扶助などの社会政策を利用するための相談と助言、定住のための生活支援を、地域に根ざしたサービスとして運営することによって、上のような安全網からこぼれ落ちる人の必要を充たし、自律を尊重することが求められる。そして「地域が支える福祉」とは、当事者の組織化や福祉教育、ボランティア活動の推進、地域組織化などの方法を通じて、地域住民が貧困を自分たちにかかわりがある問題として認識して貧困な人を隣人として見守り、「できること」の範囲で主体的な地域福祉活動を行い、「できること」を超える問題には地域福祉計画などの方法を用いて貧困な人を排除しない自治により解決を図ることである。地域福祉を主導するのは地域住民によるボランタリー・アクションであり、自治体行政は自治のパートナーとして地域福祉を推進する。

　筆者がどのようにして上記のような「貧困に対応する地域福祉」という考え方にたどりついたかについては、本稿で順次説明していきたい。

(2) 貧困と「自立支援」の現状

　しかし日本の現状は、残念ながら上述のような貧困に対応する地域福祉にはほど遠いといわざるを得ない。

2003年7月時点で野宿生活者が2万5000人にのぼるという調査結果を受けて、国は「ホームレスの自立の支援等に関する基本方針（2003年7月厚生労働省・国土交通省告示第1号）」を策定し、地方自治体も自立支援事業に取り組むようになった。社会政策の充実を伴わないそれらの特別な施策において「自立」とは、一時的な住居と住所を得て職を探し、依存的な状態から脱却すること、と認識されているようである。

たとえば筆者が本書を執筆しはじめた時点では、東京都および23特別区が実施する「路上生活者自立支援事業」について、野宿生活者に福祉事務所が面接を行って緊急一次保護センターに入所させ、委託を受けた社会福祉士によるアセスメントを経て、更生施設入所か宿泊所入所、簡易宿泊所における生活保護法の適用、生活保護の法外施設である自立支援センター入所を決定する、というシステムが紹介され、就労自立による退所は49.9％だが、管理・警備や建築・土木、清掃関係が多く、特に建設業などでは実質には日雇いで、住居確保も「住み込み」のこともある、などの問題点が指摘されていた。また木本明氏は、生活保護の措置権は福祉事務所にあるため、アセスメントにおける生活保護の必要性の記載が生活保護法の適用につながらないこともあるし、アセスメントによって緊急一次保護センターを退所した人のその後については、アセスメント担当者にしらされないことが多い、と指摘されていた（木本、2005、p.325、北川、2005、pp.230─235）。

その後ホームレスの自立支援については、岩田（2006）や藤田博仁（2006）、山崎克明他（2006）などの著作が刊行されたが、多くの地域では抜本的な改善に至っていないようである。

（3）地域生活の支援と地域社会づくり、地域福祉

筆者は貧困に対応する地域福祉のなかでも、地域福祉活動をすすめる方法について研究したい。なぜなら以下の事例のように、野宿生活者が地域

で生活する際には、野宿生活者を人間として尊重し、受容する地域社会づくりが必要だからである。

東京都新宿区では「NPO団体スープの会」が、元野宿生活者の宿泊所から地域生活への移行をすすめるために、日常生活の支援や求職活動・就労の支援、地域生活支援ホームの運営、一定期間のアパート生活体験のための中間施設の設置を行っていた。そして東京都も2004年度から「ホームレス地域生活移行支援事業」としてアパートを確保し、これまでの就労と公的就労を合わせて8万円の収入を想定して、NPOに委託して相談援助を行うこととしていた（木本、2005、pp.331―334）。木本氏は、野宿生活者の地域生活を実現するためには、地域住民の不安を回避する仕組みを見い出し、排除につながらないならないようにすることも必要であった、と記述されている（木本、2005、p.335）。

このように地域住民が野宿生活者を排除するのではなく、同じ人間として尊重し、受容するような地域社会を創り出すことが必要だが、その方法はまだ明らかではない。それゆえに本研究の目的は、地域住民の価値観に働きかけ、貧困を私たちにかかわりのある問題として認識して、貧困な人を尊重し、受容する地域社会を創り出す方法を明らかにすることである。

第Ⅱ節　研究の課題と視点、仮説
　　　―貧困に対応する地域福祉活動とは何か―

1　研究の課題と視点

（1）研究の課題

前述の「『社会的な援護を要する人々に対する社会福祉のあり方に関する検討会』報告書」では、個性を尊重し、異なる文化を受容する地域社会づ

くりを「地域福祉やコミュニティワーク」に期待しているが、筆者は野宿生活者を同じ人間として尊重し、受容するような地域社会を創り出すのは、前述の貧困に対応する地域福祉のなかでも地域福祉活動やコミュニティワークだと考えている。

コミュニティワークとは、アメリカで社会福祉援助技術の1つとして発展した「コミュニティ・オーガニゼーション（Community Organization）」がイギリスで独自に展開して、用いられるようになった概念である。それゆえに筆者はこの研究で、それらの方法を「地域住民による福祉活動をすすめる方法」や「地域福祉活動をすすめる方法」という日本語で表現し、本研究の課題としたい。

日本では地域福祉活動をすすめる方法は「地域組織化」と呼ばれ、活動主体の組織化、問題把握、計画策定、計画実施の5段階の過程によって説明されてきた（渋谷、2005、pp.248—249）。そして澤田清方氏は、地域福祉を推進する方法として、学習と活動の実践、リーダーの把握と組織化、当事者の組織化、専門機関・団体との連携のネットワークづくり、地域情報活動、ソーシャルアクションをあげられている（澤田、2003、pp.160—164）。端的に述べるならば、地域福祉活動をすすめる方法の要点は「調査と話し合い」であろう。

（2）研究の視点

ただし筆者は、「調査と話し合い」を用いれば即座に、貧困などに対する地域住民による福祉活動が展開するとは考えていない。むしろ貧困、あるいは地域福祉活動とは、「調査と話し合い」を行うだけではなく、地域住民の危機感を呼び覚まさなければ成功しない。

たとえば篭山京氏は、活動家が下からのボランタリー・アクションにかりたてられる理由として、貧困により人間性を蝕まれることへの危機感という、生活、あるいは人間への危機感をあげられている（篭山、1981、

p.200)。篭山氏と江口氏は共著である『社会福祉論』で明治期以降の福祉にかかわる活動を活動の主体から、①不特定の個人たちの個人的な活動の段階、②地域運動や職域運動として集団の組織的活動の展開される段階、③資本家の活動する段階、④国または地方自治体による制度的活動の段階、に分類し、家族や地域、職場という場で展開される活動が、自治体や国の制度に影響を与えると記述されている。そしてそれらの活動は、困難な現実が存在し、それらを目の前にいる人の問題だけでなく社会全体に広がる問題として認識し、調査によって正しくソーシャル・ニードをとらえることによって、庶民の危機感につながり、活動が広がっていくと説明されている。篭山氏と江口氏によると、社会福祉とは底辺からの要求と、それを慰撫しようとする上からの管理活動との不可分な体系である（篭山・江口、1974、p.63、80、pp.88—90、12）[3]。

つまり「調査と話し合い」によって地域住民が動く背景には、生活問題の存在と自分にかかわる問題としての認識、危機感、共感があり、貧困に対応する住民主体の地域福祉活動とはこれらの「なぜ地域住民が動くのか」につながる水脈を掘り起こせるような「調査と話し合い」を実践することで生まれるのである。それゆえに本研究では「調査と話し合い」という方法だけに注目するのではなく、「調査と話し合い」によって地域住民が貧困を自分たちにかかわりのある問題として認識し、危機感や身につまされる思いから価値観が変わり、ボランタリズムが芽生えるという、内面の変化にかかわる視点を重視したい。

2　研究の仮説と枠組み

（1）研究の仮説

　貧困問題の制度的な解決が必要な側面に対応するのは、社会政策である。そして筆者は、地域福祉活動は貧困の質的な側面に対して、精神面での必

要を充足すると考えている（対象と機能に関する仮説）。そして貧困に対応する地域福祉活動をすすめる方法とは、調査と話し合いによって「貧困を自分にもかかわる問題として認識し、身につまされる思いによって価値観が変わり、できる範囲の活動が芽生えて、一緒にやろうという人が現れて広がってゆく」というのが本研究の仮説である。

後者の仮説は、上述の篭山氏の記述を参考にするならば、「貧困に対する危機感（身につまされる思い）による住民主体の生成」と表現することができる。

（2）研究の枠組み

吉田久一氏は社会事業の構成要素として、①社会問題、②政策、制度、行政、施設、従事者、③実践方法（処遇・組織・運動）、④思想、をあげている（吉田、1990、p.1）。本研究では上述の仮説を検証するために、可能な限り上のような枠組みを尊重しながら、③の実践方法として「調査と話し合い」に焦点をあて、地域住民の危機感と自発的な活動の関連を分析したい。しかし筆者は本研究の枠組みを、地域住民と地域組織化の方法だけに限定せずに、社会福祉施設も含めたい。

重田信一氏は、1942（昭和17）年に「都市社会事業に関する研究」で、当時財源確保に苦しんでいた社会事業の問題として、「社会事業の内部から、唯単に社会一般の社会事業への関心の稀薄なことを人心として冷たく評する以前に、社会事業は今日迄その本来の活動である『質的活動』をどの程度専門化し、且対象の生活に浸潤させることが出来たかを反省し、しかもその質的活動の成果が一般市民の生活との連がりで理解し得られる様に、無形の活動を具体的に、質的な深さを数量的に再現する労がどの程度採られたかを、もう一度、心から反省する必要があるのではなかろうか」と指摘し、地域組織と社会事業の関係について、a. 社会事業活動促進のために——地域組織の社会事業への協力、b. 地域生活確保のために——社会事業

の地域共同生活の補強工作的活動、を示し、地域生活を確立するために、また社会事業への関心を高めるためには、社会事業家は市民生活刷新運動への深い理解を示し、自らを独り高しとする態度を改める必要がある、と述べている。(重田、1942、p.224、pp.236—237、256—257)

　以上の重田氏による記述では、地域住民と福祉施設の間には「社会福祉実践者は地域住民の生活を支え、地域住民は社会福祉実践を支える」という関係があることが示唆されている。その後両者は地域組織化と「施設の対地域社会関係 (community relations)」というように別個に実践され、研究されるようになったが、近年では福祉施設について、利用者の社会参加の拠点や自立生活の支援とともに、福祉教育の拠点や地域の福祉力形成の拠点としての機能をもつという評価がある[4]（定藤、1996年、pp.204—210）。

　それゆえに本研究では、地域住民が社会福祉を自分たちにもかかわりのある活動と認識し、福祉に対する価値観を変えるためのきっかけとして、福祉施設を研究の枠組みに含めておきたい。

第Ⅲ節　研究の方法と構成

1　研究の方法と対象領域

(1) 社会福祉研究の方法とは何か

　古川孝順氏は『社会福祉学の方法』において、第三世代の原理論研究に期待されていたのは第一世代や第二世代の理論を乗り越え、「隣接諸科学に対して社会福祉学の固有性を主張しうるような、独自の視点と枠組みを設定し、言語体系を構築することであったはずである」と述べ、「社会福祉方法論研究者たちは、そろそろわが国における援助活動の経験に根ざした援助論体系の開発に真剣に取り組むべき時期にきているように思われる」

と指摘されたうえで、社会福祉政策と技術については「社会福祉の本質が政策と技術いずれの側にあるかという当初の問題の立て方を避け、より実際的、具体的なレベルで、政策と技術がどのように結びつくのか、その論理を明らかにするという手法」を示唆されている（古川、2004、p.11、19、21）[5]。

また古川氏は、「社会福祉学は総合科学であり、かつ複合科学であるというのは、社会福祉という社会的事象を把握し、分析し、その成果を政策の策定と運用、援助の創出と提供という実践的行動に資する価値・知識・技術の体系として構築するには、社会福祉学を既成単一のディシプリンの枠組みを超えた学際的な総合科学、さらには複数のディシプリンを融合し、一つの、新たなタイプのディシプリンとして錬成する複合科学として構築することが求められているという意味においてである」と説明したうえで、「社会福祉学には、固有の対象領域に加えて固有の視座＝起点、視点と枠組みをもちながら、しかも必要に応じて関連する諸科学を動員し、そこからみだされる研究の諸成果を一つの体系として整理統合し、実践活動に役立てることを志向する特有の実際科学としての発展が期待されることになる」と記述している（古川、2004、p.28、59）。

それゆえに筆者は本研究で、日本の社会福祉実践の蓄積を対象領域として、関連する科学を応用しながらも独自の視点と枠組みに基づいて、社会福祉援助技術の理論化に取り組みたい。

（2）対象領域―なぜセツルメントと社協か―

本研究では日本の社会福祉実践の蓄積のなかでも、高度成長期のセツルメントと山形の社協の実践を対象領域としたい。この両者を取り上げるのは、単なる懐古趣味ではない。高度成長期のなかでも1960年代は、国民皆保険・皆年金体制が確立し、社会福祉でも六法体制が成立し、地域社会や家族機能の変化を背景として公害反対運動や保育運動が進展した時期で

あった。そして古典的な貧困だけでなく、いわゆる「新しい貧困」が取り上げられる移行期でもあった（河合、1981、pp.102—120）。

そして貧困問題の転換期までのセツルメントの実践の蓄積から、前述の貧困に対応する地域福祉活動の対象と機能についての仮説の検証を試みることができる。またこの時期の山形における社協活動の蓄積から、地域住民の身につまされる思いを引き出し、生活の貧しさを克服するために、「調査と話し合い」という地域福祉活動をすすめる方法が芽生えたことを検証できる。筆者は本研究で上記のような、セツルメントと社協による貧困に対応する地域福祉活動をすすめる方法の到達点について、検証を試みたい。

なお貧困に取り組む地域福祉活動には、各地の民生委員活動や生活と健康を守る会による活動も含まれるが、本研究では研究対象をセツルメントと社協の活動に限定したい。なお生活と健康を守る会の活動については、寺久保（2004）が詳しい。

2　第Ⅰ部の構成と研究方法

（1）第Ⅰ部の構成

「第Ⅰ部　セツルメントにおける人格的交流と主体化」では、セツルメントの特質である「人格的交流」について、成立と主体化の意義について掘り下げ、「貧困問題の中でも制度的な解決が必要な側面には社会政策が対応し、地域福祉活動は貧困の質的な側面に対応する」という仮説の検証を試みたい。

「第1章　セツルメントにおける人格的交流」では日本のセツルメントの通史と東京帝国大学セツルメントの事例から、人格的交流が貧困な地域に住む児童の生活の貧しさを文化活動によって充たすことによって成立した可能性を示唆したい。そして「第2章　貧困と人格的交流による主体化」では興望館の歴史などから、地域住民の必要を心身両面から充足すること

によって生じる人格的交流が地域住民の主体化につながり、代替性のなかでも貧困の質的な側面に対応する意義があったことの検証を試みたい。また「第3章　セツルメントのコミュニティケアへの展開」では、日本のセツルメントがスラム地区の減少や財源問題などの存立基盤の変容によってコミュニティケアに取り組むようになるなかで、調査や話し合いによる地域組織化とサービスの提供の双方を定着させることができたのかを問い、セツルメントに実践可能な地域組織化の方法として、利用者参加を提起したい。

（2）第Ⅰ部の研究方法

この時期のセツルメントは、実践的にも理論的にも、コミュニティワーク論以前に、社会事業理論や社会福祉理論によって評価せざるをえない。当時のセツルメントの実践の意義について、社会事業理論や社会福祉理論、生活問題論を参考にして考察した結果、代替性のなかでも金銭給付とは異なる意義もまた、あるように思われた。

そこで筆者は社会福祉学だけでなく、関連する科学として社会政策学、なかでも貧困論を参考にして、セツルメントの実践にみられた代替性に収斂されない、貧困の質的側面にかかわる意義について考察した。一人の研究者がいくつものディシプリンを援用して総合科学の構築を試みることは容易ではないし、諸科学の「寄せ集め」的になる危険性もあるため、労働と生活を統一的に把握する社会政策学を選択し、援用したのである。

3　第Ⅱ部の構成と研究方法

（1）第Ⅱ部の構成

セツルメントによる貧困地域における福祉活動には「自然発生的」ゆえの限界もあったのに対して、社協は「調査と話し合い」という専門的な方

法を用いて、地域福祉活動を推進した。「第Ⅱ部　山形における住民主体と地域組織化」では、調査と話し合いという方法によって貧困に対応する住民主体の地域福祉活動が芽生え、「貧困を自分にもかかわる問題として認識し、身につまされる思いによって価値観が変わり、できる範囲の活動が芽生えて、一緒にやろうという人が現れて広がってゆく」という仮説を検証したい。

　第4章、第5章では、上述の仮説のうち「住民主体の地域福祉活動」とそれをすすめる機関について掘り下げたい。「第4章　社協の設立と保健福祉活動への展開」では、なぜ設立当初は地域福祉活動を推進することが困難だった社協が、1960年代前後に「保健福祉」という観点から貧困に取り組むようになり、地域福祉活動をすすめる機関へと成長できたのかについて検証したい。そして「第5章　住民主体と山形会議」では「住民主体の地域福祉活動」について、なぜ社協が1962（昭和37）年の社協基本要項で「住民主体」を記載したのか、住民主体とは何かを、山形会議の記録や山形会議で事例分析の素材となった飯豊社協の実践を掘り起こして明らかにしたい。

　そして第6章、第7章では、調査と話し合いという方法によって、「貧困を自分にもかかわる問題として認識し、身につまされる思いによってできる範囲の活動が芽生え」、貧困に対応する地域福祉活動がすすめられるという、「貧困に対する危機感（身につまされる思い）による住民主体の生成」についての仮説を検証したい。

　「第6章　身につまされる思いと調査による掘り起こし」では、農村の貧困の質的な側面であるうめきや身につまされる思いに調査が火を点けたことがきっかけとなって、地域住民にできる範囲の活動が展開したことを指摘したい。

　「第7章　地域組織化の成立と『調査と話し合い』」では、「貧困に対する危機感による住民主体の生成」という仮説について検証を試みたい。当

時の地域組織化の実践事例は、社協職員が「調査と話し合い」という地域組織化の方法を用いることによって、地域住民が農村の貧困を自分にかかわる問題として認識し、身につまされる思いによってできる範囲の活動が芽生えたことを物語っている。その後山形では「調査と話し合い」による住民主体の地域福祉活動が継承されたが、それ以降社協は在宅福祉サービスの提供という役割を果たすようになり、山形に限らず多くの社協が、地域組織化の方法だけでなく、地域組織化をすすめる機関の役割についても問われるようになった。筆者は「第8章 住民主体の継承と社協の役割の再検討」で、社協に「『できることをする』とは何か」「社協の役割とは何か」などが問われるようになったことを示したい。

（2）第Ⅱ部の研究方法

吉田久一氏は学問領域として社会事業史を取り上げる際には、問題設定→仮説→実証（具体的現象）→整理・分類→分析・総合構成→体系化・理論化→意義づけ→記述という手順をふみ、史料を蒐集した後には、真実性や可信性、美談性、履歴性や書き手の主観による歪曲の有無、本源性などの史料批判と、史料の理解・解釈と事実の再現のための可及的接近、典型の選択という作業が伴う、と述べている（吉田、1990、p.1、pp.3—5）。

筆者は「第Ⅱ部 山形における住民主体と地域組織化」において本研究の仮説を、主に事例分析という研究方法によって検証したい。中村雄二郎氏は、「一般的な問題についての論理的にきれいに扱いうる論議ではなくて、多くの不確かな要因から成る個別的な諸問題について、それらにどう対処し、それをどう考えたらいいかを教える」事例論を手がかりに実践や実践知、そして近代科学が見落とし、排除してきた側面を生かした「臨床の知」について考察されていた（中村、1992、p.68、125）。統計を用いた実証には社会科学的な魅力があるが、実践においてはさまざまな不確かな領域も含まれている。そして本研究では、既存の理論を用いてもきれいに

説明しきれない問題に、福祉実践者が不確かさのなかで個別性を重視して対応し、新たな実践理論を生み出していく過程が散見される。このような理論形成を分析するためには、事例分析という方法が最適であろう[6]。

事例分析で用いる史料の詳細については「第Ⅱ部　山形における住民主体と地域組織化」で述べるが、事例分析で用いる史料は山形県社協の倉庫に保管されていた山形会議の資料と、当時の山形における社協活動の事例集であり、これらは処遇史というよりも実践史に該当する[7]。

4　第9章の課題と研究方法

（1）第9章の課題と構成

「第9章　イングランドにおける貧困とコミュニティワーク」では、「第8章　住民主体の継承と社協の役割の再検討」で示した、インフォーマル部門と社協の役割について、イングランドにおける貧困と地域福祉活動の検討を通じて問い直したい。

「第Ⅰ節　貧困に対応する政策体系と公的部門によるコミュニティワーク」では、イングランドでは貧困に対応する地域福祉活動は、貧困のなかでもインナー・シティなどの「地域的貧困」に対する活動として展開したことを示し、「第Ⅱ節　インフォーマル部門の役割と限界」では、インフォーマル部門には「見守る」以上の役割は期待されないことを述べたい。「第Ⅲ節　社会的経済とボランタリー部門の役割」では、インフォーマル部門の役割を超える活動は、ボランタリー部門によって社会的経済や雇用支援というかたちで実践されていることを示したい。そして「第Ⅳ節　コミュニティ・ディベロップメント・ワークの方法と機関」では、貧困に対応する地域福祉活動をすすめる方法としてコミュニティ・ディベロップメントが用いられ、ボランタリー組織やボランタリーサービス協議会、農村地域協議会がコミュニティ・ディベロップメントを通じてインフォーマル

部門やボランタリー部門を支援していることを明らかにし、日英の社協の役割について考察したい。

（2）第9章の研究方法

「第9章　イングランドにおける貧困とコミュニティワーク」では、フィールドワークと文献研究という研究方法により、調査と話し合いという地域福祉活動をすすめる方法の今日的な実践方法について考察するとともに、貧困に対応する地域福祉活動をすすめる方法だけでなく、その前提となる政策体系も示して、「肉付け」を試みたい。私がイングランドの実践や研究を参照するのは、欧米へのキャッチ・アップや東アジアモデルの構築のためではなく、セクター論や比較福祉国家論を援用して日本の事実と「ねじれ」を理解し、ことばにするためである[8]。ただし日本の研究から得られた、「身につまされる思いが地域住民を動かす」という「情」にかかわる知見は、やはりイングランドと比較すると東アジア的なのかもしれない。

5　終章の課題と結論

（1）終章の課題

本研究で得られた「『調査と話し合い』による身につまされる思いが地域住民を動かす」という知見を、今日の一般の地域に機械的にあてはめて、「調査と話し合い」を行っても、貧困な人を人間として尊重し、受容する地域社会の形成にはつながりにくいかもしれない。なぜなら高度成長期のスラム地区や山形の農村では地域住民自身が貧困であり、貧困を自分たちの問題として認識し、身につまされやすかったが、現在では多くの地域で「（古典的な形態での）貧困な人＝地域住民」という図式が崩れ、地域住民が野宿生活者の貧困を自分たちにかかわる問題として認識しにくくなっ

たからである。

　このような状況で調査と話し合いという方法を用いても、容易に地域住民が貧困を自分にもかかわる問題として認識し、身につまされる思いを感じるようにはならないであろう。そこで終章では、本研究で得られた知見を今日の貧困と地域福祉活動に活かすために、貧困と地域福祉活動の対象を「私たちの価値観」に転換させ、仮説のなかで残された「価値観が変わること」について掘り下げてみたい。

（2）終章で示す結論

　終章では、なぜ「私たちの価値観」が貧困と地域福祉活動の対象なのかについて、社会政策に課題が多い日本の現状では、貧困の質的な側面に対応する地域福祉活動には「価値観を変える」ことにしか取り組めないが、消費社会を形成し、標準的な生活水準を上昇させて、貧困と私たちのへだたりを拡大した一因は「私たちの価値観」であるため、「私たちの価値観」を貧困と地域福祉活動の対象とすることには、貧困と私たちのへだたりの拡大に歯止めをかけるという意味がある、と述べたい。

　そして今日の消費社会では、私たちが貧困に対して身につまされる思いを感じにくいため、貧困に対応する地域福祉活動の推進は、私たちが野宿生活者の貧困だけでなく、私たちの生活苦とその背景にある社会や価値観を問い直し、危機感をもつことから出発せざるを得ない。「私たちの価値観を変える」ことには内面の変革を伴うが、社会福祉実践には内面の変革をもたらす可能性がある。

　それゆえに終章では、セツルメントが利用者参加を、そして社協が福祉教育を通じて地域住民と社会福祉実践をつなげ、社会福祉実践がもつ「人間性を育てる性質」を活かして価値観を変えることの重要性を指摘したい。それらは、貧困に限定された活動ではないが、高齢期や障がいをもつ人、そして社会福祉に偏見をもたない地域社会の形成は、野宿生活者や貧困

ついても偏見をもたず、差別しない福祉社会の構築への足がかりとなるように思われる。

（注）
1) 私が「地域で支える福祉」と「地域が支える福祉」ということばを思いつき、授業や講演で使用するようになったのは、2005年の4月である。なお右田氏は右田(1993、p.14)において「地域に視点をあてた」施策や活動だけで地域を外から操作対象化し、施策化するような福祉は「地域の福祉」であって地域福祉ではないと指摘されているし、岡村重夫氏も1974年の『地域福祉論』において地域福祉概念を構成する要素として「(1)最も直接的具体的な援助活動としてのコミュニティ・ケア、(2)コミュニティ・ケアを可能にするための前提条件づくりとしての一般的な地域組織化活動と地域福祉組織化活動、(3)予防的社会福祉」をあげていた（岡村、1974、p.62）。
2) 右田氏は、地域福祉を成り立たせるために、①地域での生活を成り立たせる基本的要件（イ.所得保障、雇用、教育、保健、医療、住宅、生活環境等の関係公共施策、ロ.地方分権化、ハ.行政機能の統合化）、②生活上の困難への個別的対応としてのサービス構成要件（在宅福祉サービス等）、③両者を関係づけ組織化し計画化する運営要件（イ.地域福祉の具体化レベルでの公的責任としての制度と基準の設定、ロ.地域組織化、ハ.地域福祉計画、ニ.福祉教育、情報公開、ホ.地域福祉方法論、技術論の開発等）をあげている（右田、1986、p.302）。また井岡勉氏は地域福祉と社会政策のかかわりについて、「住民の地域生活条件の基盤整備が不可欠であり、地域福祉はこうした基本的・前提的政策をきめ細かく補充する位置・関係にある」と記述している（井岡、2003、p.15）。
3) 「底辺からの要求と、それを慰撫しようとするうえからの管理活動との不可分な体系」という視点の重要性については、重田信一先生より示唆していただいた。重田先生に感謝申し上げたい。
4) 重田信一氏は「アドミニストレーション」において、福祉施設と地域住民のかかわりを例示しながら「対地域関係の方法」としてパブリック・リレーションズ、施設の対地域サービス、地域社会における施設間調整と施設の役割をあげ、施設間調整において社協は施設への住民の理解と支持が強まるように働きかける役割があることを指摘している（重田、1971、p.303、327）。また1970年代には秋山智久氏等によって、いわゆる「施設の社会化」論として処遇の社会化や運営の社会化、問題の社会化、施設機能の地域への開放等が論じられ、その後は古川孝順氏等が施設と地域社会のコンフリクトについて研究した（秋山、1978=1992、p.200、古川孝順他、1993、p.163、174）。なお近年では、高森他（2003、p.138）のようにイングランドのコミュニティワークの文脈から、community relations を多文化共生として説明する教科書もある。
5) 重田信一氏も、アドミニストレーションやコミュニティ・オーガニゼーションを媒

介項として制度と処遇技術の関係を積極的に展開する必要があると指摘し、地域ぐるみや機関・施設ぐるみの福祉活動の展開に、制度と処遇技術の関係を解く鍵があると指摘していた（重田、1973、p.77）。

6) 中村雄二郎「臨床の知とは何か」（岩波新書、2002年）は、重田信一先生からいただいたものである。重田先生に、感謝申し上げたい。

7) 第Ⅱ部の研究が成立したのは、重田信一先生、濱野一郎先生、渡部剛士先生のご指導と、1994年12月に松田昭裕氏（現・山形県社協事務局長、当時地域福祉部長）に山形県社協の倉庫にご案内いただき、山形会議の資料と山形における社協活動の事例集を発掘できたおかげである。重田先生、濱野先生、渡部先生、松田氏、そして柴田邦昭氏をはじめとして、ヒアリングとフィールドワークでご協力いただいた山形の県市町村社協の皆さまに感謝したい。なお資料の発掘やヒアリング、フィールドワークは、平成6年度科学研究費補助金奨励研究（A）「自治体の福祉政策の形成における住民参加の機構と住民組織の機能の実証的研究」課題番号06710116、平成8年度科学研究費補助金奨励研究（A）「地域福祉活動における地域特性と活動プログラムの効果の実証的研究」課題番号087101129、平成10・11年度科学研究費補助金奨励研究（A）「地域性に対応した地域福祉活動プログラムの推進方法の実証的研究」課題番号10710102）による研究の成果である。

8) フィールドワークは、平成6年度厚生科学研究費補助『長寿科学総合研究推進事業』イギリスの高齢者福祉における住民の福祉活動の役割―コミュニティケアの観点から」、(1994年6月28日～9月25日）並びに平成15年度科学研究費補助金（基盤研究C）「地域福祉の国際比較―日韓・東アジア類型と西欧類型の比較―」（研究代表井岡勉）、日本学術振興会平成16～18年度科学研究費補助金（基盤研究B）「地域福祉の国際比較」（研究代表・井岡勉。課題番号16333012）によっている。厚生科学研究費補助でお世話になった西三郎先生、平岡公一先生並びに、日本学術振興会科学研究費補助でお世話になった井岡勉先生に感謝したい。

第Ⅰ部　セツルメントにおける人格的交流と主体化

第1章
セツルメントにおける人格的交流

第Ⅰ節　セツルメントの定義と草創期の活動

1　セツルメントとは何か
　　―人格的交流を通じた自律支援―

（1）本章の目的

　「第Ⅰ部　セツルメントにおける人格的交流と主体化」では、セツルメントが「人格的交流」によって貧困な地域で福祉活動をすすめたことを掘り下げる。「第1章　セツルメントにおける人格的交流」では、「第Ⅰ節　セツルメントの定義と草創期の活動」においてセツルメントの目的は人格的交流であることを示し、「第Ⅱ節　セツルメントの全盛期と衰退、復興」では、セツルメントが保育やクラブ活動を展開したものの、戦時体制下に減少し、終戦とともに復興したことを確認したい。
　そして「第Ⅲ節　東京帝国大学セツルメントと人格的交流」では、セツルメントの文化活動が貧困な児童の生活経験の貧しさを補い、貧困地域の住民との間に人格的交流が芽生える媒介となったことを、「第Ⅳ節　財源問題と協同組合的運営」では東京帝国大学セツルメントが財源問題を克服するために協同組合の運営に取り組んだが、学生集団ゆえに「方法」の欠

如という限界があったことを明らかにしたい。

（2）セツルメントの定義
―人格的交流を通じて物心両面を改善する活動―

　西内潔氏によると、セツルメントとは「問題の多い地区に教養のある人が意識的に、まず、定住することが第一で、次いで、友人として交わり、地区の人々の欲求を満たすため、仕事が組織立てられるのである。そうして、その目的は『人格的常時接触＝人格交流運動』によって、地区の人々の心身両面の向上を図り、生活改善や防貧事業を行い、地区の要求を入れて福祉増進を図ることが、セツルメントのねらいである。したがって、階級と階級、知識ある者とない者、富者と貧者等の橋渡し、すなわち、人間関係の調整である」（西内、1971、pp.2―3）。

　そして三浦三郎氏の「地域はその地域の人たちによって改造されるべきであって、だからその人たちに教えたり、指示してやらせたりということではなく、その人たちが自分たちでやる。それがセツルメントの基本だろうと思います」（興望館、1995、p.59）ということばは、セツルメントは、対等な関係の構築とともに自律支援をめざすことを示唆している[1]。

（3）日本のセツルメント運動の発展の時期区分

　日本のセツルメントは一時期社会事業の花形であったが、社会事業の専門化による埋没を経験しつつ、少数ではあるが今日まで生きながらえている。以下では、西内氏による日本のセツルメント運動の発展の時期区分を参考にして、「日本でセツルメントが何をしたのか」を振り返ってみたい。西内氏は日本のセツルメント運動の発展を、第1期（明治から1918（大正7）年の米騒動まで。セツルメントの草創期であり日本資本主義の勃興期）、第2期（1937（昭和12）年まで。セツルメントの全盛期であり、日本資本主義の爛熟期）、第3期（太平洋戦争終結まで。セツルメントの衰退期で

ありファシズムの全盛期）、第4期（1945（昭和20）年から執筆当時まで。セツルメントの復興期であり、日本民主化の時期）に区分されている（西内、1971、pp.74─75）。

2　草創期のセツルメントと貧困地域における教育

（1）大阪におけるセツルメントの前史

　吉田久一氏によると、トインビー・ホールの影響のないセツルメントを考えることができないため、日本最初のセツルメントは以下に述べる岡山の花畑教場ではなく、キングスレイ館である。しかしキングスレイ館より先に活動を開始した花畑教場もまた、セツルメントの発想に刺激されてスラム地区で教化事業に取り組み、後の大阪におけるセツルメント運動の種を蒔いたようである（西内、1971、p.33）。

　花畑教場が設立された背景には、アメリカの宣教師で岡山孤児院の顧問でもあったゼームス・ホーレス・ペテー博士と石井十次氏の尽力があった。ペテー博士は1890（明治23）年に、石井氏にロンドンの救世軍とトインビー・ホールの活動の重要性を説き、石井氏はロンドンで起きているような貧富の闘争にそなえて、貧児の自立と予防のために相愛夜学校と南部日曜学校創立の計画を立案した。ペテー博士はペテー・アダムス（Alice Pettee Adams）を日本に招き、ペテー・アダムスは賭博犯罪者もいる不衛生な暗黒地であった当時の花畑の子どもたちに日曜学校を開き、地域の住民に隣人愛をもって接し、地区住民の誤解や乱暴を信頼と尊敬に変えていった。事業は小学校開設から伝道、裁縫学校設立、施療所へと拡大し、ペテー・アダムス氏は岡山博愛会の理事長も務めるようになった（西内、1971、p.43、35、pp.52─54）。相愛夜学校は2年で閉鎖されたが、1917（大正6）年に大原孫三郎の支援により石井の精神を継承した石井記念愛染園セツルメントが大阪に創設され、今日の大阪に現存するセツルメント系の

施設へと思想的につながっていった（西内、1971、pp.34—37）。

（2）片山潜によるキングスレイ館の設立と教育的事業

　吉田久一氏が日本で最初のセツルメントと位置づけているキングスレイ館を 1897（明治 30）年に設立したのは、片山潜であった。潜は、1859（安政 6）年に岡山県美作国で生まれた。東京で働きながら学んだ後、渡米してクリスチャンになり、神学校で社会問題を研究して帰国後、キングスレイ館を設立した。潜はキングスレイ館の設立と同じ時期に、社会主義思想の普及や組合運動の指導、社会民主党の結成、労働世界の主筆をはじめ、1907（明治 40）年以降は労働運動に専念するようになった。1914（大正 3）年に日本を離れ、1919（大正 8）年にアメリカ共産党の結成に参加し、1921（大正 10）年にモスクワに行き、1924（大正 13）年には中国で活動して、1933（昭和 8）年にモスクワで死去した。それゆえに潜は一般には、国際労働運動の指導者として知られている（西内、1971、pp.179—185）。

　なぜ労働運動の指導者の潜が、キングスレイ館を設立したのか。潜は 1894 年の英国旅行の際にトインビー・ホールに宿泊し、その後 2 年間にわたって英米のセツルメントを見学して感激し、帰国後にキングスレイ館を設立したからであった[2]。組合派の宣教師団長の D.H. ダニエル・グロスビー・グリーン博士から資金面での協力を得て、キングスレイ館では幼稚園や夜学校、青年等のクラブ活動など、幼児教育と教化事業、文化事業、労働者教育が行われたが、やがて経済が第 1 次世界大戦後の好況から世界恐慌へと転じ、失業の増大をはじめとする社会問題が頻発して労働運動が激化すると、潜は労働運動の支援に力を入れるようになり、セツルメントの事業がおろそかになった。そしてキングスレイ館の役員たちが怒り手を引いたため、キングスレイ館活動の記録は 1907（明治 40）年で途絶えていた（西内、1971、pp.187—200）。

　なお明治中・後期の東京では、「暗黒社会」として認識されていたスラム

地区に住む貧民は都市下層の 10% を占めており、なかでも下谷区万年町、芝区新網町、四谷区鮫ヶ橋は東京の 3 大貧窟と呼ばれていた（中川、1985、pp.27―28）。そしてキングスレイ館が設立されたのは、上のような 3 大貧窟ではなく、後に古書店街として有名になる神田三崎町であった。

第Ⅱ節　セツルメントの全盛期と衰退、復興

1　貧困地域の増加とセツルメントの全盛期

（1）なぜセツルメントが全盛期を迎えたのか

　1918（大正 7）年〜1937（昭和 12）年が「セツルメントの全盛期」となった背景には、スラム地区の増加があった。
　表 1―1 で示したように、行政は明治時代に「警視庁令第 3 号長屋構造制限に関する件」によってスラム地区に介入し、1919（大正 8）年の市街地建築物法で使用制限や除却、改築を規定したこともあり、スラム地区は減少した。中川清氏は 1921（大正 10）年刊行の東京市社会局「東京市内

表 1―1　戦前の東京における地域的貧困の推移

① 1907（明治 40）年警視庁令第 3 号長屋構造制限に関する件、1919（大正 8）年市街地建築物法で使用制限や除却、改築を規定→貧困地域を把握する前提としての政策の形成
②「東京府郡部不良住宅地区調査」（東京市隣接 5 郡について 1926（大正 15）年に東京府が実施）→65 地区を選定し調査
③東京市不良住宅地区調査（1931（昭和 6）年）：15 区内の 50 地区に 3,339 世帯（13,446 人）
④東京新市不良住宅地区調査（1934（昭和 9）年）：20 区内 185 地区に 6,096 世帯（24,539 人）

出所：東京都民生局（1959（昭和 34）年）pp.86―89 より筆者が作成

の細民に関する調査」を引用して、集落をなし、月収50〜60円以下の定住的細民は、明治末期の20万人から7万人代に減少し、東京市の人口における細民地区の住民の比率も12.6％から3.4％に低下して、細民地区の住民は他の階層の生活水準の上昇から取り残された存在であったと指摘されている（中川、1985、pp.109—110）。

　しかし1923（大正12）年の関東大震災によって下谷、浅草、本所、深川4区の大半の細民地区が焼失し、横山源之助が東京の3大貧窟と呼んだ下谷区万年町、芝区新網町は消滅して四谷区鮫ヶ橋も規模を縮小した。そして都市下層が分散し、新市域で新たな細民地区を形成することによって貧困地域は増加した（中川、1985、p.151）。「東京府郡部不良住宅地区調査」（1926（大正15）年）でも、東京市隣接5郡の65地区で調査が実施されている。スラム地区の増加は東京だけでなく全国的な傾向であり、大正14年に政府が実施した全国5万人以上の都市と隣接町村における不良住宅密集地域の現状調査では、217か所に7万2600世帯（30万9000人）が居住していることが確認され、政府が社会事業調査会に諮問して、1927（昭和2）年に「不良住宅地区改良法」が制定された（東京都民生局、1959、pp.86—88）。

　この時期にはスラム地区が増加しただけでなく、貧困層の性格も変化した。明治後期に貧民窟に住む貧民は、長屋住まいで複数世帯の同居も珍しくはなく、布団も私有しない流動的な存在であり、日雇い人夫、人力車や、行商等の雑業的性格をもつ職業に従事していた（中川、1985、pp.29—31）。しかし大正期から昭和初期にスラム地区の住民は、「流動的な性格」から「細民」と呼ばれる「定住的貧困」に変化し、定住して世帯を形成するようになった。児童福祉活動の必要性は、このような貧困層の変容から生じたのである。

　一方スラム地区の環境や風紀の問題は、未解決であった。東京市不良住宅地区調査（1931（昭和6）年）において、スラム地区は湿気や煤煙等に

悩まされる不健康地域であり上水、下水、便所等の設備が不完全で、一度伝染病が発生すると急速に蔓延し、乳児死亡率が高いと描写されている。そして風紀は、雑駁で無味、不潔で陰惨な家庭生活は居住者を飲酒、賭博等の不健全な快楽におぼれさせる。犯罪や喧嘩、賭博、窃盗等で寒心すべき状態、と記述されている。中川清氏は、子どもの76.7%が尋常小学校に在学ないしは半途退学し、卒業に至るのは48.6%であった、という数値を紹介されている（中川、1985、pp.181—183）。

（2）全盛期のセツルメントは何をしたのか

　このような貧困地域の増加に対応してセツルメントも増加し、「セツルメントの全盛期」が到来した。セツルメントの全盛期以前にも、岡山博愛会や石井記念愛染園、有隣園、三崎会館が存在し、賀川豊彦の神戸友愛園救済所も会館方式ではないがセツルメント的な活動を継続していた。また1918（大正7）年には神戸イエス団が、翌年には山室軍平による救世軍社会殖民館が再開され、長谷川良信によるマハヤナ学園、興望館が、1920（大正9）年には大阪の四恩学園が設立された。

　そしてセツルメントの全盛期に入ると、1921（大正10）年に東京の慈光学園、大阪市民館（後の北市民館）、同じく大阪の光徳寺善隣館が設立された。1922（大正11）年には東京の猿江善隣館が、1923（大正12）年には大阪ミード社会館、東京交隣園、東京親隣館、東京の南千住隣保館、賀川豊彦による本所産業基督教青年会が、1924（大正13）年には広島市隣保館、東京帝国大学セツルメント、小石川学園、愛国婦人会セツルメント、東京の王子隣保館、大阪の木津川隣保館が設立され、1925（大正14）年には賀川豊彦による大阪四貫島セツルメント、大阪の淀川善隣館、そして1926（大正15）年には東京の大井隣保館、同じく東京の尾久隣保館、横浜市隣保館が、セツルメントのリストに加わった。最も多い教育施設は少年少女会、お話会、各種クラブ、児童図書であり、宗教関係のセツルメントでは

その他に日曜学校、英語学校、英語会を行っていた（西内、1971、pp.74—77）。

セツルメントは貧困地域の子どもたちと、保育やクラブ活動を行っていたのである。この時期には日本でも、中流階級を中心に「生活の洋風化」がすすんでいたが、貧困地域の住民もまたセツルメントに行き、海外の雰囲気を味わっていたのかもしれない。

1930（昭和5）年度の厚生省社会局（当時）の統計によると、セツルメントは公立28、私立87の、合計115か所存在した。また1920（大正9）年の第5回全国社会事業大会では、労働問題解決の補助作用としてどのような社会事業施設が必要かというテーマで、一般労働者のためにセツルメントを設けることが勧告され、1921（大正10）年の第6回全国社会事業大会で隣保事業の部会が設けられた（西内、1971、pp.4—5、p.23）。

2　セツルメントの衰退と復興

（1）戦時体制への移行とセツルメントの衰退

1937（昭和12）年には日中戦争が勃発し、セツルメントは全盛期から衰退期へと移行した。昭和恐慌や満州事変、東北地方の大凶作などにより、日本は政治的にも経済的にも不穏な時代に突入していった。

一方都市下層は、細民地区のような地域的な境界を形成せず分散するようになり、生活標準以下の要保護世帯として把握される存在となった。そして「大正15年に両市域に87あった『不良住宅地区』のうち、50地区は『消滅』もしくは『自然改良』され」、取り残された不良住宅地区の一部では不平や怨嗟をもたない善良な労働者が集まり、案外平和で、潤いのある暮らしが営まれていたといわれている。そしてかつての細民地域は庶民的な社会となり、長屋では内職で忙しい母親が子どもに一銭をもたせて夕方まで遊んでくるように子どもに言い聞かせ、子どもは駄菓子屋で菓子を買

い、戸外で時間をつぶしているという下町的な光景もみられた（中川、1985、p.265、291、352）。

　このような社会と貧困の変化のなかで、セツルメントは戦時体制下に社会主義と類似した活動として取り締まりの対象となり、閉鎖された所もあれば、保育所や相談事業、クラブ活動、授産所等を運営しながら、細々と生き残る所もみられた[3]。

（2）セツルメントの復興

　第2次世界大戦の終戦により、1945（昭和20）年から1960年代直前まで、セツルメントの復興期が到来した。1949（昭和24）年のキティ台風をきっかけに東大セツルメントが再建され、北海道大学から九州大学まで60の学生セツルメントが生まれた。そして1955（昭和30）年には早稲田大学や慶応義塾大学の医療セツルメント、日本女子大学、お茶の水女子大学などの学生によって、全国セツルメント連合が結成された（西内、1971、p.89）。

第Ⅲ節　東京帝国大学セツルメントと人格的交流

1　東京帝国大学セツルメントの誕生

（1）なぜ東京帝国大学セツルメントが設立されたのか

　東京帝国大学セツルメントが第2次世界大戦終了以前に活動した期間は、1923（大正12）年の第1回総会から1938（昭和13）年の閉鎖までの10年あまりであった。西内氏の時期区分によると、セツルメントの全盛期に設立され、セツルメントの衰退期に閉鎖された東京帝国大学セツルメントの歴史は、セツルメントが文化活動を通じて貧困のなかでも子どもの生活の

貧しさを補い、それを媒介として人格的交流が芽生えたが、財源と地域福祉活動を推進する方法については限界があったことを物語っている。

　東京帝国大学セツルメントが誕生するきっけかをつくったのは、日本の協同組合運動の父というべき賀川豊彦であった。賀川は関東大震災の罹災者が冬をどう過ごすかを心配し、被災者の救援にあたっていた東京帝国大学の学生に救援活動の継続を依頼し、学生が「トインビー・ホールのような永久的な学生の活動をしたいと提案して、1924（大正13）年6月10日に東京帝国大学セツルメントは事業を開始した。設計者は、今和次郎であった（宮田親平、1995、pp.16—19）[4]。

（2）地域の貧困問題の実際

　東京帝国大学セツルメントが設立された本所区柳島元町は、「震災前柳島元町一体の地区は農家を以って占められていたが、急激なる資本主義の発達はこの地区の人々を職業的に農業より小商工業者或いは工場労働者に転化せしめ、震災後に於いて此地区を小商工業者或いは工場労働者の街ならしめた」（福島正夫・石田哲一・清水誠、1984、p.363）という記述のように労働者街であり、住民は貧困地域の環境問題に苦しんでいた。

　貧困地域の環境問題について『回想の東京帝国大学セツルメント』では、「荒川と隅田川に囲まれた江東デルタ地帯は、道から人家の屋根をみおろすような、ゼロメートル地帯がいたるところにあって、満潮時に大雨でも降ろうものなら十間川や小名木川の逆流は、ひざを没するほど道にあふれ出して、軒先から台所まで遠慮エシャクもなく流れこんで、どす黒い粘土のようなヘドロの水がなかなかひかないので、毎年夏の台風の時期には停電と断水攻めの心配になやまされてきました」（福島正夫・石田哲一・清水誠、1984、p.174）と記述されていた。

（3）セツルメント設立の背景にある思想

　なぜ活動内容としてセツルメントが選ばれたのか、それは大学がセツルメントによる「知識の分与」を通じて社会に貢献し、社会的な使命を果たすためであったのかもしれない。賀川と学生の橋渡し役となり、穂積重遠とともに東京帝国大学セツルメントを支えた末弘巌太郎は、設立趣意書において「幸に家富みて、学習の余裕を有し又或は幸福なる運命によって修学の機会を与へられた最高学府の教授並に学生、彼等は此の意味に於て現代社会に於ける智識の独占者である。此の独占者が其の天与の幸福を感謝しつつ其の割き得べき一日一時の余暇を彼等貧しき人々のために捧げ、以て、其の智識を彼等に分与する事は、社会国家のために大いに意義ある仕事と云はねばならぬのみならず、正に彼等幸福なる独占者当然の義務なりと云はねばならぬ。それは実に彼の『富は債務を生ず』との原則の一適用に他ならないのである」（福島正夫・石田哲一・清水誠、1984、pp.4―7）と述べている。

2　東京帝国大学セツルメントにおける人格的交流

（1）調査から教育的事業へ

　上記のように、地域的貧困に対して「高い身分には義務が伴う（noblésse oblíge）」ともいうべき思想に基づいて、東京帝国大学セツルメントの実践ははじめられた。1923（大正12）年11月14日に開催された東京帝国大学セツルメントの第1回総会では、成人教育、調査、児童、医療、相談、市民図書の6部が定められ、セツラーはそれぞれの活動に分属し、レジデント8名が住み込むことになった（福島正夫・石田哲一・清水誠、1984、p.11）[5]。

　社会調査を行う調査部はセツルメント運動の原点というべき存在であったが、社会調査に技術や忍耐が求められたこともあって参加する学生が減

少し、「調査と話し合い」という地域福祉活動をすすめる方法の形成には至らなかった。そして調査部は労働者教育部に合流し、労働者教育部が東京帝国大学セツルメントの花形となったが、やがて労働組合が労働学校的な役割を果たすようになると、客観的事情もあって講座制教育活動は中止され、1934（大正14）年を最後に労働者教育部は廃止された（福島正夫・石田哲一・清水誠、1984、pp.301—302）。そして当初はどこの部にも入らない講演会や映画会を担当し、休眠する年もあった市民教育部が、労働教育部の仕事を引き継いで、参加者の生活に即した具体的な問題を取り扱った（福島正夫・石田哲一・清水誠、1984、pp.414—426）。また労働者教育部の伝統のうえに築かれた少年教育部も、経済状況の逼迫と少年工の生活の不自由、勉学の余裕がなくなったことによって、出席者が平均3.5名になり、2年で閉鎖された（福島正夫・石田哲一・清水誠、1984、p.433）。

このように教育的な事業には、学生という人的な資源を活用するため比較的低コストで実施できる長所と、外部で他の主体が成長すると撤退するという宿命も含まれていた。

また法律相談には、前述の穂積、末弘、そして我妻栄が協力した。当時の貧困地域では、実印を高利貸しに平然と預けるという法律知識の持ち主も珍しくはなかったため、法律相談に加えて毎週火曜日の夜に穂積教授が、「日常必要な法律の話」という教育活動を行った。またそれ以外にも不景気が深刻化し、住宅を奪われる人が増えるとパンフレットを作成し、その後は金銭貸借等のパンフレットも作成した（福島正夫・石田哲一・清水誠、1984、pp.382—383）。このように、法律相談にも教育的な活動が含まれていたのである。

（2）児童の生活の貧しさと文化活動、人格的交流

児童部の当初の活動は、手工クラブやお伽クラブ、読者クラブ、絵画クラブなどであった。東京帝国大学セツルメントが事業を開始すると、「そ

れまでじめじめした路地が遊び場であった子どもにとってセツルメントの出現は大変な喜びで、百人から二百人もの子どもたちがセツルメント・ハウスに入ってきた」(福島正夫・石田哲一・清水誠、1984、p.67)。そして「安全な遊び場のない処では物珍しさもあろうが、押し寄せて来たのは無理なからぬことである。百人も、二百人もの子どもが毎日遊びに来る、レジデントは、一緒に遊んだり、時々お話をしてやっているうちに、所謂児童部の最初のものが出来たのである…(中略)…おいおい体裁が整ってくるに従い、児童部の事業も一つの形式を持って来た。大別して設備と催しで、前者には児童図書室、運動場、運道具等があり、後者は定期的のものとして唱歌指導、お話会、臨時的のものとして子ども会、遠足等を行う」ようになり、唱歌指導で声楽家の関鑑子氏がボランティアで訪れることもあった (福島正夫・石田哲一・清水誠、1984、p.331)。

　また児童部にかかわった学生は、子どもの生活の貧しさについて以下のように描写している。「年に2回、ピクニックと称して、上野の動物園と鴻の台へイモ堀に引率して出かけた。何から何までセツル持ちでは、教育上、よろしくないというので、交通費だけださせることにしたら、なん人かの子どもたちが不参加といって来たのには驚いた。いや、それだけではない。上野の動物園へ連れて行ったら、大半の子どもたちが、はじめて電車へ乗るんだという。これもまた私にとっては新しい発見だった。柳島から上野までは目と鼻の距離である。しかも東京の子が、毎日、目の前に見えている電車に乗ったことがないとは！それが、そのころの日本の労働者階級だった」(福島正夫・石田哲一・清水誠、1984、pp.224—225)。

　東京帝国大学セツルメントに託児部ができると、毎週2回の公園保育やリアリズムの立場に立つ図画教育、お伽噺、生物観察のためのカナリア等の飼育、託児のための図書の収集、児童部主催の展覧会、学芸会への参加など、独創的な保育方法を実践し、このような児童の生活の貧しさに挑戦していった (福島正夫・石田哲一・清水誠、1984、p.317)。たとえば当時

この地域で保育にかかわった学生は、「ある時、昼間の託児部の託児たちに接し、雑草もない狭い庭で遊んでいる生活をみて、ふとこの託児たちに自然観察のチャンスが必要ではないかと思った…（中略）…自然観察の手はじめを雑草にした。その雑草探しでさえ柳島は駄目だった」という現実に突き当たり、それをきっかけに託児部は週1回錦糸町公園に小遠足を行うようになった（福島正夫・石田哲一・清水誠、1984、p.181）。このようにセツルメントの文化活動は、低所得やその源泉である職業の不安定に起因する貧困のなかでも、特に児童の生活経験の貧しさを補う役割を果たしたのであった。

　そしてこのような児童とのかかわりから、セツルメントの学生たちと貧困地域の住民との間に人格的交流も芽生えたようである。東京帝国大学セツルメントの学生は、「安全な遊び場のないこの附近の児童にとっては、セツルメントの運動場がいかに喜び迎えられたかは日々路地で会う内儀さん達の吾々に対する挨拶によって知る事が出来た」と述懐している（福島正夫・石田哲一・清水誠、1984、p.298）。

（3）ボランティアの限界と財源問題

　それまで東京帝国大学セツルメントは、学生組織のため小額の人件費で活動できたが、他方では少ない部員で掛け持ちしていたため、手の回らない活動もあるという限界もみられた。そして託児所ができると保母の人件費が必要になった。1935（昭和10）年度の託児所の平均1か月の収支では、収入125.63円のうち47.5％を維持会費、52.5％を保育料でまかない、支出125.61円のうち66.4％が人件費であった（福島正夫・石田哲一・清水誠、1984、p.316）。

　東京帝国大学セツルメントは寄付を集めながら何とか運営していたものの、世界恐慌により有給主事の廃止も検討されるほどの経営難に陥り、セツルメントの協同組合化が切実な課題となったのであった（福島正夫・石

田哲一・清水誠、1984、pp.302—303)。

第Ⅳ節　財源問題と協同組合的運営

1　協同組合の運営と東京帝国大学セツルメントの閉鎖

（1）消費組合部による協同組合への試み

　東京帝国大学セツルメントでは財源問題の解決以前に、地域住民の政治的自由の獲得のために教育と消費生活の合理化をめざし、消費組合を組織してはという声があった。そして周辺の地域住民が復興区画整理によって郊外に移転したため、調査を行い、セツルメント活動の対象となる問題について再確認する必要が生じたこともあって、東京帝国大学セツルメントは労働者の自主的精神の涵養と経済生活の改善をめざすために、協同組合化の実現に向けて前進していった（福島正夫・石田哲一・清水誠、1984、pp.300—302)。

　当時の東京帝国大学セツルメントのレジデントは、消費組合部の活動について以下のような手記を残している。「ともあれ、レジデントとなってからは、詰襟の学生服を春季にはカーキー色の、冬季には黒のコール天の作業服に替え、寝る時以外は毎日その服装で通した。毎週1回のレジデント会議にもその服装で出席した。毎朝、食堂で朝食をすますと直ちに組合店舗に『出勤』し、店番に当り、時に大西常任と、時には単独で、組合員宅へ配達に出かけた。配達するものは、主として米穀、木炭であったが、遠方の組合員には、砂糖、味噌、醤油、茶、食塩、石鹸、清酒、サイダー、歯磨粉、マッチ、束子、箒、散紙等の雑貨、大豆、小豆の雑穀類にも及んだ（配達業務は即組織業務でもあった）。当時はまだ単車や乗用車は普及しておらず、専ら自転車で、14kg（約1斗）入り麻袋の白米を数本、または

炭俵に白米の袋を重ねて積み配達したものである。荷物が多い時には、自転車にリヤカーをつけた」（福島正夫・石田哲一・清水誠、1984、p.165）。

東京帝国大学セツルメントが消費組合部を設立する一方で、恐慌により南葛消費組合と深川共同消費組合が経営危機に陥った。そこで東京帝国大学セツルメントの消費組合部は1932（昭和7）年に柳島消費組合と合同して大組合となり、それらの消費組合を救済した。そして1934（昭和9）年度末に東京帝国大学セツルメントは、消費組合部を廃止したのであった（福島正夫・石田哲一・清水誠、1984、pp.449—451）。

（2）東京帝国大学セツルメントの閉鎖

西内氏の時期区分でいうところのセツルメントの衰退期には、ファシズムの台頭が東京帝国大学セツルメントにも影を落とすようになった。1938（昭和13）年1月に東京帝国大学セツルメントは、名称を大学隣保館に改め、学生主体の社団組織から財団的組織として、幼児保育、軽費診療、法律相談を残して再出発を図ったが、すぐにそれさえも困難になった。そして穂積教授が大森俊雄主事を訪れて「私に累が及ぶことは構わないから、君が苦労して再建したのだから君の考えに拠って存続可否何れでも決定せよ」と告げ、同年の3月に東京帝国大学セツルメントは閉鎖され、施設は愛育会に委譲された（福島正夫・石田哲一・清水誠、1984、p100、pp.461—464、宮田親平、1995、pp.207—214）。

東京帝国大学セツルメントは閉鎖されたが、その会友や会員から以下のような戦後の学界や政界、行政、社会福祉実践をリードする人材が育ち、社会に貢献していった。敬称を略し、氏名のみをあげさせていただく。新国康彦（第3代主事、元全社協事務局長）、松本征二（第4代主事、元厚生官僚）、福島正夫、川島武宜、我妻栄、戸田貞三、岡弘毅、小島幸治、大内兵衛、戒能通孝、窪田静太郎、高木憲次、鳩山一郎、美濃部辰吉、蠟山政道、浦辺史、木田徹郎、吉野作造、曽田長宗、庄司光、吉田秀夫、太宰

博邦、小宮山真一、若月俊一。

2　戦後の医療活動と協同組合方式による運営

（1）戦前における医療部の協同組合化の発想

　実は協同組合化の発想は、第2次世界大戦終戦以前から、東京帝国大学セツルメントの医療部でもみられた。当時の医療部の活動は無料診療を中心としていたが、工場労働者には工場法があり傷病保護があるが屋外労働者にはそのような制度がないことから議会に請願し、労働者災害扶助法という新たな立法措置を実現するといった活動も行われていた（福島正夫・石田哲一・清水誠、1984、p.71）。そして消費組合や無産者医療同盟などに刺激され、医療部でも漠然とした机上論にとどまっていたはいたものの、「現在、学生の発意と奉仕によって運行されているセツルの各部事業が勤労市民の手に引き渡され、その自主的団体にならなければならないと云う思想が主流をなしていた」（福島正夫・石田哲一・清水誠、1984、p.376）。

（2）東大セツルメント再建と協同組合方式による運営

　このような医療部のアイディアは、戦後の東京大学セツルメントの再建によって現実のものとなった。西内氏の時期区分によると第4期の復興期に、東京大学セツルメントは1949（昭和24）年のキティ台風をきっかけに再建され、診療所や保育園、法律相談、勉強会などの活動を行った。またセツルメント・ハウスも足立区亀有、川崎市、品川区大井、文京区菊坂、世田谷郷に建設された（西内、1968、p.89）。そのなかでもキティ台風に被災した江戸川区葛西には当時医者がいなかったため、漁業協同組合の要請により、東京大学セツルメントは組合の2階で定期的な診療活動を行うことになった。セツルメントの診療所は品川区大井や川崎市、足立区亀有でも開設され、それぞれで法律相談部、文化部、児童部などの活動も展開さ

れたが、やがて学生セツルメントとして4か所を維持できるか見直しを迫られ、葛西、大井を撤退して亀有、川崎に結集し、1980（昭和55）年に川崎の診療所を閉鎖した。

　一方1951（昭和26）年に亀有で開設された東大セツルメント診療所は、オールド・セツラーであった磯村英一東京都民生局長の尽力により引揚寮のなかに仮診療所をおき、翌年には戦前のオールド・セツラーや地域住民のカンパによって建物を購入し、診療所と保育所を経営するようになった。1954（昭和29）年には経営困難により保育所を閉鎖し、医療部門に特化するようになり、1960（昭和35）年に足立区東和4丁目に移転した。このベッド数31床ほどの「セツルメント診療所」は、医療法人ひこばえ会によって運営された（和田他、2001年、pp.26―28、48―49）。

　セツルメント診療所の所長であった高野勲氏の「地域に根差した医療活動」という理念は、1978（昭和53）年の診療所友の会に結実した。友の会の活動の柱は、①健康向上のための活動（健康講座等）、②親睦を深める活動（旅行や手芸教室等）、③医療制度の改善のための活動、④会員の拡大と班の組織化であり、そこからサークル活動も生まれていった。セツルメント診療所は1988（昭和63）年に法人化し、幹事には三浦文夫氏、花田正道氏が、そして1993（平成5）年には北川隆吉氏が理事に就任した（和田他、2001、pp.44―54、100―103）。セツルメント診療所の開設当時、亀有は労働者の街であった。そしてその後セツルメント診療所がある足立区東和では介護問題が顕在化したため、診療所は介護保険制度にかかわる事業も実施するようになった、と記録されている（和田他、2001、pp.38―42）。

（3）東京帝国大学セツルメントの歴史から学ぶこと

　以上の東京帝国大学セツルメントの歴史から筆者は、以下のことを学んだ。①セツルメントや地域組織化の原点は調査で問題を掘り起こすこと（ただしそれを続けることは容易ではない）、②教育的な方法から住民の

主体化が芽生えることがある（教育的な事業は大規模な事業に比べると費用がかからないが、外部の主体の成長によって事業を手放すという宿命もある）、③保育や児童の文化活動には、貧しい生活により「欠けているもの」を充足する可能性があり、それを媒介として人格的交流が芽生える、④住民の自律の一形態として協同組合方式があり、貧困という大きな問題に財源が乏しいセツルメントがかかわるうえで、「協同組合方式」には問題を1つの組織で「抱え込まない」利点があった[6]。また介護保険など既存の制度を活用することによって、財源を確保し、組織を維持できる側面もあった。

　ただし東京帝国大学セツルメントでは、地域住民の自律を実現するための専門的方法の発展には至らなかったというべきかもしれない。当時東京帝国大学セツルメントにかかわった学生は、以下のような興味深い自己批判を行っている。「設立当時学生の思考過程のなかに『地区対象─消費組合─セツルメント』の関連について、又組織化について機械的誤謬があったのではないか。経営技術と事業従事の継続性こそ組合を発展せしめ、団体としての基礎をつくる主体的な必要条件ではなかったか」（福島正夫・石田哲一・清水誠、1984、p.303）。スラム地区の住民を主体化するためには学生のアマチュアリズムだけでは限界があり、住民を組織化し、団体を運営する専門的な方法が必要だったのである。

（注）
1) 三浦三郎氏は明治学院第2期生で、興望館に学生ボランティアとしてかかわっており、後に秋田県社協で地域福祉活動を推進した。
2) キングスレイ館は、片山が尊敬していたイギリスの宗教家、文学者であり、キリスト教社会主義の代表的な人物であるチャールズ・キングスレイ（Charles Kingsley）にちなんで名づけられた。
3) 農村部では、厚生省（当時）が300町村を選定して隣保施設を設置し、児童並びに母性保護、農村生活の革新を意図した。農村隣保事業では保育所、保健所に加えて共同炊事、教養教化、図書文庫、各種相談等の事業を実施したが、本研究ではこのような農村における隣保事業の系譜までは追跡できなかった。
4) 東京帝国大学セツルメントにかかわった戸田貞三は、アメリカのハルハウスの影響も受けていた（和田他、2001年、p.24）。
5) 「帝大セツルメント12年史」では、東京帝国大学セツルメントの活動について、「第1期（事業開始より柳島消費組合設立運動具体化に至る迄）」、「第2期（協同組合化への努力時代）」、「第3期（事業推進時代。学生社会事業団体としての性質を濃厚に醸成し、1933年に児童問題研究会が誕生した）」という時期区分により、描写している（福島正夫・石田哲一・清水誠、1984、pp.297—305）。
6) 朝倉美江氏は（2002）・（2005）において、生活協同組合について自発性や互酬という文脈から、地域福祉論につながる考察を行っている。

第2章
貧困と人格的交流による主体化

第Ⅰ節　人格的交流による住民の主体化
　　　―興望館の歴史から―

1　セツルメントによる人格的交流と住民の主体化

（1）本章の目的

　筆者は前章で、セツルメントの目的は、人格的交流を通じた心身両面からの地域住民の必要の充足と、地域住民自身による地域や生活の改善の推進であることを示した。そして東京帝国大学セツルメントの実践から、貧困な地域に住む児童の生活の貧しさという「必要」を文化活動が充たしたことによる人格的交流の成立を例示した。

　そこで本章では「第Ⅰ節　人格的交流による住民の主体化―興望館の歴史から―」において、前章では明らかにできなかった「人格的交流を通じた地域住民の必要の充足が、どのようにして地域住民の主体化につながるか」についてことばにしたい。そして「第Ⅱ節　貧困とセツルメント活動の代替性」では、スラム地区の住民が住居やお金、安定した仕事を必要としていたなかで、セツルメントによる貧困への取り組みには限界があったことを示し、「第Ⅲ節　代替性のもとでのセツルメントの役割」では、セツ

ルメントが代替性のもとでスラム地区の住民のうめきに、生活に潤いを提供する役割を果たした可能性があることを指摘したい。「第Ⅳ節　スラム地区の減少とセツルメントの退潮」では、スラム・クリアランスとスラム地区の社会階層構成、高度経済成長により、スラム地区が減少し、日本のセツルメントの存立基盤が変容していったことを示したい。

（2）興望館における地域住民の主体的な参画

　興望館は、日本キリスト教矯風会によって1919（大正8）年に東京都墨田区に設立された。日本キリスト教矯風会は、廃娼運動をすすめるためには売春の背景にある貧困問題を解決する必要があることに気づき、地域住民の希望の門となるという願いをこめて、「興望館」というアメリカ型のセツルメントを設立したのであった。

　興望館は第2次世界大戦前には、教育（託児・クラブ活動）、医療（聖路加病院による無料診療）、授産の3本柱で事業を行っていた。戦時体制下にも解散には至らなかったのは、労働者教育より児童の健全育成に重点をおいて活動していたためかもしれない。ただし興望館でも、アメリカ等からの宣教師の帰国や軍需工場で働く家庭や軍人遺族の家庭の乳幼児を対象とする戦時託児所の開設など、戦争の爪あとがみられた（興望館、1995、p.18、43、66、70、73）。

　興望館は、「費用のかかる事業は行政に任せるべきである」という原則により、戦後から今日に至るまで、保育園や父母の会、青少年クラブづくり、体育祭、書道会や会食などの年配者向けのプログラムといった、セツルメントらしい事業に特化して生き残ってきた。そして保育園や青少年クラブ、児童養護施設、キャンプなどに参加した子どもが年長のボランティアの働きに感謝と憧れを感じて、自分が中学生になるとリーダーとして上のような活動にボランティアとして参加し、次の世代の子どもたちに野球チームの指導やキャンプなどをボランティアで行うという形で、地域住民による

主体的な参画が継承されてきた。

2　必要を充たされる経験と人格的交流、主体化

（1）必要を充たされる経験と人格的交流、主体化の一例

　筆者は興望館で以下のようなできごとから、人格的交流によって必要を充たされた地域住民が興望館を地域の財産として守り、支えるというかたちで主体化したことを、学ばせていただいた。

　「1945年の東京大空襲で興望館の周辺が火の海につつまれると、近隣の住民は自分たちの家よりも興望館に水をかけ、火災から守ろうとした。地域住民にとって興望館は、共同財産であったのかもしれない。そのおかげで興望館は火災を免れ、空襲警報が解除になると焼け出されて興望館の前に逃れてきた住民のために、ありったけのお米をおにぎりにして炊き出しを行った。興望館にお米がなくなると、町内会長が自発的に各家庭を回って米を集め、興望館に持ってきた。興望館のホールなどで急場をしのいだ被災者は、それぞれ避難する場所へとたびだっていった」（興望館、1995、p.79）。

　このような地域住民の主体化は、「調査と話し合い」という専門的な方法によるというよりは、必要を充たされる経験から人格的交流が成立し、地域住民による恩返しにつながるという、自然発生的なものといえる。そして以下のような実践者の姿勢が人格的交流を生み出し、地域住民の主体化をすすめたのかもしれない。

　「創立当初から興望館は地域と一緒に、地域の必要を出発点として事業を進めてきた。時代がどんなに厳しくてもこの姿勢を崩さず、細々とであるけれども現在にまでそれを守りつづけてきた。下町の濃い人間関係、人情豊かな部分とセツルメントのもつ人間ひとりに対する敬意へ結び付いて、採算のとれる福祉ではなく、ひとりひとりの必要を見て事業が行われてき

た」「興望館は、かつての日本のお寺や神社が持っていたコミュニティ・センターのような役割を果たしていたように思います。地域の中の拠り所、頼れる所として人々からの絶大なる信頼を集めていたのではないでしょうか。ですから、場合によっては夫婦ゲンカの仲裁を頼まれたり、おじいちゃんの愚痴を聞いたりとか」（興望館、1995、pp.10—11、p.101）。

（2）主体化の互酬的構造

　このような興望館と地域住民の関係は、多少形を変えた「互酬」といってよいかもしれない。富田富士雄氏によると互酬とは、受けた贈与や援助を返済する慣習や制度であり、時間的に間隔をおき、必ずしも等価とは限らないという点で、物やサービスなどの経済的交換とは異なる行為である。そして富田氏は、自分が困っていたときに援助を受けたから、自分も困っている人を援助するという「拡大された互酬」や「開かれた互酬」がコミュニティケアの基盤であると述べ、同様にコミュニティケアの源泉である愛他主義は本質的に異なるが、日常生活においては両者の区別はあまり意識されないまま、人々は相互に援助しあっていると指摘している（富田、1995、pp.25—26、80—81）。

　通常コミュニティケアやコミュニティワークでは、地域住民同士が助け合う動機を説明するために互酬ということばが用いられる。一方、興望館にお世話になったから自分も興望館に恩返しをするという関係は、地域住民同士の互酬とは多少図式が異なっている。それゆえにここでは、形を変えた「互酬」と表現した。

第Ⅱ節　貧困とセツルメント活動の代替性

1　スラム地区の貧困とセツルメントによる活動の限界

（1）住宅・生活環境の問題と住宅改善の必要

　これまで述べてきたようなセツルメントの人格的交流や主体化は、スラム地区の住民が抱えていた貧困問題を解決するうえで、どこまで有効だったのだろうか。以下で示す、東京都民生局による「東京都地区環境調査―都内不良環境地区の現況」（1959（昭和 34）年）は、セツルメントが所在した地域も含めて東京都内のスラム地区を網羅した社会地図というべき資料である。そしてこの資料で示されているデータは、当時のスラム地区でみられた貧困には、住宅・生活環境の問題と所得の欠如、就労の不安定性など、セツルメントの力では解決しきれない問題も含まれていたことを示唆している[1]。

　同調査によると、「不良環境地区」とは区市町村全般の住居水準よりみて、一段と低い水準にあると思われる住居が、悪い環境のもとに密集し、低額所得者または要保護者が集まり住み、衛生、風紀、公安、火災等の有害または危険のおそれのある地区である。具体的には、(1)不良環境地区構成要因について「A類　土地及び建物の悪環境または家屋及び居住の低質、B類　居住者の低生活水準、C類　地区の有害性または危険性」をいずれも充足し、(2)かつ概ね 50 以上の住居または世帯が密集する地区が該当していた（東京都民生局、1959、pp.43―45）[2]。

　同調査では不良環境地区内のすべての住居について「①主要出入口（道路の幅）、②敷地条件（道路より高いか低いか）、③排水（設備の問題）、④給水（水道・井戸の専用・共用）、⑤台所（有無）、⑥便所（戸内・戸外、

専用・共用)、⑦日照、⑧普請の程度（素人普請、仮小屋等）、⑨家屋の腐朽破損の程度（要修理、要大修理、修理不能・居住危険）、⑩1人当たり居住面積」の10項目で採点を行い、住居減点が10点以上の住居を「水準以下の住居」として、水準以下の住居が80％以上の地区を「Ａ　緊急に地区改善の必要ありと思われる地区」、50～80％の地区を「Ｂ　Ａについで早急に地区改善の必要ありと思われる地区」、50％未満の地区を「Ｃ　Ａ、Ｂ以外の地区」に分類した。その結果、273地区中Ａ地区が69地区(25.3％)、Ｂ地区が89地区（32.6％)、Ｃ地区が115地区（42.1％）と、60％近くの地区が緊急ないしは早急に環境を改善する必要があると判定された（東京都民生局、1959、pp.80—82)。

このようにスラム地区では住宅改善が必要であったが、それは日本のセツルメントにとっては力が及ばない問題であったかもしれない。

（2）収入・支出の水準とお金、仕事の必要

また以下の調査結果は、スラム地区の住民の平均収入と平均支出は標準世帯の半分程度で、最低生存費と最低生活費を下回る水準であり、貧困の経済的側面を解決するためには「お金」や収入の源泉である雇用対策などの社会政策が必要であったことを示している。

調査結果によると、当時の不良環境地区居住世帯全体の1世帯あたり平均収入は1万7289円で、1世帯あたり平均支出は1万7206円であった。そして1人あたり実収入は4170円、実支出は4149円であり、この数値は同時期の東京都総務局による東京都標準世帯家計調査報告と比較すると、実収入は52.9％、実支出は55.0％に該当する（東京都民生局、1959、pp.77—78)。この数字を労働科学研究所が1952（昭和27）年に算出し、1958（昭和33）年のデータに基づいて修正した消費単位あたりの最低生存費の5000円、そして生活の文化性・社会性を考慮した最低生活費8500円と比較すると、「1人あたり」と「消費単位あたり」という違いはあるものの、スラ

ム地区の住民の収入と支出の平均値は、最低生存費と最低生活費の両方を下回り、文化的な生活を享受できない水準であった（労働科学研究所、1960年、p.305）。

なお、ヨーロッパにおける貧困の基準は、平均国民所得の50％とされている（Atkinson,1995＝2000,p.110）。上記のスラム地区の収入と支出の計算には、等価スケールを用いていないという限界はあるが、貧困についての国際的な基準と偶然の一致をみせている。

そしてこの調査における保護世帯率は8.2％であった。この数値は、調査時点での東京都全体の保護率の2～4倍にあたる（東京都民生局、1959、p.78）[3]。

このような収入や支出の低さを解決するためには所得保障と雇用対策が必要であり、それらもまた日本のセツルメントの力量を超えた問題であった。

2　スラム地区におけるセツルメント活動の代替性

（1）セツルメント活動の限界と社会事業の代替性

これまで述べてきたようなスラム地区の貧困問題を解決するうえでのセツルメント活動の限界は、社会政策学によって提起された「代替性」ということばで表現することができるかもしれない。

大河内一男氏は、昭和初期の日本で貧困が国民全体に拡大したのにもかかわらず、社会政策を整備せず、社会事業が社会政策を代位、代替させられていたことを「誤れる方向」と呼び、イギリスを例にあげて、社会事業は既に起きた問題への対応と要救護性の増大を防ぐ予防的活動を行い、社会政策は社会事業の対象となる要救護性の発生を予防するという、社会事業が社会政策を補充（補完ないし相互補強）する関係を示した（大河内、1970＝1938、p.320、316）。確かに貧困問題のなかでも住宅改善や所得保障、

雇用対策などによる制度的な解決が必要な側面には社会政策が必要であり、それらが整備されないままセツルメントが貧困問題への対応を一手に引き受けざるを得なかった状況では、セツルメントも「代替的」であったのかもしれない。

（2）社会事業の補充性と独自の対象、機能

　それでは貧困地域における日本のセツルメント活動は代替性に収斂され、それ以外には何も積極的な役割を果たさなかったと評価すべきなのだろうか。

　大河内氏は社会事業が社会政策の代替ではなく補充となるためには、独自の対象と機能を明らかにする必要があるとして、社会政策の対象とは労働大衆としての個々人の生産者としての側面における要救護性であり、社会政策は資本との関係においてそのような問題が発生したときに、社会経済がその生産的機能を果たすための合理的配慮として成立すると述べた。そして社会事業の対象について、「一般消費者としての資格に於いて要救護性が存在するか、或いはその肉体的生活ないし保健・衛生的生活に於いて、或いは道徳的・教育的生活に於いて、要救護性が見出された場合に、社会事業の広範な領域が其処にひらかれるのである。そしてこの場合とくに重要なのは、社会政策の対象としての生産者たる資格を永久的になり一時的になり喪失し、斯くして国民経済的連繋から切断されて在ることが同時に社会事業の対象としての要救護性を創り出すという関係である」と説明された（大河内、1970=1938、pp.310—312）。

　大河内氏が社会事業に独自の対象と機能を明らかにしようとした動機は、当時社会科学的な理論を確立しきれないまま社会政策の代替として用いられていた社会事業に、外側からではあるが理論的な基盤を提供しようというものであった。（重田他、1986、p.97）それゆえに大河内氏に可能であったのは、社会事業が補充となるための独自の対象と機能の必要性の指摘ま

でであり、そこから先の理論化は社会事業研究者の課題として残されたのかもしれない。

3 補充性の課題—独自の対象と機能—

（1）セツルメントの代替性

　これまで述べてきたのは、セツルメントそのものについての評価というよりは、社会政策論による社会事業についての評価であった。そして戦後の社会事業理論をリードした孝橋正一氏は、社会事業一般ではなくセツルメントについて「社会改良主義のもつ中産階級的イデアリズムかセンチメンタリズムの産物」に他ならない、と記述されていた（孝橋、1960、p.213）。

　確かに当時からセツルメントには、代替と評価されてもおかしくないような前近代性もみられた。それゆえに本研究で「セツルメントにできたこと」を評価する際にも、無前提で「できたこと」を賞賛するのではなく、「代替性のもとでできたこと」というような限定や前提をつけて評価していきたい。

（2）孝橋理論における社会事業の独自の対象と機能

　孝橋氏は上述の大河内氏による社会政策と社会事業の対象規定のなかの、社会政策の対象は経済秩序内的存在である労働者、社会事業の対象は経済秩序外にある被救恤的貧民という記述について、障がい者や扶養者のいない児童など社会福祉の対象となる問題の根底にも労働問題があり、社会事業は社会政策が対象とする労働者に対して異なった角度から補充的に働くと批判した（孝橋、1960、pp.30—31、p.137、66）[4]。孝橋氏は、社会事業の独自の対象について、「労働者」と「被救恤的貧民」と区分して認識するのではなく、労働者階級の問題の異なる側面として認識すべきであることを示唆したのかもしれない。

そして孝橋氏は、社会事業について「資本主義制度の構造的（機構的）必然の所産である社会的問題にむけられた合目的的・補充的な公私の社会的方策施設の総称であって、その本質の現象的表現は、労働者（階級の所属員）における生活上の社会的必要の不充足ないし不完全充足、したがって福祉の侵害と便宜の欠如に対応する精神的・物質的な救済、保護および福祉の供与と増進を、一定の社会的手段を通じて組織的に行うところに存ずる」とした。そして孝橋氏が重視した論点は動機や目的、位置と性格、法則性であり、独自の機能については、「方法」としてアメリカ社会事業の援助技術を社会事業の本質とすることの誤謬を指摘し、社会政策とサービスを含めた扶助の関連について分析するという方向性を示していた（孝橋、1960、pp.28—29、31—32）。

　孝橋氏が社会事業の機能、あるいは方法について上述のように記述した背景には、当時の貧困者に対して生活保護が最低限度の生活を保障せず、生活保護の適用や生活扶助基準の引き上げが必要な状況下で、それらを改善するための努力よりも、アメリカからケースワークを導入して自立の助長を強調することへの批判があった（孝橋、1960、pp.88—90）。そして孝橋氏は当時の日本の社会事業に保護基準の引き上げと保護の方法の転換が必要であることを指摘した（孝橋、1960、p.381）。

　この時期の日本の社会福祉の主要課題は生活保護であり、貧困なスラム地区での活動とはいえ、セツルメントは社会福祉の主要課題を外れた中途半端な立場にあったように思われる。それゆえに当時のセツルメントが、社会政策や社会事業政策論から代替性以上の評価を受けることはなかったのも、無理はなかったのかもしれない。

第Ⅲ節　代替性のもとでのセツルメントの役割

1　セツルメントの独自の対象としての「うめき」と主体性の侵食

（1）セツルメントの独自の対象としての自発性の侵食や希望の剥奪

　実は社会事業の独自の対象を労働者と被救恤的貧民というように区分せず、そこから社会事業の独自の役割を理論化する試みは、第2次世界大戦以前の社会事業本質論争の時点で存在していた。昭和10年代に天達忠雄氏は、社会事業の対象には、①経済の犠牲となり労働力を失った者とその家族（このなかには医療を加えることで自立が可能になる者もいる）と、②労働能力がある者とその家族（失業者、就業が不規則、不安定な者、低所得者など。このなかには当時でいう教化的訓育的方法を加えることで自立可能になる者もいれば、それらの方法を用いなくても自立できる者もいる）が含まれ、根本的な解決方法は最低賃金制や失業保険等だが、そのなかでも当時でいう被救恤的沈澱者層については生活苦により自発的能力や自尊心、希望を奪われたため、医療や職業と並行して、人間性や人格の回復と、今日でいう自律と自己決定への意欲の回復をするための支援が必要だと述べられていた（天達、1984＝1940、pp.41―42）。

　天達氏の社会事業の対象についての規定は構造的な視点に基づいており、社会政策の必要性の認識につながるものである。天達氏はそのうえで生活苦による自発的能力や希望などの侵食という貧困の人格への影響に着目して、そこに社会事業の独自の役割を見い出していた。このような考え方を援用するならば、セツルメントは代替性のなかでも、スラム地区の住民が

かかえる貧困の、生活苦による自発性の侵食や希望の剥奪という側面を独自の対象としており、それらに対してどのような役割を果たすことができたかについて、考察する可能性があるのかもしれない。

（2）社会病理学によるスラム地区の住民の意識への着目

　戦後のスラム地区の貧困には、前述のような最低賃金制や失業保険、雇用対策、公的扶助など、社会政策による解決が必要な問題だけでなく、生活苦による自発性の侵食や希望の剥奪という側面も含まれていた。

　たとえば磯村英一氏は「スラム住民の浪費癖（飲酒・ギャンブル）とかがダイナミックに作用して生活設計の欠如、俗にいう『宵越しの金を持たぬ』生活態度が形成され、正常社会復帰の可能性を失わせる」と述べ、スラム対策を住宅対策や施設収容に終わらせると貧困者が保護施設から脱出し、スラム地区が貧困地域の住民の生活構造を補完する役割を果たしながら、やがて病理現象へと発展すると指摘していた（磯村他、1960、pp.66—67）。当時の社会病理学者は、スラム地区における貧困のうち、収入や職業、住宅だけでなく、住民の社会意識という側面にも着目していた。

　それゆえに竹中和郎氏は、スラム地区を改善するためには職業の提供や住宅の整備だけでなく住民の生活の安定に配慮した社会計画も重要であり、地域における諸施設・機関の欠如が問題の悪化を招く面もあるため、地域社会における集団活動（子ども会、青年会、老人クラブ等）やレクリエーション活動の助成、生活改善・生活設計に向けた公共的保健福祉活動、指導者の育成といった地域集団活動と社会計画が必要であると指摘していた（竹中、1962、p.59）。

（3）生活の苦しさの人格への影響

　スラム地区の住民の浪費癖など、当時の社会病理学者が生活態度や意識と関連させて説明した問題について、貧困研究者は「生活の苦しさの人格

への影響」と認識していた。

　篭山京氏は、本木町がバタヤ地区であった頃の貧困な生活について、住民の収入が低いにもかかわらず物価は他地区と変わらなかったため、当時は月に6000円の収入のうち5000円を食費に費やさざるを得ず、すいとんなどの代用食を常用して、病人が出ると医療費に困るほどであったと記録されている（篭山、1981、pp.59—60）。

　そしてこのように苦しい生活のなかで、「バタヤになった当初は、一生懸命に仕事をして一日も早くバタヤ稼業から足を洗おうと努力するが、いくら働いても生活するに一杯であって、ともすれば、その日その日の食事も満足にできないことがある。どうせ、一生懸命働いても楽ができないなら、せめて、たくさん屑物が拾集できて金が余計入った時に好きな焼酎でも飲んで、瞬間的にでも良いから生活の苦しさを忘れたいと思うようになり、この当然の結果として刹那的な、享楽的な生活をするようになる」と説明されている。スラム地区ではこのような生活の苦しさから、地域住民が劣等感をもち、孤立した存在になったといわれている（篭山、1981、p.77、39）。

　そして篭山氏と江口英一氏は社会福祉の対象について、「社会構造そのものから生ずる社会関係の不安定」と表現し、底辺にある貧困層の分析から、その上層の階層、そして社会全体の福祉課題の実証に取り組んだ。また両氏は、最低限を下回った生活が人格に影響を与えることについても、言及していた（篭山・江口、1974、p.25、pp.38—39、43）。

（4）セツルメントの独自の対象としての「うめき」と主体性の侵食

　貧困問題には、住宅改善や所得保障、雇用対策などによる制度的な解決が必要な側面があり、この側面には社会政策が対応する必要がある。そしてそれらを人格的交流によって解決できると錯覚するならば、社会政策の発展を阻害し、貧困に対応する地域福祉活動は代替的になるであろう。しかしこれまで述べてきたように、貧困問題には生活の苦しさの人格への影

響による自発性の侵食や希望の剥奪という、質的な側面もある。筆者はセツルメント、さらにいうならば、地域福祉活動の独自の対象は貧困の質的な側面であり、貧困のこの側面に対してセツルメントや地域福祉活動がどのような役割を果たすかについて考察することによって、それらの独自の機能を評価することができると考えている。

　貧困の質的な側面ということばを用いたのは岩田正美氏（岩田、1981、pp.45—48）だが、筆者はこのことばを貧困な人の「うめき」という意味で用いたい。たとえば阿部志郎氏は岩下壮一氏の人生から「福祉の哲学は、机上の理屈や観念ではなく、ニードに直面する人の苦しみを共有し、悩みを分かちあいながら、その人々のもつ『呻き（うめき）』への応答として深い思索を生み出す努力であるところに特徴があるのではなかろうか」と指摘されている（阿部、1997、p.9）。貧困の質的な側面を上述のような「うめき」ということばで表現することは、少なくとも政策科学的な概念化ではない。しかし「うめき」ということばには、社会福祉の原点にかかわる迫力や魅力があるように思われる。

2　人格的交流と生活に潤いを与えるプログラム

（1）人格的交流と生活に潤いを与える役割

　それではセツルメントは、スラム地区の住民が抱えていた貧困の質的な側面やうめきに対して、どのような機能や役割を果たすことができたのだろうか。この点については貧困の量的な側面の分析のように、当時の統計から明らかにすることは困難なため、残念ながら例証の域を超えることはできない。

　たとえば愛隣協議会が本木町にセツルメントの建設を計画したときに、篭山氏が理事長に何を望むかを尋ねると、帰ってきた答えは医療や保育よりも、「早速に必要であり枯渇しているのは『戸籍の整理をして家庭を明る

くする』ことであり、補習教室や生活相談、人事の相談を希望する」というものであった。本木愛隣館は、このような声に応えて設立されたといわれている（篭山、1981、p.155）。またマイヤー神父が本木町に隣接する興野町に土地を購入し、1957年にクリスマスハウスというセツルメントを開設した際には、地域住民が一番困ることが「病気」であったため、無料診療所を設置して住民に喜ばれた。そして遊びや演芸会、パーティは、地域住民の生活に潤いを与えるプログラムとして歓迎された（篭山、1981、p.157、pp.88—91）。

　このようにスラム地区におけるセツルメント活動は、代替性のなかでも貧困の質的な側面に対して、文化活動や余暇活動を通じて生活に潤いを与える役割を果たすことはできたのかもしれない。統計ではなく例証に基づいているという限界があるため、スラム地区におけるセツルメントの役割について過大に評価することは慎まなければならないが、多くのセツルメントが児童に対して文化活動や余暇活動にかかわるプログラムを実施していたことを考慮すると、この評価は少なくとも過大ではないように思われる。

（２）人格的交流による主体化と危機感による主体化

　一方興望館の事例でみられた、「セツルメントが人格的交流を通じて生活に潤いを与え、精神面での必要を充たすことによって地域住民が主体化する」という知見が、当時のスラム地区におけるセツルメントの実践でどこまで普遍性をもっていたのかは定かではない。当時のセツルメントには学生セツルメントも多く含まれていたが、本研究ではそれらについては資料を収集することができなかったため、検証できなかった。また大阪で展開した被差別部落における隣保事業についても、言及することはできなかった。なお大阪ではセツルメントが、生活に潤いを提供するプログラムの実施にとどまらず、学童保育づくりなどの運動を展開したが、それにつ

いては次章でふれたい。

　ただし当時のスラム地区では以下のような、セツルメントによる実践を通じた主体化とは異なる「危機感による主体化」もみられたようである。

　貧困地域の住人であった滝沢吉五郎氏は、自分の離婚と子との別れの経験から子どもだけは何とかしたいとの思いを抱き、教育の欠如が貧困と不本意な人生につながることを防ぐために、未就学児解消運動をはじめた。役所などで教えてもらいながらはじめた活動は、やがて東京みのり会の不就学児の解消運動へと発展し、中卒で金の卵として入社して自立する子どももみられるようになった。しかし子どもが自立するとバタヤ部落を離れ、高齢者が取り残されるという皮肉な現象もみられた（籠山、1981、p.176）。

　次節で述べるように、その後スラム地区は減少し、日本のセツルメントは存立基盤の変容を経験した。そして貧困地域の住民に自立の機会を提供したのは、地域福祉活動でも社会政策でもなく、高度経済成長であった。

（3）社会福祉援助技術論におけるセツルメントの位置

　これまで述べてきた、セツルメントによる文化活動や余暇活動のプログラムと人格的交流が、代替性のもとで生活に潤いを与える役割を果たすという評価は、社会福祉論が示す社会福祉の独自の対象と機能と整合性をもち、社会福祉論を理論的な根拠とした正当なものなのだろうか。筆者は本節の最後に、本研究で得られた知見を社会福祉原論に照らし合わせて確認する作業を試みたい。近年では社会福祉原論との関連に言及しない社会福祉研究もみられるが、筆者は自分の研究については可能な限り社会福祉原論との関連を明らかにしたうえで、専門分化させるようにしたい。

　セツルメントが貧困の量的な側面ではなく、質的な側面に対応するという点は、高度成長期に社会保障制度が整備されてきたが、それだけで生活の基本的要求のすべてが充たされるわけではない。社会福祉を必要とする人の「生活上の要求を真に充足するためには、地域社会においてその人の

もつすべての社会関係を維持・発展させるような形で援助を与えなければならず、地域社会関係や家族関係を断ち切るようでは、真実の社会福祉的援助にはなりえない」(岡村、1974、p.10) という岡村重夫氏による記述につながり、人格的交流を通じた主体化という目標は、主体性の原理と共通するかもしれない。貧困問題を解決するためには、お金や雇用対策を含めた社会保障制度が不可欠だが、お金以外の必要を充たすこともまた、重要なのである。

しかし岡村理論ではアメリカで発展した専門的な社会福祉援助技術論が咀嚼され、社会福祉の対象は社会関係の不調和や社会関係の欠損、社会制度の欠陥に限定され、社会福祉の機能は評価的機能、調整的機能、送致的機能、開発的機能、保護的機能に整理された（岡村、1983、pp.107―113、118―126)。一方、日本のセツルメントは保育園等のサービスを提供する機関に変容したこともあり、次章で述べる横須賀基督教社会館などを除くと、地域組織化のような専門的な社会福祉援助技術を実践する機関として発展しきれなかった。それゆえに日本のセツルメントによる貧困な生活に潤いを与える実践は、社会福祉援助技術論から社会福祉援助技術として評価されるような立場ではなかったのかもしれない。

ことばを換えるならば、スラム地区の住民のうめきに応えてプログラムを実施し、生活に潤いをもたらすというセツルメントの実践は重要であったが、それが地域組織化の方法へと発展し、普遍化しきれなかったため、社会福祉の原点を感じさせる長所とアマチュアリズムの両方を備えた、社会福祉援助技術論では中途半端な立場にあったということである。特に地域組織化には、専門性と地域住民の目線に立つ大衆性の両方が求められるため、セツルメントは社会福祉援助技術に連なりながらも、専門性だけに依拠してはいけないという難しさがある。

（4）今日の社会福祉論とセツルメントの課題

　その後社会福祉論では、「革新自治体による福祉政策の展開によって、国民の立場に立つ社会福祉研究が単なる政策批判にとどまることを許されず、より積極的に福祉施策の体系的な発展を提示することを求められ」(宮田和明、1979、p.181)、資本主義社会の枠内においても階級闘争や社会運動を契機として、譲歩によって社会福祉が形成されるという「運動論」あるいは「新政策論」が提起された（一番ヶ瀬、1975、p.11）。欧米のセツルメントは、時代遅れというレッテルを貼られながらも、貧困な地域の住民の権利を守る実践に取り組んだが、後述するように日本のセツルメントは総体としては人格的交流から社会福祉運動や権利擁護をすすめる団体として発展することはできなかった。それゆえに、運動論、あるいは新政策論においても、セツルメントは微妙な位置にあった。

　そして低成長期には、社会福祉にはケア・ニーズに応えてサービスを提供する役割が求められるようになり、今日では古川孝順氏が社会福祉の機能を、「社会的機能（社会統制機能、社会統合機能）」と社会福祉の本来的機能である「福祉的機能（自立生活の支援と社会生活への統合）」に整理されている（古川、2002、p.74）。セツルメントの原点は人格的交流であることを考えると、今日ではサービスを提供する団体として生存している日本のセツルメントには、サービスの提供をケア・ニーズの充足にとどめずに、サービスを媒介とした人格的交流につなげて、古川氏がいう福祉的機能に発展させる可能性があるのかもしれない。

　この意味では、今日はセツルメントが再評価される時期なのかもしれない。しかし社会福祉政策は介護保険制度や支援費制度など保険原理を導入しながら近代化されつつあるため、このような社会福祉政策の方向とセツルメントの視点が一致するのか、セツルメントの視点を実現できるような力量を蓄積することができたのかが問われている。

第Ⅳ節　スラム地区の減少とセツルメントの退潮

1　スラム地区の減少とセツルメントの退潮

（1）スラム地区の増加と減少

　セツルメントの復興期をもたらしたのは、戦後期から高度成長期前半までにみられた、スラム地区の増加であった[5]。前節で参照した東京都民生局調査によると、当時は東京都民851万5440人（210万6884世帯）のうち、不良環境地区の住民は人口ベースでは0.93％、世帯ベースでは0.94％を占めるなど、戦後期から高度経済成長期の前半までは、昭和恐慌時とともに貧困が「私たち」にとって最も身近な時期だったのかもしれない。

　しかし建設省の調査では、1950（昭和25）年に74地区（3万5124人、1万10世帯）、1961（昭和36）年の東京都住宅局調査では298地区が確認された東京都の不良環境地区は、1967（昭和42）年には36地区が撤去や住宅立て替えにより消滅し、70地区が都市計画、道路面拡張による地区の道路面住宅改築により半消滅に至った。この時期にはスラム地区の3分の1が消滅したことになる（東京都民生局、1959、p.57、pp.86―94、田代、1972、pp.6―8）。

（2）スラム地区の減少とセツルメントの退潮

　西内氏は1945（昭和20年）からを「セツルメントの復興期」として区分されたが、実はこの間にセツルメントは減少していた。厚生省の統計によると、1947（昭和22）年に全国で101あったセツルメントは、1951（昭和26）年には51か所に減少した（西内、1971、pp.23―24）。

　このようなスラム地区の減少を背景として、日本のセツルメントは退潮

へと向かっていったのであった。

2　スラム地区の減少の社会階層的背景

（１）地域類型による収入、支出の分布の違い

　スラム地区の減少は、スラム・クリアランスという物的な環境の改造だけでなく、スラム地区の階層構成と高度経済成長の産物でもあったかもしれない。

　前出の東京都民生局「不良住宅地区の概況調査」では、地区別に世帯数や人口、収入、支出、社会階層構成が記載されている。そこで筆者はそれらのデータが「不明」と記載されている地区を除外した273地区について、「一般老朽住宅、仮小屋住宅、都営住宅、引揚者定着寮、簡易宿泊所、その他」という類型別に再集計した。再集計の対象となったスラム地区の内訳は「図2―1　不良環境地区の内訳」で示したように、一般老朽住宅（54.2％）、仮小屋住宅（24.9％）、都営住宅（7.7％）、引揚者定着寮（9.9％）、そして簡易宿泊所とその他の住宅（3.5％）である。また再集計した世帯数における比率をみると、「図2―2　不良環境地区居住世帯の内訳」のように、一般老朽住宅が51.2％を占め、以下、仮小屋住宅が27.3％、都営住宅が9.2％、引揚者定着寮が10.2％、そして簡易宿泊所とその他の住宅の合計は2.1％を占めていた。

　そして不良住宅地区の収入と支出の平均値は「標準世帯の半分程度」であったが、スラム地区の住民の収入や支出の分布は、スラム地区の類型によって異なっていた。「図2―3　不良環境地区の収入分布」では「一般老朽住宅」で「15,000～19,999円」と「20,000～24,999円」の世帯が1つの「かたまり」を形成しているのに対して、「仮小屋住宅」では「5,000～9,999円」をピークとして、下位に分布していた。「図2―4　不良環境地区の支出分布」でも同様の傾向がみられた。ただしこの調査結果には5地区

第2章　貧困と人格的交流による主体化

```
□ 一般老朽住宅  仮小屋住宅  都営住宅
■ 引揚者定着寮  簡易宿泊所  その他
```

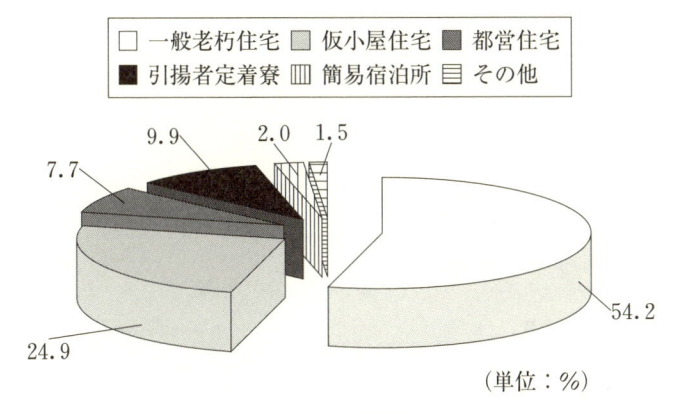

7.7　9.9　2.0　1.5

24.9

54.2

（単位：%）

図2－1　不良環境地区の内訳

出所：東京都民生局（1959）pp.33—40、183—192より筆者が作成

```
□ 一般老朽住宅  仮小屋住宅  都営住宅
■ 引揚者定着寮  ■ その他
```

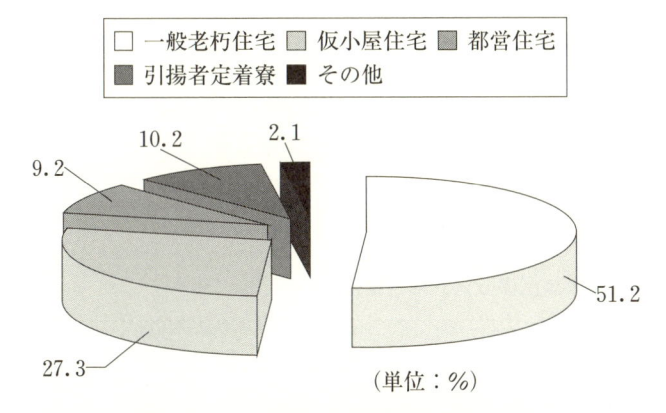

9.2　10.2　2.1

27.3

51.2

（単位：%）

図2－2　不良環境地区居住世帯の内訳

出所：図2—1に同じ

ある簡易宿泊所に山谷が含まれていないなど、疑問の余地もあるため、あえて統計的な検定には踏み込まなかった。

簡易宿泊所はサンプル数が少ないため、「表2—1　不良環境地区収入分布（世帯数）」を参照すると、消費単位あたりの最低生存費5,000円未満は他の地区よりも少ないが、最低生活費8,500円を含む「5,000〜9,999円」

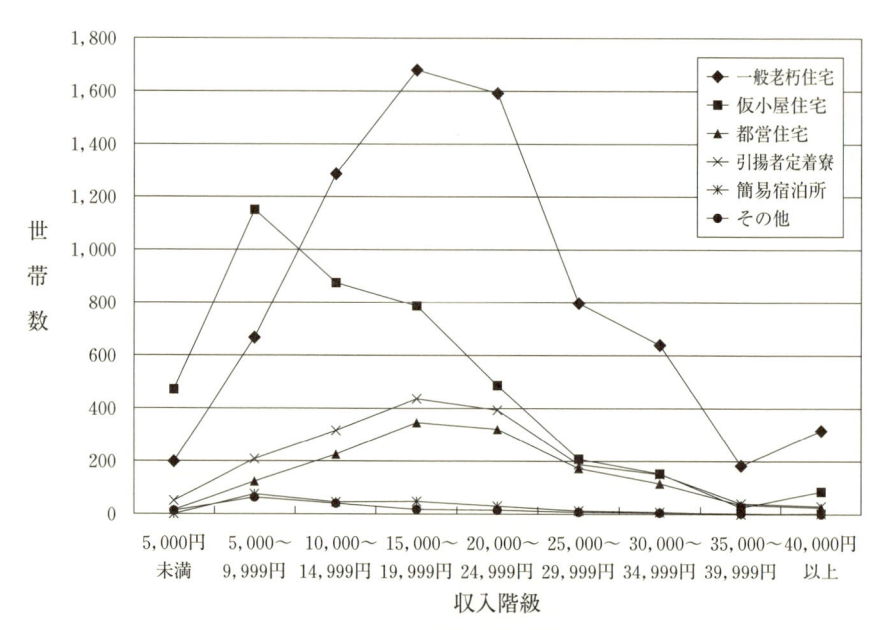

図2-3　不良環境地区の収入分布

出所：東京都民生局（1959）pp.33—40、287—292より筆者が作成

表2-1　不良環境地区の収入分布（世帯数）

	5,000円未満	5,000～9,999円	10,000～14,999円	15,000～19,999円	20,000～24,999円	25,000～29,999円	30,000～34,999円	35,000～39,999円	40,000円以上	不詳	合計
一般老朽住宅	198 2.2%	667 7.4%	1,285 14.2%	1,679 18.5%	1,591 17.6%	798 8.8%	639 7.1%	183 2.0%	316 3.5%	1,703 18.8%	9,059 100.0%
仮小屋住宅	471 9.7%	1,150 23.7%	875 18.0%	786 16.2%	487 10.0%	209 4.3%	154 3.2%	24 0.5%	84 1.7%	609 12.6%	4,849 100.0%
都営住宅	15 0.9%	122 7.1%	225 13.1%	346 20.1%	320 18.6%	172 10.0%	115 6.7%	36 2.1%	25 1.5%	347 20.1%	1,723 100.0%
引揚者定着寮	50 2.6%	207 10.7%	316 16.3%	435 22.4%	393 20.3%	189 9.7%	150 7.7%	40 2.1%	30 1.5%	130 6.7%	1,940 100.0%
簡易宿泊所	1 0.4%	74 32.9%	46 20.4%	47 20.9%	30 13.3%	12 5.3%	7 3.1%	0 0.0%	2 0.9%	6 2.7%	225 100.0%
その他	13 7.9%	62 37.8%	39 23.8%	18 11.0%	16 9.8%	8 4.9%	5 3.0%	2 1.2%	1 0.6%	0 0.0%	164 100.0%
合計	748 4.2%	2,282 12.7%	2,786 15.5%	3,311 18.4%	2,837 15.8%	1,388 7.7%	1,070 6.0%	285 1.6%	458 2.6%	2,795 15.6%	17,960 100.0%

出所：図2—3に同じ

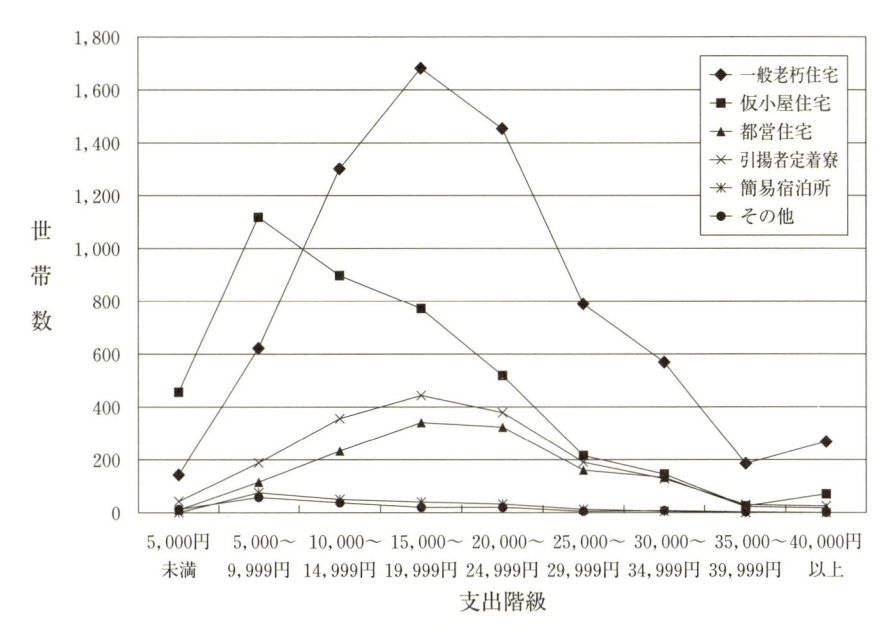

図2-4　不良環境地区の支出分布

出所：東京都民生局（1959）pp.33―40、295―300より筆者が作成

が32.9％と最も多く、25,000円未満に90％近くが納まってしまう。貧困地域の内部でも、収入に格差があったようである。

（2）収入と支出の分布の違いと社会階層構成

上述のような収入や支出の分布の違いの背景には、所得の源泉となる社会階層構成があった。この調査の対象となった地域の住民全体の職業構成をみると、「事務技術者」が25.1％と「筋肉労働者」の22.5％よりも多く、第3位は「その他」の12.6％であった。そして「表2―2　不良環境地区の職業階層構成」をみると、一般老朽住宅や都営住宅、引揚者定着寮では「事務技術者」が27.5％、36.2％、41.2％と最も多いのに対して、仮小屋住宅では雑業層と類推される「その他の職業」が31.3％を占めていた。ま

表2-2　不良環境地区の職業階層構成

	筋肉労働者	事務技術者	自営職人	自営個人企業	その他経営	自由業	無職	その他	不詳	合計
一般老朽住宅	1,824 20.2%	2,488 27.5%	1,107 12.2%	1,578 17.4%	295 3.3%	494 5.5%	643 7.1%	426 4.7%	192 2.1%	9,047 100.0%
仮小屋住宅	1,124 23.1%	541 11.1%	314 6.5%	436 9.0%	89 1.8%	410 8.4%	355 7.2%	1,518 31.3%	70 1.4%	4,857 100.0%
都営住宅	383 22.2%	624 36.2%	157 9.1%	101 5.9%	24 1.4%	62 3.6%	129 7.5%	192 11.1%	51 3.0%	1,723 100.0%
引揚者定着寮	521 26.9%	800 41.2%	71 4.1%	67 3.7%	16 0.8%	67 3.5%	268 13.8%	84 4.3%	46 2.4%	1,940 100.0%
簡易宿泊所	119 52.9%	57 25.3%	9 4.0%	7 3.1%	3 1.3%	3 1.3%	14 6.2%	10 4.4%	3 1.3%	225 100.0%
その他	75 45.5%	10 6.1%	2 1.2%	1 0.6%	5 3.0%	4 2.4%	27 16.4%	39 23.6%	2 1.0%	165 100.0%
合計	4046 22.5%	4,520 25.1%	1,660 9.2%	2,190 12.2%	432 2.4%	1,040 5.8%	1,436 8.0%	2,269 12.6%	364 2.0%	17,975 100.0%

出所：東京都民生局（1959）pp.33—40、282—284より筆者が作成

た簡易宿泊所では「筋肉労働者」が52.9％みられた。

　東京都民生局「不良住宅地区の概況調査」と同じ1959（昭和34）年には、江口英一氏の師である大河内一男氏が、『貧乏物語』を出版された。そのなかで大河内氏は、「明治32年に、毎日新聞の記者横山源之助が名著『日本之下層社会』を公刊したとき、そこにただよっていた雰囲気は、あまりにも惨憺として暗い、働く貧乏人の姿であった。そこには近代風の労働者階級と下層の生活困窮者や細民や被救恤的窮民や浮浪者などの区別のない、それらの階層分解の未分化の、『下層社会』の大きなかたまりがあるだけであった」と述べられたが（大河内、1959、p.27）、「不良住宅地区の概況調査」の対象となったスラム地区にも、大河内氏がいうところの近代風の労働者階級と、その後貧困層の典型となる日雇い労働者の両者が居住していたのである。そして前者は高度経済成長の波に乗り、貧困地域を脱出するか、スラム・クリアランスによって貧困地域ではなくなった地域に住み、一般の労働者階級に吸収されていったのかもしれない。そして後者は、スラム・クリアランスによって貧困地域が減少し、居場所もドヤ街に限定されていったのである[6]。

（3）日雇い労働者と私たちの「へだたり」の形成

　このようにしてスラム地区という地域的な貧困が減少し、社会階層の構成でいうと貧困ではない階層と極貧な階層の間にあった階層が抜け出した結果、「私たち」と「貧困」との間に「へだたり」が生じたのかもしれない。私のこの推察はデータの制約により実証することはできないが、1960（昭和 35）年に刊行された労働科学研究所による調査から、一般の職員と日雇労働者の生活水準に「へだたり」があったことは確認できる。

　労働科学研究所によると、職員を 100 とする労務者の実収入は 1952（昭和 27）年の 76 から 1958（昭和 33）年に 72 へと格差は拡大し、「職員の平均は最低生活費を十分にまかなっているが、労務者はすでに平均でそれを下回っている。これは、世帯人員の多いことにもおうているが、何よりその収入が低いから」であった。そして世帯主収入の平均値では、最高は民大職員の 4 万 3130 円であり、最低は日雇労働者の 1 万 2082 円であった。当時、工業日雇の 1 日あたりの賃金は工業労務者の 55% であり、日雇労働者では最低生存費を充たしていない世帯が 50% といわれていた（労働科学研究所、1960 年、pp.336―350）。

　このようにして高度成長期に形成された「貧困と私たちのへだたり」は、終章で述べるように低成長期以降も拡大し、貧困に地域福祉活動が対応することを困難にしていったのである。

3　日本のセツルメントの退潮

（1）公民館の設立とセツルメントとの重複

　スラム地区の減少だけでなく、公民館の設置による社会教育とセツルメントの教育・文化活動との重複もまた、セツルメントに退潮をもたらした。1956（昭和 31）年 7 月 19、20 日に石川県金沢市で開催された第 1 回全

国隣保教化事業関係者会議では[7]、「公民館は社会教育であり、隣保教化事業は社会福祉事業であることはわかっているが、第一線においては事業を判然と区別することはむつかしい。厚生省（現厚生労働省）と文部省（現文部科学省）で隣保教化事業と公民館事業を区別してほしい」などの意見に基づいて、①厚生省に対して隣保教化事業を社会福祉事業法の第二種事業として追加し、助成の途を講じるように要望する、②地方自治体と公共団体に対して隣保教化事業を緊要とする地区に施設建設を促進するよう要望する、③全社協と地方社協に対して、隣保教化事業の職員の養成と研究会の開催の要望、④厚生省と文部省に対して隣保教化事業と公民館事業の限界を明確にするとともに、両事業の提携協力の方途を明示するよう要望することが決議された（西内、1971、pp.154―159）。

（2）セツルメントの財源問題

スラム地区の減少や公民館の設置という外的な要因だけでなく、セツルメントの財源問題もまた、セツルメントを退潮へと導いたのかもしれない。

第1回全国隣保教化事業関係者会議で、隣保教化事業と公民館事業の区別に加えて、隣保教化事業の社会福祉事業法への追加が要望された背景にはセツルメントの財源難があり、上記の第1回全国隣保教化事業関係者会議ではセツルメントが当初社会福祉事業法に規定されていなかったため、「青少年の問題で警察に行ったり、失業者の問題で職業安定所や労働基準監督署に行くと、『社会福祉事業法』をひろげて"隣保事業"というのは社会福祉事業ではないのかと質問され、いちいち説明しなければならないし、法に明記されていないため、社会的信用の度合いも違うように思える。また或る地方では法にないため、共同募金会等の理解もうすい。故に、この際、早急に『社会福祉事業法の中に"隣保事業"を追加してもらいたい』という意見が出された。（西内、1971、p.154）

1957（昭和32）年10月16、17日に大阪市で開催された第2回全国隣保

教化事業関係者会議では、セツルメントの法制化により法に規定され、自由な活動ができなくなるおそれがあるという発言もあったが、困っている人にあらゆる方法で援助するためには法制化と国庫補助の早期実現を要望することが重要であり、セツルメント事業の概念規定という作業を経て厚生省に法制化が要望され、1958（昭和33）年に隣保事業が社会福祉事業法に第二種事業として追加された（西内、1971、pp.166—168、まえがき）。ただし追加されたものの、公的な助成は得られなかった。

(注)

1) この調査は、「東京都における戦後の不良環境地区の輪郭を明らかにし、その分布状態、住居及び居住者の生活の実態をつかみ、不良環境地区の環境改善及び居住者の生活改善の施策に必要な基礎資料をうること」を目的として、1957（昭和32）年11月1日から20日にかけて、273地区1万9752世帯に対して、福祉事務所長の推薦を受けた民間の調査員413名が、不良環境地区の概況と住居、居住世帯について調査を実施したものである（東京都民生局、1959、pp.43—44）。

2) ただし仮小屋住宅（バラック）集団地区で緊急に改善を要する場合は、上記の住居数や世帯数に拘束されない。なお、A類「土地及び建物の悪環境」とはガード下や河川沿岸、低湿地や不良な住宅の密集地での居住、「家屋及び居住の低質」とは老朽した長屋などで共同便所など設備の不十分、1室ないしは2室に居住密度が高く、日照・通風・排水不良。B類居住者の低生活水準とは低額所得者または要保護者が集まり住み、それらの者の職業は、大半が単純筋肉労働、零細企業その他の不安定就業で占められ、また無職も多いこと。C類地区の有害性または危険性とは、伝染病の発生のおそれや風紀上有害と思われる繁華街に隣接、火災に弱い密集住宅であった。（東京都民生局、1959、pp.43—45）

3) 域類型別でみると、生活保護を「受けている」割合は仮小屋住宅で12.3％と高く、都営住宅は4.8％と低かった。

4) ただし大河内氏は、社会政策と社会事業の対象について、資本制的な経済社会の「庶民」階級に所属することは共通であり、社会事業は要救護性に対応することで、経済秩序外的存在を経済秩序内的存在たらしめるとも記述していたことは、見落としてはいけない（大河内、1970＝1938、p.311、314）。

5) たとえば江口英一氏は、東京都葛飾区役所「葛飾区内における不良住宅地区実態調査報告」（1950（昭和25）年）を引用して、「一言でいえば、『不良住宅地区』あるいは『細民街』、『スラム』の基本的性格は、そこでの労働と生活が全般的に、社会的にみて under standard であり、不安定なことにある。ここは不正常な職業や就業形態など、とにかく社会生活をいとなむことにとって、あらゆる面でのひずみを生じているかたちが、示されているところなのである。ところで戦後、このような『地区』の性質、そのいわば『スラム』性は、その『垣』をはずして、一般の地域にまでますます広範に広められてきているのではないであろうか」（江口、1979（上）、p.323）と述べ、戦後期にスラム地区が増えたことを指摘している。

6) 1959年から1967年のスラム地区が減少した時期に、東京都社会福祉会館が刊行した「低所得層の要救護性に関する研究」（1964年に江口英一氏と菅支那氏の連名で執

筆され、後に江口氏の「現代の『低所得層』」に所収）と「被保護階層の量と質の推移」（1962年に一番ケ瀬康子氏の名前で刊行）という調査が行われたが、いずれもスラム地区という認識や指標ではなく、所得や社会階層、生活保護受給世帯の分布などから、地域と貧困の関連を分析したものであった（江口、1979、上、pp.99―113）。

7）公民館とセツルメントの違いについては、「公民館による教育は、要求するものを誘引する方法によってこれをなすのに、セツルメントのそれは要求するところに入り込むのである。公民館は全市的、全町的、全村的にその要求者を対象とするのに、セツルメントは、部分的に問題を把握し、要求者を発見するのである。そうして近隣と密接に接触することによって、その要求を明瞭に把握するのである」と整理された（西内、1971、p.63）。

第3章
セツルメントのコミュニティケアへの展開

第Ⅰ節　横須賀基督教社会館とコミュニティケア

1　設立からコミュニティ・オーガニゼーションへ

（1）貧困から高齢者、障がい者へのコミュニティケアへの分岐点

　前章で述べたスラム地区の減少や公民館の設立、財源問題などにより、日本のセツルメントは貧困に対応する地域福祉活動ではなく、サービス供給という役割を選択して生き残らざるを得なくなった。なかでも高度経済成長による地域住民の所得水準の向上と、塾に通う子どもの増加は、セツルメントによる子どものクラブ活動に大きな影響を与えた。
　その結果1970年代にセツルメントは、貧困問題に対応するだけでなく、「地域社会において、個人や家庭内だけではみたすことのできない、児童・青少年や一般住民の精神的な生活の充実や人格の発展のニード、換言すれば集団的な活動や共同利用施設を通じてでなければみたすことのできない文化的、レクリエーション的ニードに応ずるとともに、地域社会にある老人や心身障がい者（児）のリハビリテーションや文化的、社会的ニードに応ずること、また、このようなサービスを通じて地域社会の住民の社会福

祉に対する理解と協働性、連帯性を推進する中核となることを目的とする各種施設を総称した」地域福祉施設として、コミュニティケアをめざすようになった（全国地域福祉センター研究協議会、1971、p.4）。

　本章では「第Ⅰ節　横須賀基督教社会館とコミュニティケア」から、セツルメントがどのようにしてコミュニティケアに取り組むようになったのかを学び、「第Ⅱ節　インナー・シティにおける地域組織化」ではインナー・シティという新たな形態の貧困地区で、川崎・横浜愛泉ホームが調査と話し合いなどの地域組織化をすすめる方法を蓄積した事実を記録したい。そして「第Ⅲ節　名古屋キリスト教社会館の実践」では、名古屋キリスト教社会館が社会関係を保存したコミュニティケアをめざしたことを示し、「第Ⅳ節　セツルメントにおける地域組織化の課題」では、日本のセツルメントが保育などのサービスの提供という役割によって生き残ってきたことによる地域組織化の発展の限界を指摘し、利用者参加を通じた地域組織化の可能性を提起したい。

（２）横須賀基督教社会館の誕生

　横須賀基督教社会館は、横須賀市の田浦という人口6505人（高齢化率25.4％）の地域に設立された。田浦は横須賀の軍事基地化とともに発展し、戦後期には軍需工場の閉鎖により職を失った住民も多く、「社会館の周辺には引揚者のバラックが立ち並び、低所得階層が密集している地域が点在し、狭い路地、未整備な給排水設備といった典型的なスラム状況」であった（岸川、2004、pp.15—25）。そして田浦にあった旧海軍の下士官集会所・宿泊所がアメリカ軍に接収され、基地で働く日本人通訳の寮とダンスホールになったが、街の風紀が乱れてしまった。そのため、基地司令官ペニー・デッカーはダンスホールを閉鎖し、その建物を日本キリスト教団にコミュニティセンターとして利用するよう要請して、横須賀基督教社会館が誕生したのであった。

岸川洋治氏は横須賀基督教社会館の発展について、① 1946（昭和 21）〜 1956（昭和 31）年：コミュニティセンターとしてのプログラム整備期、② 1957（昭和 32）〜 1967（昭和 42）年：より専門的に社会福祉の方法を展開する時期、③ 1968（昭和 43）〜 1983 年（昭和 58）：住民主体の地域組織化に本格的に取り組みはじめた時期、④ 1984（昭和 59）〜 1995（平成 7）年：コミュニティケアの拠点として在宅サービスに取り組みはじめた時期、⑤ 1996（平成 8）年から現在：地域活動を基盤としたコミュニティケアへの新たなチャレンジ、という時期区分によって整理されている（岸川、2004、p.14）。

（3）コミュニティセンターとしてのプログラムの整備

　1946（昭和 21）〜 1956（昭和 31）年の「コミュニティセンターとしてのプログラム整備期」に社会館に着任した宣教師のエベレット・トムソンは、「住民のために」ではなく、「住民とともに」を提唱し、住民とよい友だちになりたいと考えて、保育所を善隣園と名づけた（阿部、2001、p.32）。失業者が多かった田浦では、この建物を経済発展のために使用すべきだという声もあったが、アメリカでソーシャルワークの教育を受けたトムソンは、地域のニーズを住民自らが気づくためにコミュニティ・オーガニゼーションを用いようとしたのであった（岸川、2004、pp.28—30）。

　横須賀基督教社会館が 1950（昭和 25）年 6 月に財団法人として認可されたときには、事業内容は保育事業、医療事業、授産、児童福祉、隣保、図書館、その他必要な社会事業であり、トムソン夫妻が仕事をはじめた頃はガランとして何もなく、海軍の教会が机や椅子を持ち寄り、水兵がボランティアでペンキを塗るという状態からの出発であった（岸川、2004、p.31、阿部・一番ヶ瀬、2001、pp.29—30）。

　そして 1949（昭和 24）年に社会館が使用していた土地建物が競売に付されるという公示があると、田浦の青年会は社会館に指名売却するように

署名運動を展開した。社会館はアメリカのキリスト教会に援助を要請し、予算がアメリカの教会で計上されて、1952（昭和27）年6月に土地・建物が法人の財産になった。教会の援助により専門職員は1955（昭和30）年には18名を数えた（岸川、2004、pp.35—36）。

（4）貧困地域の変容と新たな必要への対応

1957（昭和32）～1967（昭和42）年の「より専門的に社会福祉の方法を展開する時期」は、地域の課題が貧困から新たな生活課題に転換する時期でもあった。

1957（昭和32）年に阿部志郎氏が館長に就任した頃は、「大変困ったのは、夜、水道の蛇口がなくなる。子どもたちが蛇口を取って、仕切り場に持っていってこづかい稼ぎをする。毎晩のように起こりました。それから、家で勉強をする場所がないので、ここに毎晩来て、勉強したり、本を読んだり騒いだり、盛況でした。社会館から田浦の町を見下ろしますと、全部トタン屋根でした」というほど貧しさが残っていたが（阿部・一番ヶ瀬、2001、p.51）、1959（昭和34）年度にはスラム地区に存在するセツルメントではなく、標準的小地域社会の福祉を増進するコミュニティセンターとなった。それゆえに横須賀基督教社会館は、福祉に欠ける状態に焦点をあてるようになっていった（岸川、2004、p.50）。

阿部氏は、対象の拡大、地域社会の実態把握とニードの発見、ニードの充足、全体社会への架橋的役割、地域組織化事業、社会福祉的に機能転換、キリスト教社会事業、館内体制の整備、という8つの社会館方針に基づいて母子寮を縮小・廃止し、高度経済成長期の共働きの増加に対応して学童保育を開始した。また建物の老朽化により1963（昭和38）年から改築を企画し、神奈川県、横須賀市からの補助金、共同募金の配分、社会福祉事業振興会（現・独立行政法人・福祉医療機構）や県社協からの借り入れとアメリカのメソヂスト教会オハイオ州東地区の教会からの援助によって資

金を調達した（岸川、2004、pp.42—57）。

　当時の福祉に欠ける状態として、障がいという新たな課題もあげられるかもしれない。阿部氏が館長に就任直後、ある母親が相談にきて「部屋へ入るなり『泣かせてください』と言って、向こうを向いて泣いている。子どもをねんねこにおぶってました。明らかに脳性マヒの4・5歳の男の子です。そしてこう言うのです。バスに乗って子どもを降ろし傍らに座らせて肩を抱いていた。次の停留所で、健康な同じ年頃の男の子を連れた親子が乗ってきて、その子を母親は膝に抱っこしていた。その子がいたずらをやめないので、『そんなおいたをすると、おまえはああいう子になるよ』と障がい児を指した。相談に来た母親は『私はこの子のために大抵のことは耐えていますが、今日は泣かずにはいられません』というのです。私は、当時若いこともあって、胸が熱くなってきて、この子ために何かしようと心の中で決めました」（阿部、2001、p.54）。

　そこで社会館は児童相談所、福祉事務所、社協等の協力を得て、肢体不自由児保育へのニードを発見して、当時児童福祉法の規定になかった肢体不自由児の通園保育を隣保事業の一環として開始した。この事業は1958（昭和33）年に実験的事業として3名から開始され、1962（昭和37）年に愛育園となり、1965（昭和40）年の市立通園施設設立により閉鎖された。この事業は広域のニーズに対応したため、地域組織化に発展させることはできなかった（岸川、2004、p.47）。

2　地域組織化の実践と「地域が支える福祉」の発展

（1）地域組織化のはじまり

　社会館は1968（昭和43）～1983年（昭和58）に、住民主体の地域組織化に取り組みはじめた。1970年頃までは社会館と民生委員とのつながりは乏しかったが、バザーをきっかけに協力体制ができはじめ、社会館で地

域福祉活動を経験した住民が民生委員になるようになった（岸川、2004、pp.74—78）。

　当時阿部氏は、73歳でひとり暮らしの女性から「昼間は気が紛れます。人の顔も見えるし、車も走っているし。夜中真っ暗の中でふと目がさめると、心の凍る寂しさです。骨を刺すんです。寂しくて寂しくてどうすることもできません。寂しくて死にたい。でも死ぬ勇気はないんです」という相談を受けて、「私は立ち往生しました。老人の孤独という問題に初めてぶつかった。それまでの私は、老人を見ていなかった。子どものことばかりにとらわれていて。老人の孤立。孤独が、高齢者の問題としては一番深刻だと考えるようになり、民生委員の人たちと、ランチクラブをやろうとなった」と述懐し、お互いの人間関係を厚くすることを心がけたと記述している（阿部、2001、p.80）。

　実情を把握するために民生委員が65歳以上でひとり暮らし、ねたきりの高齢者、昼間ひとり暮らしの高齢者を訪問、面接し、物質的な面よりも精神的なサービスが必要とされていることが明らかになった。なかには食生活がインスタントラーメンに偏った高齢者もいたため、月に1度くらい手づくりの食事をつくってあげたいという願いや、「少なくとも田浦地域の老人は孤独死などと無縁であって欲しい」という民生委員の素朴な願いに基づいて老人給食のアイディアが出され、1972（昭和47）年の夏に老人給食が実施された。老人給食というものの、食事の提供が主目的ではなく、①日常話し合いの少ないひとり暮らし老人の仲間づくり、②給食をとおして民生委員と常に接し、信頼関係を強めること、給食をとおして民生委員と常に接し、信頼関係を強めること、③給食を実施することによって、老人問題に地域住民の目を向けさせ、さらに他の福祉問題にも関心をもつような地域づくりをめざす、の3点をねらいとした。月に1回、元気な老人は社会館へ集まり、民生委員、調理ボランティアと一緒に会食をし、ねたきり老人には近所の人が配達する方式をとった。費用は、バザー収益の一

部を使用することとした。対象老人は、約 50 名であった（岸川他、1986、pp.254—255、岸川、2004、pp.82—92）。

（2）地域組織化をすすめる方法と職員

　上のような「地域が支える福祉」をすすめるためには、地域組織化という方法とその方法を用いる職員が必要である。それまで社会館では地域組織化に携わる職員の役割分担は不明確であったが、資料調査室の新設によりコミュニティオーガナイザーを 3 名設置した。ただし地域組織化だけを担当する職員を配置するのではなく、社会館事業全体の管理運営も兼務せざるを得なかった（岸川、2004、p.58）。

　そして「①地域が自らできるプログラムは、地域に移していく。②地域に対してはワーカーの派遣、指導者養成、会場・器具の貸出など、側面から援助する。③地域でできないことは、社会館が積極的に担当する。このためたえずプライオリティを検討する。④地域と協力すべきことは協働する。⑤地域に潜在しているニードを掘り起こして、世論と行動を喚起する。それには、情報の処理と調査に力点を置く。⑥受身から地域へのリーチアウトの姿勢に転ずる。⑦コミュニティ・ケアを課題とする」という 7 項目の基本方針には、地域組織化の方法についての社会館の考え方が凝縮されている（阿部、1986、p.47）。また社会館におけるコミュニティワーカーの原則とは、①地域活動を起こす動機を開発すること、②情報を提供し、教育すること、③直接的に援助することもある、④評価をし、課題を設定すること、であった（岸川、2004、pp.115—117）。

3　「地域で支える福祉」とコミュニティケアへの転換

（1）「地域が支える福祉」から「地域で支える福祉」へ

　食事サービスによって、高齢者の葬式に仲間の高齢者やボランティアが

参加するようになるなど、社会関係は豊かになったが、月2回では食事サービスの機能を果たせないため、インフォーマルなサービスとフォーマルなサービスをどう組み合わせるかが課題になった（岸川、2004、p.119）。そして社会館の職員の以下のような経験は、1984（昭和59）年以降の「コミュニティケアの拠点として在宅サービスに取り組みはじめた時期」への移行を象徴している。

「30年以上も前のことである。民生委員の案内でひとり暮らしの老婦人を訪ねた。田浦町の商店街から徒歩で20分、谷戸の奥深くに土壁造りの築50年ははるかに超えていると思われるAさんの家があった。Aさんは快く迎え入れてくれた。土間にはかまどがあり、室内にはテレビ、ラジオ、冷蔵庫などの電化製品は全くなく、天井から裸電球がぶら下がっているだけであった。Aさんは今までの人生を次のように語ってくれた。

『13歳で奉公に出され、24歳で結婚し二人の子どもが生まれたが、いずれの子どももまもなく死んだ。戦争で焼け出されて、田浦の妹を頼ってきたが、この年に養女を亡くした。58歳の時に夫も世を去った。収入はなく、近所の人がみるにみかねて、畑の草むしりや掃除の雑用の仕事をくれ、ようやく食うや食わずの生活がつづいた。70歳になって生活保護を受けることができた』

このような話を聞き、頼れる親族がいない、腰が90度近く曲がっている身体状況、老朽化した住宅、買い物の不便さなど、これからのAさんの生活はどうなるのだろうかと思った。『将来ねたきりになったらどうします。老人ホームに今から申し込んでおいたらどうですか』福祉の専門家としてのアドバイスのつもりでこう聞いてみた。即座にAさんは、『私はこの家で死ぬことに決めています。夫も養女も死んだこの部屋で死にます』と語気を強めていわれた。筆者はこの言葉に衝撃を受けた。当時、施設をつくり、必要な人はそこを利用することが社会福祉の発展であるとの考え方が主流であり、私自身もそう思っていたからである」（岸川、2004、p.3）。

（2）コミュニティケアへの転換

　社会館は調査を行って必要を明らかにし、それらを充足するために「従来から存在している地域の自主活動を予防的活動として位置づけ、自主活動では対応できないニーズには社会館が直接サービスとして実施し、さらに他の福祉・保健・医療サービスとの調整を図る」ことを目的とした保健・福祉センターのプログラムを検討した（岸川、2004、p.132）。そして社会館は、デイサービス、在宅介護支援センター、ホームヘルプサービス、地域福祉研究所、保育所での統合保育、地域の乳幼児も含めた開放保育、親子の遊びの会などの家庭の育児支援事業、学童保育、障害児保育、保育所・学童保育で育った障がい児の親たちが結成した自主グループと雇用して学童保育との交流など多様なプログラムを実施し、「子どもから高齢者、障がい者まで全ての年齢層にわたり、そのライフサイクルに沿って保健・福祉・医療等さまざまな分野の統合を図りながら総合的なサービスを提供し、また、ボランティア活動や住民の福祉活動を支援しながら、地域と協働して福祉コミュニティの形成を目指している」（岸川、2004、pp.134―139）。

　このような多様なプログラムに共通して重要なのは、生きがいと主体性かもしれない。阿部氏は生きがいについて、以下のように述べている。「生きがいがあれば自分の健康にも気をつけるし、食事サービスも受ける気になるけれども、生きがいがなければ、外側の条件をいくらととのえても無理だと思うのです。その生きがいって何なのかっていうことになると、具体的には、日本人の場合には一つは仕事、それから趣味、学習、ボランティアの四つですよね。これをお互いが充実させていくということの仕掛けづくりというのを、地域福祉ではやっていくべきではないかなと思っています」（阿部、2001、p.94）。

第Ⅱ節　インナー・シティにおける地域組織化

1　川崎・横浜愛泉ホームの設立と活動の展開

（1）インナー・シティにおける貧困と社会的孤立

　高度成長期に依拠する地域がスラム地区でなくなり、セツルメントの役割が変化するという現象は、横須賀基督教社会館だけでなく、多くのセツルメントでもみられたことであろう。しかし低成長期には、住宅開発により比較的安定した階層が都市近郊地域に流出し、都市中心部に生活が不安定な地域住民が残存して、インナー・シティという貧困地域がみられた。そしてその地域ではセツルメントが、専門的な地域組織化の方法を実践していた。

　たとえば松崎久米太郎氏は北九州市O地区と川崎市T地区における貧困調査から、川崎市T地区では職業階層で区分すると低所得不安定層が全世帯の18.5%を、職業階層に住居水準を加味した生活階層で区分すると、不安定生活層が全世帯の60.6%を占めることを実証した。そして松崎氏はインナー・シティの低所得不安定層、あるいは不安定生活層が、低所得や住宅設備の不備などの物的生活基盤の不安定だけでなく、近隣における人間関係の欠如という生活問題を抱えていることを浮き彫りにした（松崎、1981a、p.231、1981b、p.452、458）。

（2）川崎愛泉ホームの設立

　松崎氏が調査を行った川崎市T地区は「田島地区」という地域である。そして1965（昭和40）年には神奈川県社会福祉事業団の運営により、若年労働者と子どもが多く、過密や公害という課題を抱えたこの地域に川崎愛

泉ホームが設立され、地域組織化に取り組んだ（神奈川県川崎愛泉ホーム、1987、p.1）。

川崎愛泉ホームは調査活動で問題を把握し、学童保育や母と子の集団活動、野外子ども会活動、老人クラブ連合会、ひとり暮らし老人訪問活動、ひとり暮らし老人給食活動などのプログラムを開発し、1983年には①相談事業、②児童対象活動（児童クラブ）、③学童保育事業、④幼児子育て活動、⑤老人福祉活動、⑥地域との協働事業（文化祭等）、⑦住民への啓発・ボランティア育成という体系で地域福祉を実践していた（神奈川県川崎愛泉ホーム、1987、pp.3—4、12—15）[1]。

（3）横浜愛泉ホームの設立と愛泉ホームの活動の展開

川崎愛泉ホームが設立される以前から、神奈川県知事内山岩太郎氏の「日のあたらない所に日を当てる」という構想によって1962（昭和37）年に横浜愛泉ホームが設立され、活動をすすめていた。

ドヤ街に隣接する横浜愛泉ホームでは、1977（昭和52）年からボランティアによる老人給食（会食）を開始し、昼食会にこられないお年寄りへの配食サービスの利用についての意向調査を通じて、1980（昭和55）年に配食サービスを展開した。また学生による訪問ボランティアも行われた（神奈川県横浜愛泉ホーム・神奈川県川崎愛泉ホーム、1988、p.62、pp.78—90）。

そして愛泉ホームが推進する地域福祉活動は、高齢者だけでなく児童へと広がりをみせた。横浜愛泉ホームでは「ありんこクラブ」、川崎愛泉ホームでは「ビーバーの家」という形で自主運営による保育活動がすすめられ、そこに参加した親は子どもへの接し方や見方が変わる、家庭生活でのリズムや意欲につながる、生活圏の拡大＝地域への関心や福祉活動への参加と理解につながる、という経験を得た。また地域にも、子育て活動についての認識が広まる、子育ての輪が広がるなどの影響を与えた（神奈川県横浜愛泉ホーム・神奈川県川崎愛泉ホーム、1989、pp.42—47）。愛泉ホームは

それ以外にも、学童保育の父母会の組織化や知的障がい児のふれあいの会づくりなど、グループづくりを行った。

2　愛泉ホームにおける住民主体と地域組織化の方法

(1) 地域福祉活動の原則とワーカーの役割

　愛泉ホームによる地域組織化の原則は、住民主体であった。「愛泉ホームの活動の目的は、決して住民のニーズに合わせた活動・地域福祉サービスをただ闇雲に提供することではないはずです。『住民本位』の活動は一応クリアしましたが、この『住民本位』の活動を『住民主体』で進めること、その『住民主体』活動を通して、住民が文字通り地域に生きる、地域変革を求めて生きる主人公ならしめるところに愛泉ホームの地域福祉施設としての存在意義があるはずです」（神奈川県横浜愛泉ホーム・神奈川県川崎愛泉ホーム、1988、p.15）。

　そして住民主体の地域組織化をすすめるためにワーカーは、「①漫然と広がっている、日頃気づかずにいるような隣り合わせの生活不安を一つひとつ丁寧に明らかにしていくこと、②その不安を本当に何が"必要"なのかと置き換えて、③それは地域のどういうことの"欠乏"なのかと捉え直して、④それをどういう方法で解決につないでいくのかを、⑤住民共同の中で創造的に」おこない、ワーカーの任務は、「①過去の多くの地域での経験、知識の提供、②現在の社会制度上の障害、問題の整理、③地域状況・地域情報の収集整理と提供」という役割であった（神奈川県横浜愛泉ホーム・神奈川県川崎愛泉ホーム、1990、p.98）。

(2) 愛泉ホームにおける地域組織化の方法の到達点

　愛泉ホームが地域組織化をすすめる方法は、相談活動から相談の周辺を地域的にみる、解決の手がかりを地域のなかに探る、調査を通じた「住民

の生活課題・福祉課題の把握」から広報、既存の地域団体との連携、ボランティア活動の推進、地域のグループでの懇談会の開催・団体間の交流を通じた「実践活動づくり」につなげ、ふれあいの場づくりなどのプログラムを開発する、というように要約することができる（神奈川県横浜愛泉ホーム・神奈川県川崎愛泉ホーム、1990、pp.16—19、35—45、p.61、77、92）。

第Ⅲ節　名古屋キリスト教社会館の実践

1　名古屋キリスト教社会館の特長と設立の背景

（1）名古屋キリスト教社会館の設立の背景

　一方、以下にあげた名古屋キリスト教社会館の事例は、セツルメントが社会関係の保存などの視点を重視して、コミュニティケアに取り組んだことを示している。

　名古屋キリスト教社会館が設立されたきっかけは、1959（昭和34）年の伊勢湾台風であった。当時、淀川キリスト教病院が医師団を派遣し、牧師、淀川キリスト教病院のメンバー、キリスト教医科連盟の団体、YMCA、YWCA、キリスト教奉仕団等がキリスト教伊勢湾台風救援本部を設置して被災地の救援にあたり、一段落した段階でメンバーが、「何が一番必要ですか」と住民に訊ねたところ「主婦が働けなくなるので子どもを看て欲しい」という声があった（谷川、2002—a、p.28）。

　その声に応えて1960（昭和35）年に理事長、館長、そして職員4名で託児、相談事業、青少年教育事業を実施するようになり、1961（昭和36）年3月に社会福祉法人の認可を受けた。1966（昭和41）年4月から無認可で障害幼児母子通園訓練事業「愛育園」を開始し、6月から文部省（当時）直轄で留守家庭児童会「ちどりじどうかい」を発足させた。

（2）社会館の創設期とちどり児童会の活動

　ちどり児童会はボランティアの力を借りて、学童保育に加えて土曜日のグループ活動を実施していた。そこではYMCAの影響により、リーダーは愛称で呼ばれ、子どもと職員、ボランティアが対等な立場で、参加者の自主性を尊重した運営が行われていた。社会館が地域と密接なかかわりをもてるようになったのは、ちどり児童会運営委員会という組織の存在によるところが大きい。児童会は1年生から6年生が通い、学童保育会員以外の子どもも気軽に遊びにくることができる場であり、学童保育の卒業生で中・高校生クラブをつくり、活動するなどの特色があった（谷川、2002—b、pp.13—17）。

2　障がい者の自立支援とコミュニティケアへの展開

（1）障がい児療育の拠点としての発展

　1973（昭和48）年に障害乳幼児通園施設愛育園棟が完成し、翌年に社会館は障害児保育事業実施要綱による指定園となった。そして1989（平成元）年に名古屋市が地域療育センター構想検討会を発足させ、社会館は1991（平成3）年に「南部地域療育センター（仮称）建設委員会」を設置して、1996（平成8）年に「南部地域療育センターそよ風」を開設した。そして「高齢者デイサービスセンター友」の開設や保育部の「菜の花保育園」、隣保事業の青少年育成組織を「名南ユースセンターACT」と改名するなど近代化をすすめ、1997（平成9）年に高齢者世帯向けに配食事業を開始、1998（平成10）年に隣接するマンションの一室を借り上げて「子育てセンターなのはな」事業を開始、1999（平成11）年に重度の知的障がい者のための自立ホーム「のどか（和）」を開設、2000（平成12）年に障がい者グループホーム「のどか（男子）」「うらら（女子）」を開設するなど、

事業と規模を拡大し、社会館は職員にパート、嘱託医を含めると120名以上の組織へと成長した（谷川、2000、pp.18―23）。今日では発達支援センターあつた、ちよだや重度障害活動施設ざぼん、ねーぶる、南区障害者地域生活支援センター、子どもセンターみどりなどで、幅広いサービスを提供している。

（2）利用者の主体性を尊重した「地域で支える福祉」

　1998（平成10）年から社会館に、地域療育等支援事業実施施設としてコーディネーターが配置され、問題の掘り起こしと社会資源の開発を行うようになった。そして1999（平成11）年から「自立ホームのどか」で障がいの重い青年たちの自立に向けた援助を行い、2002（平成14）年から「南・緑地域生活支援センターのどか」で緊急の預かりやレスパイトケア等の生活支援サービスを行うようになった。また「自立ホームのどか」は、グループホームとして認可された。

　社会館の障がいをもつ人にかかわる「地域で支える福祉」では、利用者の主体性の尊重という価値が大切にされているようである。「ホームでは親の心配をよそに、利用者の人たちはたくましく生活している。そして地域生活で自分の意思を表し始めている。Aさんは近くの喫茶店でゆっくり雑誌をみるのがお気に入りの日課になってきた。ホームの近くの喫茶店に行くと店の人が声をかけてくれる。だからホームに帰ると自然にそちらに足が向く…（中略）…ホームの世話人は、入居者の代弁者であり、彼らが何を望んでいるのか、今どんな気持ちなのかを懸命に理解しようとする。そんなかかわりを通して、障がいの重い人たちもそれぞれが自分らしさを出してくる。お風呂の好きな人、探索するように歩き回る人、散歩につれて行けと玄関から外を見ている人、コーヒーの用意を自分でする人、みんなの個性が出てくる。買物もできるだけ近くの店を入居者と一緒に利用する。まずこういう人たちが生活していることを知ってもらうことが大切と

思っている」(林俊和、2003、pp.26—27)。

3　高齢者のコミュニティケアと社会関係の保存

(1) 利用者の主体性の尊重と社会関係の保存

　社会館は介護保険指定事業者として、「デイサービス友」で通所介護と居宅介護支援事業も実施しているが、そこでも利用者の主体性の尊重と社会関係の保存が大切にされている。
　「デイサービス友の1日は、送迎車のエンジン音ではじまる。玄関先で待つ利用者さんの笑顔に迎えられると、こころがうきうきする。『今日はなにをするんじゃろ』と入浴を待ちながらのお喋りも楽しい。入浴後、さっぱりとした身だしなみに桜色の頬もかわいらしく、『今日1日の元気をもらったよ』と呟く利用者さん。幸せを感じるひとときだ。
　デイサービス友の1日は、利用者さんのやりたいこと、やってみたいことをみんなで楽しむ日がある一方で、時計が時を刻むのを忘れたかのようにのんびりと過ぎていく日もある。自分の人生を他人と共有できる方には、気の合うお喋りなかまと、人に邪魔されないきままな生活が用意され『もう1日がおしまいか』と次回を楽しみにできるといいなあと思う」(今井、2000—a、p.14)。
　利用者のなかでも、関西で生まれて夫が老衰で亡くなったIさんは、阪神大震災で被災し、名古屋で暮らしている息子と同じマンションの少し離れた部屋に引っ越してきた方であった。時々は息子の家族と食事をしたり、孫が遊びにくることもあったが、見ず知らずの名古屋の土地で知り合いもおらず、隣近所の付き合いもないため、極度の不安に陥ってしまった。そのようなときに南区ではじめてのデイサービスとして「デイサービス友」がオープンし、Iさんの息子が申請し、利用することになった。
　「Iさんは平成8年5月の連休明けからデイサービス友の利用を始められ

102

ました。当初は1日の利用者が8人とこじんまりとしているお仲間の中で、Ｉさんは震災の状況を皆さんに話しながら、皆さんのお話にも耳を傾け、名古屋での生活にだんだんなじんでいったのです。その中でも、同じように中村区から南区の娘さん宅に移り住んだＴさんと意気投合されたのか、仲良しになりました。デイサービス友の送迎中や昼中もよく話をされていました。デイサービスのない日も電話で話をしたり、ＴさんがＩさんのお宅に遊びに来た事もありました。また、編物の得意なＩさんは、デイサービス友のお仲間で年上のＭさんとも話が合い、毛糸をデイサービス友に持ってきては一緒に編物をしていました。毎週ごとにだんだん出来上がっていくセーターやカーディガンをお二人だけでなく、まわりの利用者の方もほほえましく眺めていました。名古屋で初めて友達ができたＩさんも精神的に安心できたようで震えや心臓の症状も出なくなりました。」介護保険制度がはじまる前のエピソードであった（長坂、2003、pp.23―24）。

このような生活支援は、利用者の主体性の尊重に加えて、「その対象者のもつ職業や家族関係、近隣関係や友人関係および地域的文化関係、一言にしていえば社会関係の全体を保存しながら、適切な処遇を与える」（岡村、1974、p.3）ことをめざしているのかもしれない。

（2）介護保険制度を活用した生活支援と限界

デイサービス友の利用者のなかでもひとり暮らしや認知症の方がみえるようになり、社会館は食生活の支援を目的とした夕食の配食サービスやショートスティ事業を実施するようになった。後者は、昼夜逆転や妄想、徘徊があるお年寄りの介護に疲れた家族からの、老人保健施設を転々とするのではなく「慣れているデイサービス友でショートスティをしてもらえると安心できるのだが….」という声に応じて開始したものであり、介護保険制度認知症高齢者のグループホーム事業を視野に入れて、ショートスティが計画された。デイサービス友と同じ地域に自立ホームを借りて、5

名の利用者と2名の職員、2名のボランティアではじめ、利用者は見慣れた地域の風景をみて散歩しながら落ち着いて過ごし、家族も慣れた職員と慣れた地元で過ごせたことを感謝した（長坂 2000、p.32）。

　しかし介護保険制度を活用した生活支援には、介護保険ゆえの限界もあった。「利用者にとって新たな制度への理解は難しく、居宅介護支援事業所のケアマネジャーに任せたからと、作成されたプランを見せても"ようわからんで"と言われたりする。だからこそ信頼という名のもとにプラン作りの基本に立ち返りたい。しかし"どうですか？"と穏やかに声をかけていく余裕がない日々である。プラン作成の代行申請に役所に出かけ、翌月のプラン作りに追われ、他の事業所から来る利用者の実績報告に追われ、ほっとするまもなく介護報酬の請求業務に追われる…（中略）…複雑な制度の中で、複雑な事務作業に追われ、落ち着いてケース検討や利用者相談が出来なくなっている。現状でのケアマネジャーは、必要なサービスを単純にケアプランにはめこみ、どれだけお金を出せるか、可能な範囲ならば良しとするというような、機械的な仕事に陥りやすい。利用者の生活実態にじっくり付き合いニーズをプランに乗せていくという時間が実際とれないでいると思う」（今井、2000―b、p.13）。

第Ⅳ節　セツルメントにおける地域組織化の課題

1　今日のセツルメントと貧困に対応する地域福祉活動

（1）釜ヶ崎における貧困に対応する地域福祉活動

　それでは今日の日本のセツルメントに、「人格的交流を通じた心身両面からの必要の充足と主体化」というセツルメントの伝統を継承して、貧困の質的な側面に対応する地域福祉活動の推進を期待することができるであ

ろうか。筆者が知る範囲では、大阪の釜ヶ崎にあるわかくさ保育園等が、以下のような貧困に対応する地域福祉活動をすすめている[2]。

釜ヶ崎は、「寄せ場」ということばに象徴される労働者のまちから、仕事を失った中高年野宿生活者と高齢の単身男性のまちへと変容し（稲田、2005、p.169）、簡易宿泊所の転業や廃業がみられるようになってきた。そこで釜ヶ崎にかかわる団体職員やソーシャルワーカー、医師、研究者などが「釜ヶ崎のまち再生フォーラム」を設立し、介護による仕事づくりなども含めた、まちづくり運動を展開するようになった。

なかでも簡易宿泊所の経営者の有志が釜ヶ崎のまち再生フォーラムの協力を得て、簡易宿泊所を生活相談スタッフが常駐し、共同リビングを設置して、日常の安否確認や健康管理、コミュニケーションに重点をおく、サポーティブハウスへと転換させた。野宿生活者の支援団体はアウトリーチ活動を行い、生活保護受給が可能で、本人も受給する意思がある野宿生活者には、サポーティブハウスなどの共同住宅を斡旋し、生活保護の受給を支援する役割を果たし、これまで約900人以上の野宿生活者にサポーティブハウスでの居宅支援をコーディネートしてきた。入居者には加齢や長期にわたる日雇い労働者としての人生ゆえに、日常生活で支援が必要なこともあるため、サポーティブハウスでは入居者の必要に応じて区社協と連携したふれあい喫茶や食サービス、趣味のサークル、そして「近隣の保育園との交流」など独自の支援が行われている（稲田、2005、pp.173—180）。

（２）「あいりん子ども連絡会」における専門機関の組織化

サポーティブハウスの入居者にとって「近隣の保育園との交流」には、孤立し、やることがない生活から生きがいをもてるようになるという意義がある。そしてサポーティブハウスの入居者と交流をすすめている近隣の保育園とは、石井十次の精神を継ぐわかくさ保育園であり、小掠昭園長は釜ヶ崎のまち再生フォーラムに参画しているだけでなく、「あいりん子ど

も連絡会」の中心人物の一人でもある。

「あいりん子ども連絡会」は、1995年に大阪社会医療センター付属病院、愛染橋病院（医療福祉相談室、健康相談所、小児科）、西成保健センター、西成区健康福祉サービス課、西成区家庭児童相談室、大阪市中央相談所、萩之茶屋小学校、今宮小学校、弘治小学校、今宮中学校、あいりん地区小中学校担当ケースワーカー、こどもの里（児童福祉施設）、恵美寿保育園、わかくさ保育園、わかくさ保育園・あおぞら保育、今池こどもの家（児童館）、今池平和寮（救護施設）、大阪南YMCAなどによって結成された。結成の背景には、子どもを連れた日雇い労働者の増加があり、個々の機関や施設ではこれらの子どもの生活を支えきれないが、「20団体で一人の子どもを守り、育てていく」ことを目標に、連携の力を活かして問題の発見やインテーク（利用者のうめきを受け止める）、アセスメント（問題と本人の能力や資源、気もちを見極める）、プランニング（解決の方法を一緒に考える）、計画の実施と分担、モニタリング（見守る）、評価と終結（過程を利用者と振り返る）などによる社会福祉援助をめざしている[3]。あいりん子ども連絡会は以下の事例のように、ネットワークを活用して問題解決に取り組んでおり、近年では虐待の予防にも力を入れている。

「わかくさ保育園を利用している家庭の様子がおかしいのに気づいたソーシャルワーカーが家庭を訪問すると、父親は病弱で仕事につけないためアパートの家賃が払えず、アパートを追い出されてしまった。この家庭の次女は卒園式を5日後に控えていたため、次女の卒園をめざして、子ども連絡会のメンバーである福祉事務所、民生委員、病院、家庭児童相談室、保育園がこのケースへの対応について検討し調整した。その結果、この家族は卒園式の前日に生活保護を受けて近くのアパートに入居することができるようになり、次女も無事、卒園式と小学校の入学式を迎えることができた。保育園の職員も全員で、この家族の引越しを手伝った」。

（3）グループづくりによる地域組織化

　あいりん子ども連絡会は、保育園を利用していない親の育児についての不安や孤立した生活に対応して、親が子育てに必要な力を身につけられるように「わが町にしなり子育てネット」という親のネットワークづくりも支援している。具体的には、「人権」と「子どもの最善の利益」をコンセプトに、①子育て中の親の仲間づくり（子育てサークル等の応援、孤立している親への働きかけ）、②ネットワークづくり（関係機関団体等の連携強化、情報提供や情報交換、虐待防止のためのネットワークづくり）、③センターづくり（地域福祉施設等の子育てセンター化、地域における拠点づくり等）という目的の下で、子育てサークルやボランティアグループ、ファミリーサポートセンターなどの地域子育て支援事業、児童相談所などの行政機関、児童・青少年施設、保育所など50を超える団体が加盟して、子育てサークル活動や子育て講座（実習）、障がい児の親のグループづくり、ミニコミ紙づくり、子育てマップづくり、ホームページの作成、虐待防止のための研修やプログラム、ピアカウンセリング、子育てネットワーカーの養成などの活動を行っている。

　たとえばミニコミ紙づくりでは、子育てサークルに入っている母親が実際に地域の保育園を回り、普段保育園を利用者していない子どもでも遊びに入れてもらえたり、相談にのってもらえるといった情報を「子育てマップ」に盛り込むなど、母親が自分で社会資源を訪れ、情報を発信し、問題を解決する力をつけるように支援している。そしてわかくさ保育園がめざしているのは、住民の生活の一部となり、地域の誰もが気軽に立ち寄り、相談できるような「地域福祉施設」になることである。

　石川久仁子氏は、わかくさ保育園と賀川記念館のコミュニティワークについて比較研究を行い、前者は専門家や専門家集団との関係づくりなどフォーマルな部分に力点をおき、後者は住民やボランティアなどイン

フォーマルな部分に力点をおいたところに特徴があると指摘している（石川、2004、p.11）。

2 サービス供給と地域組織化、利用者参加

（1）セツルメントにおける地域組織化の課題

　しかし現存する日本のセツルメント系の団体で、わかくさ保育園のような貧困に対応する地域福祉活動をすすめている団体はおそらく少ないであろう。なぜなら、大半のセツルメント系の団体が存在している地域自体が、貧困地域ではないからである。そして筆者はセツルメントにおいて、セツルメントが貧困地域であれそれ以外の地域であれ、地域組織化を通じて地域福祉活動をすすめるうえで以下のような課題をかかえていることを体験した。

　本章で示した横須賀基督教社会館や川崎・横浜愛泉ホームの事例は、セツルメントが地域組織化をすすめる方法は「社会調査で問題を掘り起こし、地域住民が解決方法について話し合う」という、社協と共通点のものであることを示している。そしてセツルメントには社協よりも小地域とかかわるという有利さがある。しかしセツルメントは財政面の限界により社協のような地域組織化を担当する専任職員を配置しにくいため、地域組織化を担当する職員は地域組織化と管理的な業務か保育などのサービスの提供を兼務せざるを得ない。サービスの提供と地域組織化を兼務するならば、その職員は昼間にはサービスの提供、夜には地域住民との接触という、長時間労働を行うことになるし、他のサービスの提供機関に劣らないサービスの専門性と地域組織化の専門性を両立するという、困難な課題に直面することになるのである。

（2）利用者参加の重要性

　日本のセツルメントが、後述するイギリスのセツルメントのような地域組織化を行う団体として発展しきれなかった背景には、貧困地域の減少と財源不足により、保育などのサービスを提供する団体へと役割を転換しなければ生き残ることができなかった、という事情がある。それゆえに、貧困に対してセツルメント系の施設にできることは、児童や高齢者などのカテゴリーで提供しているサービスを必要としている人のなかでも、貧困な人をサービスの利用へとつなげ、他の社会資源も活用しながら支援することであろう。

　そして今後社会福祉が消費者的な「利用者本位」へと傾斜するなかで、セツルメントにできる地域組織化として、「利用者参加」を追及することは有意義であろう。たとえば大阪市地域福祉施設協議会は保育所を利用する親にアンケート調査を行い、親がコンビニエンスストアのような（長時間保育や休日の保育に便利に対応する）保育所を期待していることに気づいた。そこでそれらをすべて実現することが本当に利用者のためになるのか疑問をもち、子育て支援のあり方を親と一緒に考え、地域とかかわる方法を模索するようになった（大阪市地域福祉施設協議会、1999、pp.124—133）。また大阪市地域福祉施設協議会の前身にあたる大阪市セツルメント協議会の時代には、石井記念愛染園の指導員がYWCAのボランティアと協力して、小工場を改造したスペースで夏季保育を実施した。指導員2名は他の仕事も兼務しながら、母の会の支援に心を砕いていた[4]。

　志賀志那人に端を発する大阪のセツルメントのボランティアや協同組合方式には（永岡、1993、p.210）、地域福祉計画や地域福祉活動計画への参加よりも日常的であるため、つながりが強いという潜在的な利点があるかもしれない。そして利用者参加には、ペストフが消費者協同組合やボランタリー組織について着目したような、利用者に価値のあるサービスの創出

109

に参画してもらい、市民参加や市民民主主義をすすめる方法となる可能性があるように思われる（Pestoff, 1998＝2000,pp.22―24 p.18）。

（3）日本のセツルメントの特質と限界

日本のセツルメントで、欧米のセツルメントのような貧困地域で地域組織化をすすめる役割よりも、サービスの供給の役割が前面に出たのには、歴史的な背景がある。1926（大正15）年の私的社会事業論争において、大林宗嗣は社会事業の法制化、国営化に伴い、私的社会事業は大衆運動、労働者の社会教育に方向を転換するよう主張した。一方、川上貫一は、法制的施設が社会的必要に追いつけないところに私的社会事業の存在する価値を認め、私的社会事業と大衆運動との共同戦線が必要だと指摘していた[5]（永岡、1979、p.263）。

大林はイギリスのセツルメントによる労働者教育を念頭において、資本主義社会が生み出す社会問題には国家責任で対応すべきであり、私的社会事業は無産労働者への職業教育によって経済的な独立を支え、文化獲得の機会を提供し、大衆運動に向かう役割を果たすべきだと主張した。それに対して川上は、国家責任は重要だが国家責任が充分に果たされない場合、社会事業をすべて公に委ねるならば、現実に生活に苦しむ人を放置してしまうことを危惧したのであった（大橋、1978、pp.115―118）。

イギリスでは大林の主張のように、福祉国家が社会政策や福祉サービスによって基本的な必要を充足し、セツルメントは寄付などの財源によって独自の活動を展開するボランタリー・アクションとして生き残るという、公私役割分担が成立した。しかし日本では公的部門が完成度の高い社会政策を構築し、公立の福祉施設を数多く建設するまでに至らなかったため、公的部門はセツルメントも含めた民間部門にサービスの供給を期待した。そしてセツルメントも含めた民間部門もまた、イギリスのような公私役割分担ではなく、措置制度によって財源を確保して福祉サービスの供給者と

しての道を歩まざるを得なかったのである。欧米のセツルメントは、公的部門に委ねる役割と自らの担う役割、そしてセツルメントの外部で成長するように支援する部分を峻別して、使命に応じた事業と組織の規模を選択してきたが、日本のセツルメントには、そのような選択をするだけの機会がなかったのかもしれない。

3　セツルメントの大衆性と拠点性—善隣館の歴史から—

（1）善隣館による小地域福祉活動の発展

　日本のセツルメントはこのような歴史的な特質ゆえに、スラム地区における貧困への取り組みが終息すると、地域組織化からサービス供給、そしてコミュニティケアへと活動の焦点を移行させてきた。それにもかかわらず、私たちがセツルメントによる地域福祉活動に郷愁を覚えるのは、興望館の事例でみられたような自然発生的な主体化に魅力を感じるからかもしれない。以下の金沢の善隣館の事例は、セツルメントの自然発生的な主体化が活動の大衆性や拠点性によって生じることと、そのような自然発生的な主体化にある種の「もろさ」があり、長続きしにくいために、専門的な地域組織化が必要であることを物語っている。

　善隣館による小地域福祉活動の歴史は、第1期：草創期（誕生から1936（昭和11）年まで）、第2期：普及期（第四善隣館の開設から終戦まで）、第3期：制度化期（戦後から昭和30年代終わり頃まで）、第4期：事業縮小期（昭和40年代から昭和60年頃まで）、第5期：地域福祉への展開期（1987（昭和62）年から今日まで）と区分された（阿部他、1993、p.48）。

　第1期の草創期には、1934（昭和9）年に金沢市野町方面委員部の常務委員であった安藤謙治が旧野町小学校の校舎を無償で借り受けて方面事務所を移し、第一善隣館を設立して、託児所、授産所、仏教講、少年団活動などの自主事業を行った[6]。そして第2期の普及期には、戦時社会事業の

拡大に伴って方面委員の活動が拡大し、第四から第九善隣館が開館し、保育、診療に加えて軍人遺家族の援護や軍需品等の増産のための授産事業が主要な事業となった。第3期には1946（昭和21）年の民生委員令公布、1948（昭和23）年の民生委員法の施行、1950（昭和25）年の生活保護法の改正によって民生委員の役割は変わり、授産所と保育所が自主事業から法に基づく施設となったため、授産所と診療所を廃止し、善隣館は共働きで生活が苦しい世帯に向けて保育所を運営するようになった（阿部他、1993、p.49、53、pp.55—56）。

そして第4期の事業縮小期には、ニードや制度の変化によって善隣館は一部の事業を失い、それに代わる事業を見い出せないまま停滞を余儀なくされた。保育所経営に終始する善隣館が多く、民生委員も民協の仕事で一杯で善隣館に気がつかなかった状況であったが、第三善隣館は福祉バザーやボランティア講座、給食サービス、友愛訪問に取り組んだ。そして第5期には市が施設改修費の全額と介護ヘルパーの派遣費用を負担して、善隣館は地域デイサービスの運営をはじめた。1992（平成4）年3月の「福祉プラン21金沢」では善隣館を、サービス提供と福祉教育の機能をもつ地域ステーションとして復活させるように提言された。金沢市の地域福祉計画でも、善隣館は地域福祉の拠点として位置づけられている（阿部他、1993、pp.58—59、p.184、pp.60—61）。

（2）善隣館の4つの特徴

善隣館には、①住民による地域を基盤としたボランタリー・アクションである、②民生委員の活動拠点であるとともに、校下という小地域の拠点（コミュニティセンター）としての役割も果たしてきた、③校下の住民や諸団体の協力と参加を得て、その建設や事業運営を行ってきた、④公（行政）による財政的支援を受けて建設・運営されてきた（復活の鍵だった）という4つの特徴がある（阿部他、1993、pp.144—148）。

4　善隣館と地域との関係

（1）地域と善隣館の関係

　善隣館と「校下」と呼ばれる地域との間には、以下のような関係があった。まず校下は善隣館に対して、①校下の"核"である施設として受け入れ、承認する、②改築資金や運営資金の一部を提供して財政的支援を行う、③地域のニーズを知らせ、サービス提供や事業計画策定に影響を与える、④善隣館活動の担い手（理事、評議員あるいはボランティア）として参加し、善隣館に人的資源を提供するという役割を果たした。社会改良委員設置当初は常務委員に教員が多かったが、後に薬種商が多くなり、常務委員が知事の委嘱から互選になると、名目的ではなく実際に活動する人がリーダーに選ばれるようになった。なかでも活動の中核を担ったのは商工自営業者であった（阿部他、1993、p.143、129）。住民は善隣館を地域の財産として支持し、運営に参加したのであった。

　また善隣館は校下に対して、①住民によるコミュニティづくりを支援するために、あらゆる地域活動の拠点となる施設（集会所、事務所）を提供する、②住民が地域福祉活動へ参加し、学習する機会を提供する、③福祉ニーズをもつ住民に対して、行政では手の届きにくい、きめ細かい福祉サービスを提供する、④住民の連帯、助け合いのシンボルとして、善隣館の存在自体が住民に安心感を与える、という役割を果たした。善隣館は地域で「多くの人が集まる場所」だったのである（阿部他、1993、pp.143—144）[7]。

（2）善隣館の身近な拠点性

　石川県民生児童委員協議会連合会会長を努めた清水準一氏は、善隣館について以下のように表現されている。「私らのこどものころは、おばあ

ちゃんが孫の手を引いて、お寺さんで夏の暑いときに木陰で涼み、お参りをして憩いを求めておられた姿をよく見てきたわけなんです。ところが、最近はそういう姿をとんと見なくなりました…（中略）…そういったなかで、地域の人たちが気安く集まる場所がないか。老人憩いの家は、金沢市が助成をして作っていますが、そういう役割は今の善隣館に求められてくるんじゃないかという気がします」(阿部他、1993、pp.204—205)。

　前述の興望館でも、お寺にたとえた拠点性が記述されていたし、近年では宅老所やグループホームが地域福祉の拠点として注目されるなど、地域福祉研究で「拠点性」は重要な研究課題である。そして私たちは、セツルメントの大衆性や拠点性には、魅力だけでなく、不安定さやもろさもあることを認識する必要があるであろう。善隣館にも、社会福祉における位置づけが不明確になり、民生委員からも「忘れられた」時期があったのである。

第3章　セツルメントのコミュニティケアへの展開

(注)
1) 子ども会活動では、地域のリーダーが非行により地域で排除されている子どもの理解者となり、公園の子ども会活動を担うボランティアとして成長するなかで、排除の声が小さくなり、彼の成長を喜ぶ声も聞かれるようになった（神奈川県川崎愛泉ホーム、1987、p.28）。また愛泉ホームは1986年から高齢者や障がい者のデイサービスなどの在宅福祉サービスに着手するとともに、調査で問題を把握し、老人訪問活動や老人給食活動（1975年）、ひとり暮らし老人の会「ふれあい」（1986年）も組織化した。会では高齢者はお客様ではなく自分の役割をもち、対象から主体者として参加することが重視された（神奈川県横浜愛泉ホーム・神奈川県川崎愛泉ホーム、1988、p.150）。
2) 小椋昭氏へのヒアリングは、平成10・11年度科学研究費補助金奨励研究（A）「地域性に対応した地域福祉活動プログラムの推進方法の実証的研究」課題番号（10710102）による研究の一環として行われ、「全国地域福祉施設研修会」などでその後の変化についてご教唆をいただいた。
3) あいりん子ども連絡会のメンバーには、石井十次が設立した愛染橋病院に連なる社会福祉法人の職員も所属しており、石井十次の精神やセツルメントの伝統を引き継いでいる。またわかくさ保育園は日本地域福祉施設協議会の事務局を兼ねており、日本のセツルメント運動で中心的な役割を果たしている。
4) 大阪市セツルメント協議会の「地域福祉の諸問題」（朝日文化厚生事業団、発行年不詳、手書き）には、大阪市立大学助教授（当時）・柴田善守氏が「学童保育の必然性」について講演を行い、隣保事業問題研究委員会と学童保育推進委員会を設置したという記録がある。委員の名前として今川学園では「日上」、石井記念愛染園では「菅」「高須」、都島児童館ではふたたび「菅」、大阪キリスト教社会館では「飯田」「岡本」、大阪神愛館、さかえ隣保館では「稲葉」、四貫島友隣館では「実平」という名前が記載されていた。
5) 論争の背景には、大正時代に公的な福祉施設が増えたことにより民間の社会事業は経営が苦しくなり、行政からの補助金に頼らざるを得なくなったという事情もあった。論争の詳細については、永岡正己「戦前の社会事業論争」真田是編『戦後日本社会福祉論争』法律文化社　1979年、大橋謙策「社会問題対応策としての教育と福祉」小川利夫・土井洋一編著『社会福祉と諸科学5　教育と福祉の理論』一粒社、1978年を参照されたい。
6) 金沢では藩政時代から福祉の土壌がみられ、大阪府で方面委員制度の創設にかかわった赤堀郁太郎が石川県に赴任したことをきっかけに、1922（大正11）年には石川県が任意で社会改良委員を設置した。金沢では恤救規則の不備を施設経営で解す

115

るケースもみられ、社会改良委員は1928（昭和3）年に方面委員に改称された（阿部他、1993、pp.104—106、p.43）。

7）善隣館による活動が生存した背景には、地域社会の存続という要因もあった。日本で都市化がすすみ、地域的なつながりが薄れる状況で「金沢は、人とのつながりが田舎のようにベッタリもしないし、都会のように隣は何をする人ぞというわけでもない。そこそこのつながりの部分を、50年代、60年代の都市化のなかでも維持し得た」のであり、金沢では方面委員制度の組織を小学校区を基礎単位として設定し、校下名が愛用されるようになったため、昭和9年頃には地域住民に浸透していた。校下が消防分団や公民館のような共有財産をもち、それらの維持・管理・運営を校下住民が行うことにより、住民の間に密度の高いコミュニケーションと交流が成立したのであった（阿部他、1993、p.194、pp.140—141）。

第Ⅱ部　山形における住民主体と地域組織化

第4章
社協の設立と保健福祉活動への展開

第Ⅰ節　アメリカにおける社協の誕生

1　コミュニティ・オーガニゼーションの発展

（1）本章の目的と研究方法

　本章では、住民主体の地域福祉活動をすすめる機関である社協が、なぜ設立当初の地域福祉活動を推進することが困難だった状況から、「保健福祉」という観点から貧困に取り組み、地域組織化を展開できるようになったのかについて検証したい。

　「第Ⅰ節　アメリカにおける社協の誕生」では、日本における社協の設立に影響を与えたアメリカの社協とコミュニティ・オーガニゼーションについて、社協がサービス提供機関から独立した存在であり、コミュニティ・オーガニゼーションとソーシャル・アクションという方法を用いて、貧困に取り組む地域福祉活動を展開したことを確認したい。

　そして「第Ⅱ節　日本の地域組織化の原像と社協の設立」では、日本で社協の設立以前に行われていた地域組織化の原像と、社協が戦後期にコミュニティ・オーガニゼーションの機関として設立された経過について振り返りたい。「第Ⅲ節　保健福祉活動による地域組織化への展開」では、設

立当初は地域組織化を実践することが困難であった社協が、貧困を「保健福祉」と角度を変えて、地域組織化活動に取り組むようになった経緯を記録したい。

（2）コミュニティ・オーガニゼーションの発展

　第2次世界大戦が終了すると、連合国最高司令官公衆衛生福祉局は1949（昭和24）年に「1950年から51年までの福祉の主要目標に関する厚生省職員との会議」（いわゆる「6項目提案」）を行い、社会事業の民主化のために社協をつくることを提案した。当時アメリカ側が念頭においていた社協は、以下のようなコミュニティ・オーガニゼーションの発展のなかから生まれてきたものであった。

　ウィルバー・ニューステッター（Wilber I.Newstetter）やアーサー・ダンハム（Arthur Dunham）等によるとアメリカのコミュニティ・オーガニゼーションの概念は、① 19世紀後半から20世紀のはじめまでの慈善組織化運動（Charity Organization Society Movement）の連絡調整機能から後のコミュニティ・オーガニゼーションの萌芽がめばえた段階、② 1910年代から第1次世界大戦前後までの各地で福祉委員会等が慈善組織化運動とは独自に募金活動と地域社会の改善計画を策定するようになった段階、③ 1920年代から1940年代頃までの、「ニーズ・資源調整説」が形成された段階、④ 1940年から1947年頃までの、ニューステッターがインターグループ・ワーク理論を示した段階、⑤ 1950年代のマレー・ロスがプロセスを重視したコミュニティ・オーガニゼーションの概念を示した段階、の5段階を経て発展した。アメリカではコミュニティ・オーガニゼーションを実践する機関は、サービスを提供する施設から独立した機関として発展したのである（三和、1965、pp.159—169）。

（3）コミュニティ・オーガニゼーションの過程

　ロスの理論で重要なのは、コミュニティ・オーガニゼーションの過程であった。当時の事例によるとロスが考えた「過程」とは、以下のようなものであることが推察される。

　ジャック・バーンズは、ソーシャルワーカーとしての教育と研修を終え、エルムズヴィラ（人口8000人）のレクリエーションセンターに赴任したが、地域住民はバーンズに敵意や冷淡な反応を示した。彼はバンダリズム（物などの破壊）が目立つこの地域で、プレイグラウンドづくりを通じて住民の自主的な協議会をつくろうと考え、地域を歩いて子どもたちに声をかけ、地元の新聞社の協力を得て資金を集めてプレイグラウンドのオープンにこぎつけた。しかしオープンの式典でキャンプファイヤーをきっかけに暴動が起こり、プレイグラウンドは焼失した。地域の人たちはバーンズにすまないと思うようになったため、バーンズはこの失敗を地域の人たちと子どもの問題を考えるきっかけとして活用することにした。

　この地域にはさまざまな社会階層や集団があるのに住民の組織は少なく、公共施設も乏しかった。そこでバーンズはそれぞれが感じている問題を出し合うためにコミュニティ会議を開いた。結論はまとまらなかったが、参加者は活発に意見を述べた。その頃この町を訪れたイギリス人が、この地域を「死んでいる」と評し、地域住民に衝撃を与えた。またバスケットボールの試合をきっかけにけんかが起こり、地域住民はバーンズに、プレイグラウンドをつくったときのように地域を良くすることを期待するようになった。

　バーンズがタウンミーティングを開くと、2000名以上の住民が参加し、主体的に討論を行った。話し合いを通じて、住民の意識を変え、地域全体の調和を創り出すためにスポーツやコンサート、子ども向けのプログラムを行うことになった。バーンズがきて3年がたつと、住民は自分たちで活

動計画をつくり、PTA もコミュニティ協議会と連携して子どもにかかわるようになった。コミュニティ・オーガニゼーションを終えたバーンズはこの地域を去り、次の地域へと移っていった（Ross,1958,pp.164―191）[1]。

2　ソーシャル・アクションから自治への展開

（1）ソーシャル・アクションによる貧困への取り組み

　アメリカのコミュニティ・オーガニゼーション理論に影響を与えたコミュニティ論では、コミュニティ・ディスオーガニゼーション論のような貧困地域についての研究も行われた（副田、1968、p.51）。シカゴでは社会学者とセツルメントが密接な関係をもって教育と研究をすすめていたことを考えると、アメリカのコミュニティ・オーガニゼーションは日本よりも貧困と接点が多いように思われる[2]。

　1960 年代には、公民権運動や「貧困戦争（War on Poverty）」を背景として「職業部隊」などの職業訓練を中心とした雇用対策事業や、「ヘッド・スタート」のような教育事業、中小企業融資などの融資事業、VISTA（Volunteers In Service To America）などの貧困地域におけるボランティア活動の推進、「地域活動事業」などの貧困者自身の参加による生活改善と自立促進への補助事業が行われた。そしてそのような活動を通じて、貧困者自身が意思決定過程に参加し、自分たちの利益のために交渉して、無関心や疎外状況を克服し、コミュニティの権力構造を変えるような「社会運動モデル」のコミュニティ・オーガニゼーションや、それによって生じる対立を、基本的な目標を決めて戦略を選び、特定の戦術や行動につなげて乗り越えようとする「合理的な計画モデル」のコミュニティ・オーガニゼーションも生まれ、1968 年にロスマン（Jack Rothman）によって「小地域開発モデル」に社会運動モデルと合理的な計画モデルを加えたコミュニティ・オーガニゼーション実践の 3 つのモデルが体系化された。

（2）コミュニティ・オーガニゼーションと自治

　1970年代末になると貧困への取り組みは、外部からの資金の減少や指導者の交代、貧困戦争プログラムによる法律扶助事務局、VISTAのかかわりの減少により小規模化し、資金援助を行う公社に依存するようになった。須田木綿子氏はアメリカの「コミュニティ」について、①貧困問題が蔓延するコミュニティで重要な「コミュニティのインフラストラクチャー」と、②共通する問題や価値観に規定されて形成される「人と人のつながりとしてのコミュニティ」の2つの視点があり、住民の経済的な階層による住み分けが明確なアメリカでは、都市部の荒廃が進んだ結果郊外に脱出した中産階級以上の市民による、貧困問題とかかわりのないコミュニティ形成もみられると指摘されている（須田、2000、p.196、pp.207—208）。

　なかでもコミュニティ市民議会（Neighborhood Council）は、1990年には10万人以上の都市の70%で承認され、コミュニティ計画で重要な役割を果たしている。たとえばシアトルでは、月に1回平日の朝に、市の地区コーディネーター職員と地域団体の代表者がコミュニティ市民議会を開き、地域の全般的な事項について協議している（前山、2004、pp.133—137）。コミュニティ市民会議の任務は、①地区内の住民・各グループとのコミュニケーションと多様な住民の参加促進、②地区における各種問題についての情報収集・議論・検討、③市・市議会に対する各種の調整と勧告／市総合計画実施についてのチェック、④コミュニティ市民議会の年次計画・予算案策定、市に対する年次報告書作成である（前山、2004、pp.141—142）[3]。

　他方では貧困に対応する組織化活動として、アリンスキーの理論に基づいて近隣の組織的行動のために不法占拠などの闘争的戦術を用いるACORNや、借家人の団体、低所得層住宅のための全国連合、住宅問題をめぐる知識人の活動、ホームレスのための全国連合などホームレスのための組織化、そしてCDCと呼ばれるコミュニティ開発非営利機構(Community Development

Corporation)、限られた数のアフォーダブルな住宅を効果的に供給する住宅開発協会、民族やジェンダーに基づく組織が生き残っている（マルキューズ ,1996,pp.110—115）。

そして、以下のようなコミュニティ・オーガニゼーションも、みられるようである。

「アメリカのある労働者階級地区で、家庭崩壊、低所得、精神的荒み、暴力……といった多くの問題があった。小学校の子どもたちも荒れて、学校の窓ガラスを壊したり、地区の商店で万引きすることが日常的となった。家庭崩壊で不安定な子どもたちも多かった。そこで、有志の人たちが立ち上がって、学校や警察と相談して、放課後のチューター活動をすることとした。毎日放課後、2時間ほど、時間のとれる人がそれぞれ学校で子どもたちの宿題などの面倒をみた。成人の他に、高校生などの青少年も参加した。そして土日には、家庭崩壊のため家族としてのかかわりをしらない子ども一人ひとりのために、公園やイベントに連れていったり、自宅につれていって親しく遊ぶことにより、『父親役』（メンターと呼ばれる指導役）を引き受ける人が志願してきた。そしてこの活動は、NPOがコーディネートの受け皿となることを通じて、地区の人々からの寄付や、教会などからの各種援助で支えられた。次第に校舎は壊されなくなり、街での事件は劇的に減り、何よりも子どもたちの表情が明るくなった」（前山、2004、pp.158—159）。

第Ⅱ節　日本の地域組織化の原像と社協の設立

1　戦前の日本における地域組織化の原像

（1）地域組織化の原像としての報徳思想と救貧、防貧

　アメリカのコミュニティ・オーガニゼーションが導入された日本には、社協が形成される以前から、報徳社運動や地方改良運動などの「地域組織化の原像」というべき活動が存在した。たとえば報徳社運動の源流であった二宮尊徳の活動は、国家による統合政策のもとでそれぞれの地域の資源を活かし、地域住民の意欲を引き出す、という日本の地域組織化の性質を示している。

　二宮尊徳は、開作田ならば租税がかからないという仕組みに着目して荒蕪地を開拓し、お金にゆとりができると土地を買って小作に出して、貧困を脱出した経験があった。尊徳はその経験を活かして、さまざまな地域でそこの特長を活かした地域振興を指導した。重田信一氏によると、二宮尊徳は松本藩の新田開発を頼まれたときに、人間は蓄えができると意欲が出てくるため、その余力を蓄える5年間の年貢の減免を条件とした（重田、1991、pp.127—128）。その後二宮尊徳は国家によって国民精神の統合のために用いられたが、他方ではこのような地域住民の意欲の引き出し方も心得ているなど、序章で示した「底辺からの要求と、それを慰撫しようとする上からの管理活動との不可分」性を象徴するような存在であったのかもしれない。

　このような実践から、勤勉精神や倹約によって貧困問題を解決するという報徳思想が芽生え、留岡幸助や井上友一に影響を与えた。なかでも貧民研究会に参加した井上は1905（明治38）年に報徳研究会を組織し、後に

報徳会を結成して、1921（大正 10）年には中央報徳会と改称するなど、報徳社運動を推進した。そして報徳社運動は井上の地方改良運動に影響を与え、井上は 1908（明治 41）年に内務省で産業組合の奨励、副業の奨励、納税の奨励、報徳思想の普及、共有の林野の統合、神社の統合による地方財政の確立をめざして、地方改良運動に着手した（藤野、1981、pp.134―136）。

ただし地方改良運動には、救貧を伴わずに防貧が行われたという弱点、あるいは救貧と防貧の関係の「ねじれ」もあった。前述の重田氏は、日本の福祉政策には救貧よりも防貧を唱えつつ、他方では堕民養成という観点から転落者を切り捨ててきた歴史もあることを指摘し、救貧を実現したうえで防貧に発展することが必要だと述べている。そして地域福祉は、住民に共通する課題から展開し、やがて弱い立場におかれた人に関心が向き、助け合いへと広がるものであり、地域住民の共感や一体感があるときには伸びるが、地域が分断したときには伸びないと語っている（重田、1991、pp.127―128）。

（2）農村の再生と精神更生、農村社会事業

農村の再生は都市の再生とともに重要な課題であり、戦時体制下には疲弊した農村部において、地域組織を通じて自力更生や生活改善、勤倹貯蓄などの精神高揚に重点をおいた運動がすすめられていた。

1932（昭和 7 年）の農山漁村経済更生計画（農林省経済更生部）では、産業組合をもとに農事実行組合を設置し、隣保共助の精神による隣保の再建、青年団・軍人分会・小学校の動員による自力更生、生活改善、勤倹貯蓄、納税奨励が推進され、農村統制の再編と総力戦への地ならしが行われた。東京帝国大学農学部農政学研究室の調査によると[4]、鮭川村では更生計画の指定を受けて進行委員会が組織され、農事実行委員を計画実行の指導員に任命して基本調査を行い、生産増加、自給による経費の節約、産業

組合の拡充による購買販売過程の合理化計画項目を選定した。計画項目は講演会、全村学校の開設、年2回の地域懇談会等の手段により精神更生が実施された。この運動の成果は1934（昭和9）年の大凶作によりそれほど顕著ではなかったが、既存の補助金を拡充した凶作応急施設として恩賜郷倉、恩賜診療所、共同作業所が新たに設置された（東京帝国大学農学部農政学研究室、1938、pp.169—240）。

上の事例のような、地域組織を活用した地域活動の進め方は今日でもみられる。賛否両論があると思われるが、日本の地域組織化の原像を示しているのかもしれない。

内務省社会局と中央社会事業協会は、農村経済更生村運動と連携して農村で社会事業の推進と隣保施設の設置を試みた。1936（昭和11）年の中央社会事業協会による「農村社会事業振興計画」では、共同の福利の増進と相互の生活の安定・向上を目的として隣保協会と支部が設けられ、5〜20世帯を一連区として、連区を拠点に村の組織化が試みられた。この計画では16県17町村が指定され、農繁期保育所の普及や乳幼児の保健事業、農村保健婦活動・専門職養成が行われた。農村保健婦活動を指導したのは天達忠雄氏であったが、当時の社会事業研究所が社会事業パンフレットとして発行した『社会保健婦』からは、農村では保健婦が業務を効果的・効率的に遂行するために、まず学校や託児所、共同炊事、農事組合、婦人会、母親学校などの地域団体と連携して集団指導を行い、それで対応できない世帯には個別指導を行っていたことを、読み取ることができる[5]。

2 社協の設立とコミュニティ・オーガニゼーション

（1）団体統合による社協の設立

社協設立以前の日本における地域組織化には、地域の資源を活かして助け合いをすすめる側面と、地域組織を活用して国家の目的を達成するとい

う2つの側面があった。そのような土壌のなかで中央社会福祉協議会（以下、「中央社協」と略）が、1951（昭和26）年1月に同胞援護会、全日本民生委員連盟、日本社会事業協会を統合して設立された。

日本社会事業協会の源流は1913（明治41）年に設立された中央慈善協会であり、欧米における慈善事業の組織化が民間主導で行われたのに対して、中央慈善協会は官主導で民間社会事業を調整してきたため、欧米と比較するならば公私関係もねじれていたといえる。また全日本民生委員連盟では、団体統合の際に分裂もみられた（全国社会福祉協議会、1982、p.36）。

牧賢一氏は社協の結成について、「名目のない団体統合は、新団体に過去の団体の複雑な関係を持ちこむだけで、新鮮さがない。そこで各団体の事業内容の継承ではなく、新しい理念をかかげ、そのもとでの新規事業の展開が中心とならねばならない。またこの新団体の財源を公費に依存しないと考えると、共同募金委員会との合体が必要であり、これはアメリカにその例が多い。それには新団体の事務局の規模は共同募金の経費でまかなわれる程度が限度となるであろう」と考えていた[6]。しかしそのような考察をすすめているうちに前述の6項目提案が発表され、厚生省社会局の担当者と民間団体有志の懇談においてアメリカのコミュニティ・オーガニゼーション理論の検討と社会事業団体の統合が混然と検討され、社協＝コミュニティ・オーガニゼーション運動団体説としてまとめられていった（重田、1993、p.103）。

中央社協は翌年に、全国社会福祉協議会連合会（以下、「全社協連合会」と略）なり、1955（昭和30年）に全国社会福祉連合会（以下、「全社協」と略）という名称になった。日本の社協は、住民の必要からではなく行政主導の団体統合により設立されたため、当初から公的部門との近さという「ねじれ」を背負わざるを得なかったのである。

（2）コミュニティ・オーガニゼーションについての理解

　このようにして社協は、コミュニティ・オーガニゼーションをすすめる組織として位置づけられたが、社協が行うコミュニティ・オーガニゼーションは、当時どのように理解されていたのであろうか。当時の牧氏の著作によると、コミュニティ・オーガニゼーションの内容とは、社会調査、共同計画、社会行動、連絡調整、社会資源の動員、広報であった（牧、1953、pp.169—192）。また谷川貞夫氏もコミュニティ・オーガニゼーションの方法として、地域内の公私社会事業団体の協同組織化（対策委員会や連盟、協議会、委員会の結成）、実態調査、地域の福祉計画立案と実践の推進、近接するコミュニティとの連絡調整、教育をあげ、協議会の事業を①地域内の福祉課題や施設についての調査、②協議による衆知の結集、③名簿の発行やボランティアの斡旋等の社会事業施設のためのサービス、④官公庁や共同募金委員会への要求や助言、広報、⑤その他社会福祉・社会事業を公衆に理解せしめる等の諸活動と説明していた。そして協議会は直接社会事業施設を経営せず、専任職員の経費は共同募金に求めるとされていた（谷川、1957年、p.71、pp.138—141）。

　しかし筆者は、アメリカのコミュニティ・オーガニゼーションを用いるよりも、以下のような比喩を用いた社協の説明の方が、当時の地域や現場で受け入れられやすかったのではないかと推察している。たとえば当時の神奈川県社協副会長は社協「寄せ鍋」論として「社会福祉協議会というのは寄せなべみたいなものです。いろいろな魚や野菜を一緒くたに煮るでしょう。魚も野菜も、それぞれ一つ一つ自分の味をもっているんですよ。それが寄せなべの中でグタグタ煮られると、みんな、もとの味とはちがった寄せなべとしての独特のおいしい味になるでしょう。…（中略）…協議会の指導者とか中核とかいわれる社会福祉の関係者は寄せなべの水ですな。水の役割を果たしてください」と説明していた（牧、1953、p.26）。

第Ⅲ節　保健福祉活動による地域組織化への展開

1　地域組織化の困難と保健福祉活動への展開

（1）地域組織化の困難と「当面の活動方針」

　設立当初の社協にとって、コミュニティ・オーガニゼーションを実践することは容易ではなかった。

　1952（昭和27）年から1956（昭和31）年までは各地で郡市町村社協が結成されたが、町村合併の影響もあり、看板社協や行事社協と呼ばれ、実質的には開店休業のところも少なくはなかった。全社協調査部はアメリカのコミュニティ・オーガニゼーション理論と日本の事例を紹介するパンフレットを作成していたが、個々の市町村社協に具体的に指導することは困難であり、全社協の内部でも社協について学び、共通理解を深めるという態度が育たず、消極的な態度が潜在していた（重田、1993、p.109）。全社協もまた3団体の統合で設立されたため、全国大会の煩瑣な事業で多忙であった。

　そこで全社協は1955（昭和30）年に大会を一本化し、全国を1つの地域とした社会福祉活動をする組織に改組を行った。全社協には地域組織委員会が設置され、市町村社協のあり方を明確にするために、「当面の活動方針」が作成された。1957（昭和32）年に作成された「当面の活動方針」では、社協が地域住民の積極的な参加を求めて話し合いの場をもち、活動を行事中心から「福祉に欠ける状態」の発見に転換することが強調されていた（全国社会福祉協議会、1982、p.55、pp.58―59）[7]。重田氏の談話によると、この「当面の活動方針」は社協が後述する育成協活動に乗り出すための準備でもあり、それによって社協は地域組織化を実践するための切り口

を見出していったのである。

（2）なぜ「保健福祉」だったのか

　当時の日本では、貧困や生活保護への偏見が根強く残っており、貧困はおろか福祉分野から地域住民による活動の取り組みを推進することさえも困難であった。そこで「当面の活動方針」では、地域福祉活動の対象となる問題を「福祉に欠ける状態」と拡大し、地域住民全体にかかわりのある保健衛生を切り口として福祉活動を推進し、その結果として住民が福祉、あるいは貧困問題に気づくように工夫したのであった。

　1955（昭和30）年というと、経済復興の過程で国も、旧い感覚での生活のあり方に対する「…すべからず」という運動ではなく、新生活を建設する積極的な刷新運動として新生活運動を提唱した時期であった。そして当時は、1959（昭和34）年の赤痢の発生件数が戦後最高となったことに象徴されるように伝染病が大きな問題であり、保健所がこの問題に充分対応しきれなかったこともあって、長崎ではじまった民衆衛生運動が全国に広がっていった。「厚生省は昭和30年（1955年）6月の閣議了解にもとづく『蚊とハエのいない生活』実践運動の展開を決定し、これを3か年計画で全国に浸透させることになった。この運動は世論の支持と、技術的に保健所や市町村当局の指導によって静かなブームをつくり、めざましい発展をとげていた。しかし全国的にみるとこの運動の浸透には不十分な点が残されており、モデル地区の運営内容も、必ずしも良好とはいえない状態にあった。したがって、この運動の発展のために、厚生省環境衛生部は、1959（昭和34）年にいくつかの問題点をあげて関係者による活動の改善をうながした。また同時に、保健所の衛生教育活動の立場から、地区衛生組織活動が有効な手段であるとの評価がたかまってきていたが、住民主体の組織化活動としては不十分さがあるとして、全社協のすすめているコミュニティ・オーガニゼーションの方法の導入が真剣に考えられるようになっ

ていた」(全国社会福祉協議会、1982、p.60)。

2　保健福祉地区組織育成中央協議会と保健福祉活動

(1) 保健福祉地区組織育成中央協議会の設立と全社協

このような気運のなかで「表4—1　高度成長期における社協の保健福祉活動への取り組み」で示したように、1959(昭和34)年に保健福祉地区組織育成中央協議会が結成されて社協は保健福祉活動に取り組むようになり、その蓄積が1960(昭和35)年の山形会議、1962(昭和37)年の「社会福祉協議会基本要項」に象徴される社協の地域組織化につながっていった。

当時の堀木厚生大臣が衛生関係団体、保健所、社協等の地区組織活動を総合的に運営するための予算案を提出して、組織活動を推進する団体として社協を候補にあげ、1959(昭和34年)4月に全社協、日本公衆衛生協会、全国地区衛生組織連合会、日本環境衛生協会、結核予防会、日本寄生虫予防、国民健康保険中央会、母子愛育会の8団体で財団法人保健福祉地区組織育成中央協議会が結成された。事務局を担当したのは全社協であった。

保健福祉地区組織育成中央協議会が行ったのは、①都道府県、市町村段

表4－1　高度成長期における社協の保健福祉活動への取り組み

年	事　項
1955	蚊とハエのいない生活実践運動閣議了解、現・生活福祉資金貸付制度発足
1957	全社協「当面の活動方針」策定
1959	赤痢戦後最高の発生、保健福祉地区組織育成中央協議会発足
1960	山形会議開催
1962	全社協「社会福祉協議会基本要項」策定
1965	重田信一他論文「コミュニティ・オーガニゼーション」刊行、地区組織育成強化費補助対象育成協から社協へ、7大都市社協に国庫補助で福祉活動指導員設置
1967	保健福祉広報協会設置、育成協終了

階における保健・福祉両分野の指導者の育成、研修、②地区組織活動推進地区の設置と指導（1966（昭和41）年まで計669地区）、③地区組織活動優良地区の選奨、④関係団体の行う大会、研修会などの共催、後援、⑤地区組織活動に関する調査・研修、文献の収集並びに指導者用資料の作成と配布、⑥広報活動の6項目の事業であり、予算案が計上されるまでは鉄道弘済会が広報誌『明るいまち』『保健福祉グラフ』の刊行や、全社協と共同による保健福祉地区組織指導者育成中央研修計画などで側面から支援した（全国社会福祉協議会、1982、pp.61―63）。当時財政が豊かではなかった社協にとって育成協の財源は貴重であり、全社協はその財源を活用して小冊子やパンフレットを精力的に出版し、社協職員の地域組織化についての理解を深めた（重田、1991、p.131）。

ただし日本の地域組織化活動と施設の距離も、この時期から既に明らかになっていた。全社協は当初、施設が地域にかかわることを通じて地域に組織ができ、施設も住民のものになる可能性を考えて施設長に働きかけたが、当時の施設は委託費により県庁とのかかわりが深く、地域活動の話を施設長にしても措置費に含まれていないのでできないという状況だったのである（重田信一・橋本道夫・永田幹夫、1965、pp.33―34）。

（2）保健福祉地区組織育成中央協議会と重田信一氏

もしも全社協に重田信一氏がいなければ、厚生省（当時）の協力を得て保健福祉地区組織育成中央協議会を結成し、社協が地域組織化の機関として発展するという歴史は、存在しなかったかもしれない。社協職員は地域の「黒子」だが当時全社協に勤務されていた重田氏もまた、保健福祉地区組織育成中央協議会の結成の「黒子」だったのである。

重田氏は大逆事件が起きた1910（明治42）年に東京市に生まれ、駒澤大学人文学科に入学したが家庭の事情により中退し、失業を経験された後、東京市社会局の臨時調査員から職員となった。その後中央社会事業協会社

会事業研究所所員となり、1943（昭和18）年に治安維持法違反により9か月間検挙され、翌年に釈放された。そして東京理化工業所福島県三春工場勤労課長、総務課長を経て日本社会事業協会研究所研究課長となり、中央社協、全社協連合会、全社協にかかわるようになった。後に明治学院大学教授に転じ、大正大学教授、全社協参与を勤められた。重田氏は、浦辺史氏、天達忠雄氏とともに社会事業研究所のなかでも実証研究を行っており、日本社会事業研究会が1940（昭和15）年に「新体制要綱」を出したときに「バスから飛びおりる」選択をされるなど、牧賢一氏や磯村英一氏のようなマルクス主義からいわゆる新体制、戦後の民主主義という思想面での揺らぎがみられなかった（浦辺史・重田信一・五味百合子、1986、p.83、102）。

　重田氏は思想や政治を語らないというよりも、「語るよりも行動で現してやったほうが早い」と振り返えられていた（重田、1998、p.42）[8]。重田氏が「当面の活動方針」から保健福祉地区組織育成中央協議会の結成を通じて、県社協、そして市町村社協を地域組織化の機関として育成したことは、理論で指導したからというよりも、まさに「行動で現した」から可能であったように思われる。

（注）

1) ロスは『コミュニティ・オーガニゼーション—理論・原則と実際』で、①コミュニティに現存する諸条件に対する不満は必ず団体を開発および（または）育成する、②不満の中心点を求め、特定の問題に関して組織化、計画立案、並びに行動に向かって道を開くこと、③コミュニティ・オーガニゼーションを開始し、あるいは支える力となる不満はコミュニティ内で広く共有されるべきこと、④団体には指導者（公式、非公式両方とも）として、コミュニティ内の主要下位集団に密着し、またそれから承認された指導的人物を関与させるべきこと、⑤団体はその目標と手続き方法を非常に受入れやすいものとすべきこと、⑥団体のプログラムには情緒の満足を伴う活動を含めるべきこと、⑦団体はコミュニティの内部に存在する善意を、顕在的なものも潜在的なものも、ともに利用するように心がけるべきこと、⑧団体としては、団体内部の意志伝達並びに団体とコミュニティとの意志伝達の両方の路線を、積極的、効果的に開発すべきこと、⑨団体は協力活動を求めようとするグループに対する支持と強化に努力すべきこと、⑩団体はその正規の決定手続きを乱すことなく、団体運営上の手続きにおいては柔軟性をもつべきこと、⑪団体はその活動においてコミュニティの現状に即した歩幅を開発すべきこと、⑫団体は効果的な指導者を育成すべきこと、⑬団体は、コミュニティ内に、力と安定および威信を育成すべきこと、という13の「組織化に関する諸原則」をあげた（Ross,1967＝1968,pp.169—219）。

2) アメリカでは、1845年の貧困者の状態を改善するための協会（The Association for the Improvement of the Condition of the Poor）の設立以降、1930年代（慈善団体やセツルメントによる住宅改革運動（1937年合衆国住宅法で住宅建設に連邦が支出へ結実）、と1960年代（公民権運動と社会再建、公共住宅借家人団体の組織化）の2つの時期に、貧困地域の住民が参加して、地域を改善し、貧困問題に取り組む居住運動が発展した（マルキューズ,1996,p.100、106）。

3) コミュニティ市民会議とは、アメリカにおける市政運営のガバナンスの重要な仕組みであり、1960年代から任意団体として設立され、1970年代に条例等で公認されるようになった。行政的公共の手が届かないところで市民的公共の力を生かすためには、市民の声を反映した方が効率的という理由で、公認組織として位置づける市も多い（前山、2004、pp.133—137）。

4) この調査は、1936（昭和11）年に東北、関東、関西で各一農村を選定して、計画内容について現地調査を行ったものである。東北では、山形県最上郡鮭川村が選定された。

5) 「社会事業パンフレット社会保健婦」のコピーは、重田信一氏にいただいた。重田

先生に感謝したい。
6）牧賢一氏は1904（明治37）年に生まれ、桜風会託児所（後の西窓学園）、財団法人同潤会、東京市社会局、大政翼賛会事務局、日本社会事業協会、中央社協、社会福祉調査会、そしてふたたび全社協、関東学院大学に勤務し、1976（昭和51）年に死去された。牧氏が大政翼賛会事務局の厚生部時代に青森県弘前市の鳴海病院の鳴海康仲氏と知り合い、昭和10年頃から弘前市郊外の狼の森地区に私立の保健館を設け、地区の予防衛生活動に取り組んでいた鳴海氏との交流から、牧氏が保健活動に社協が乗り出す意義を実感した（重田・吉田、1977、p.170）。
7）当時は朝鮮戦争による特需景気を背景として、防衛費負担や国土建設予算の増額と厚生行政の縮小が論じられ、社会福祉協議会もなぜ必要なのかという存在理由を示さなければ、民間団体として存続し続けることが危ぶまれていた（重田、2001、pp.70―71）。そして社協は社会教育との違いを理解されず、社会教育があれば社協はいらないといわれていたため、危機感があった（重田、1991、p.130）。
8）重田氏は東京に郷土としての愛着をもち、東京市から東京府への膨張を経験して、貧困地域の発生と社会事業の対応にある種の法則性や必然性を感じていた（重田信一・髙島進・永田幹夫・遠藤興一・西崎緑・池本美和子、2001、p.108）。重田氏は東京市の職員として勤務していた時期に市の職員として中央行政の下請業であってよいのかと疑問をもち、低所得世帯の居住分布の法則性に着目して「そもそも大都市にこれだけの人口を吸収しているのは、どんな力が働いた結果か、山谷や富川町も偶然に存在するのではなく、必然性があって存在する。そこに正当な理由があるとすれば、都市の福祉行政は、その都市発達のなかで住民主体の総合的な運営を要求されるのが当然ではないか」と考えた（重田信一・中川幽芳・吉田久一・一番ヶ瀬康子、1982、p.446）。住民主体の総合的な運営とは、①低所得者の法則性による分布に対応した、施設の適正な利用圏での適正規模により配置（保育所などは500m、随時利用する福祉機関や役所は1km、入所施設は60分から90分で行ける範囲とし、同業種を集積させずに異業種を集積させ、ネットワークの拠点となる連絡調整機関も適正に分布させる）、②施設の運営管理の近代化、施設職員の専門性の向上と待遇改善、③地域住民は今日の地域福祉でいう施設のもつ家族機能の代替部分に参加し、そのために組織活動の指導者を育成すると、構想された（重田・髙島他1991、pp.108―109）。

第5章 住民主体と山形会議

第Ⅰ節　1962年社協基本要項と住民主体原則

1　1962年社協基本要項における住民主体の記述

（1）本章の目的

　「第5章　住民主体と山形会議」では、社協が地域組織化を推進する際の「原則」である「住民主体」について、掘り下げたい。

　本章では「第Ⅰ節　1962年社協基本要項と住民主体原則」で、前章で述べた保健福祉活動の実践の蓄積を背景として1962（昭和37）年に社協基本要項が制定され、社協が住民主体で地域組織化を推進する機関として明記されたことを示したい。そして「第Ⅱ節　山形会議の概要」と「第Ⅲ節　山形会議の結論」では山形会議の記録から、なぜ社協が当時の基本要項に「住民主体」を記載したのかを明らかにしたい。

　「第Ⅳ節　飯豊町社協における住民主体」では、山形会議で事例分析の素材となった飯豊社協の実践を掘り起こして、住民主体とは何かについて考察し、「第Ⅴ節　住民主体と身につまされる思い」において、思想だけでなく生活の貧しさと身につまされる思いが住民主体の地域福祉活動を生み出したことを明らかにしたい。

（2）1962年社協基本要項と住民主体原則

　1962年社協基本要項では、社協の「性格」についての規定で「1. 社会福祉協議会は一定の地域社会において、住民が主体となり、社会福祉、保健衛生その他生活の改善向上に関連のある公私関係者の参加、協力を得て、地域の実情に応じ、住民の福祉を増進することを目的とする民間の自主的な組織である」と記述され、『住民主体』とは、地域住民のニードに即した活動をすすめることをねらいとし、それに必要な組織構成を充実するということである。したがって公私関係者は、住民の立場を理解して社会福祉協議会に参加協力するのが本旨である」という「説明」が書かれている[1]。この表現は、今日では当然のように受け入れられるかもしれないが、社会福祉の主役が行政や福祉施設であると認識されていた当時の情勢では、斬新な考え方であった。

　そして「機能」では、「2. 社会福祉協議会は、調査、集団討議、および広報等の方法により、地域の福祉に欠ける状態を明らかにし、適切な福祉計画をたて、その必要に応じて、地域住民の協働促進、関係機関・団体・施設の連絡・調整、および社会資源の育成などの組織活動をおこなうことを主たる機能とする。なお、必要のある場合は自らその計画を実施する」と記述され、「説明」で社協の基本的機能はコミュニティ・オーガニゼーションであり、公的機関や関係機関・団体の責任に属する問題については、社協はソーシャル・アクションの機能を果たす必要があることが明らかにされた。

　なお「組織」では「4. 社会福祉協議会は、住民主体の組織原則に基づき市区町村の地域を基本的単位とし、都道府県および全国の各段階に系統的に組織される。なお必要に応じて町村社会福祉協議会と都道府県社会福祉協議会の中間組織として一郡または数郡にわたる地域に社会福祉協議会を設ける」と記述され、市区町村社協組織のメンバーとしては、住民自治

組織や機能別、階層別組織、民生・児童委員協議会、保健衛生関係者、施設、行政機関の代表や担当者が想定された。

そして「職員」で「19. 社会福祉協議会は、市区町村、郡、都道府県、全国それぞれの段階ごとに事務局を設け、社会調査ならびに組織活動の専門職員をおく」と記述され、「ここにいう社会調査ならびに組織活動の専門職員とは、コミュニティ・オーガニゼーションの基礎的な知識と技術を体得し、実践的な指導力をもつものである」と説明が加えられて完結している。

このように1962年社協基本要項では、社協が住民主体を原則として、コミュニティ・オーガニゼーションという方法を用いて地域福祉活動をすすめる機関であることが明記されていた。

2 住民主体に影響を与えた社協の実践

（1）住民主体と上田市社協

1962年社協基本要項で住民主体原則が記載された背景には、社協活動の蓄積があった。当時の基本要項を起草した永田幹夫氏は『飯豊町社協15年史』において、起草にあたっては、飯豊町と長野県U市が脳裏にあったと記述している（飯豊町社会福祉協議会、1970、p.59）。

本書の執筆時点で、長野県で「U市」と略されるのは上田市しかない。上田市は、寺子屋や自由大学等の教育、仏教やキリスト教による教育・福祉活動に特色がある地域であった。1953（昭和28）年に社協が設立され、市議会厚生委員長（医師、後の社協会長）と住職（県社協副会長、後の市社協副会長）を中心に保育所の設置や国民健康保険の医療の内容の充実について話し合い、以下のような活動を展開した。

社協設立後、市内の保育園長会が保育技術の向上と家庭でのしつけに関する専門家による相談指導の必要性から児童福祉センターを要望し、肢体

不自由児総合健康診断の実施もきっかけとなって児童相談室が設置され、身体障がい児の親の会やボランティア組織が結成された。父子世帯が家事に困っているためボランティアの女性が支援した例が民生委員によって紹介されたことをきっかけに、県の家庭養護婦派遣事業として補助が実現し、市社協が事業化して、専任の派遣婦5名が選ばれた。この事業は後に、ホームヘルプサービスへとつながっていく。また老人クラブも育成され、地域組織活動として、部会活動、理事会の開催、小地域組織の育成、心配事相談、住民組織指導者の連絡調整、新生活運動・保健福祉活動の育成が実施された（重田他、1965、pp.151—156）。

（2）住民主体と甲賀町社協

永田氏はまた、岡村重夫氏の「小地域活動の理論」とともに、1960年に甲賀町社協を訪れたときに理事が盛んに「住民主体」ということばを使うのが印象に残り、基本要項の原案に入れたと述懐されている（永田、1993、p.136、永田、1996、p.125）。以下では当時の甲賀町社協の実践についても簡潔にふれておきたい。

甲賀町は1955（昭和30）年に3つの村が合併して誕生し、社協も町長を会長、民生委員を副会長として結成された。理事の大部分を占めていたのは民生委員と区長であり、区長は地域で衛生部長も兼ねていた。社協結成の翌年の社会福祉大会で、住民の願いを知らなければよい活動はできないことから「福祉の集い」を地域単位で開くことが提案され、1958（昭和33）年には住民の声により、保健衛生部会が設置された。ハエや蚊をなくす運動が啓発不足のため町民に十分に理解されておらず、役所に依存気味であったため、地域の代表が集まり、民主的な話し合いに基づいて実践方法を改善することとなった。翌年には育成協の指定を受け、社協の自主性の弱さの反省から組織改善委員会を設けて、社協の体質改善を試みた。甲賀町社協では、理事会と評議員会を区別し、問題別の部会の設置、福祉の

集いで発見された熱心な住民にも問題別部会に入ってもらうといった刷新が行われ、「子どもの声を聞く会」も開催された（保健福祉地区組織育成中央協議会、1961、pp.5—11）。

第Ⅱ節　山形会議の概要

1　住民主体と山形会議

（1）山形会議とは何か

　1962年社協基本要項が制定され、住民主体原則が記載されるきっかけとなったのは「山形会議」であった。山形会議の正式な名称は「昭和35年度都道府県社協組織指導職員研究協議会」であり、この会議は「市町村社協の組織と活動の育成強化は当面の最も重要な課題である。従来ややともすれば形式的に陥りがちであった市町村社協活動の指導をより実践的な現実に即したものとするため特に地域での活動事例を中心にして都道府県社協・郡市町村社協の系統的組織活動につき研究協議をおこない、今後の組織指導の方法の確立をはかる」という趣旨により、全社協の主催、山形県社協の協力によって、1960（昭和35）年8月3日（水）から6日（土）の4日間、山形県で開催された[2]。

（2）山形会議の日程と特色

　この会議の特色は、当時の都道府県社協の職員たちが山形の郡市町村社協活動の事例から学ぶ形式で研修が行われたことであり、「表5—1　山形会議の日程と会場」で示したように、社協役員グループ（飯豊町中学校）や保育所グループ（岩松寺）、婦人会、若妻会グループ（萩生公民館）、子ども会グループ（飯豊高等学校）などに分かれて、参加者と住民代表が話

表5-1　山形会議の日程と会場

	（会場）	（宿泊所）
8月3日（水）	山形市・山形県社会福祉会館	同左
8月4日（木）	同上	東置賜郡赤湯温泉・桜湯旅館
8月5日（金）	西置賜郡飯豊町役場	蔵王温泉・若松旅館
8月6日（土）	蔵王小学校	

し合うプログラムも組まれていた。

2　社協の自主性と組織構造の矛盾、地域組織化の方法

（1）社協の自主性と組織構造の矛盾、地域組織化の方法

　山形会議では初日にあたる8月3日の午後1時から5時に、「都道府県社協の組織・機能・運営について」というテーマで、社協の自主性と組織構造の矛盾、矛盾を乗り越えるための地域組織化実践の蓄積について、議論されていた。以下当時の資料を用いて、議論の様子を再現したい。
　まずは全社協重田企画広報部長（当時）より"全社協綜合企画委員会社協の機能に関する部会"において検討されている社協の機能に関する各種の意見の討議状況が報告され、その後、この討議テーマに対する討議課題が以下のようにまとめられた。
・県社協の財源と市町村社協の法制化について
・ニードの捉え方と住民に意識させる方法
・県社協の事務局の体制が組織活動を進めるにふさわしい体制になっていない。
・世帯更生運動と組織活動の関連について
・業種別部会を組織活動のなかでどうとらえるか
・社協の自主性の問題
・社会福祉のバックボーンは何か

まず最初に民間団体としての社協の自主性について討議が行われ、対役所との関係が非常に難しいとの意見が出された。これに対し、東北のある県から、「行政に反対する声を社協がとりあげるのは現状では非常に困難だが、しかしこれは行政官庁からの圧力というよりは、社協の役員構成が、そのような声をとり上げる体制になっていない点にむしろ原因がある。現在まで、県から社協の事業や人事に介入してくるようなことはなかったが、これは定期的に関係部課との連絡会議を持って常に社協の目的や事業についての理解をたかめるよう努力しているためであろう」との報告があった。
　この報告に対し、社協という組織の自主性と、事務局の自主性とは違うのではないかとの疑問が出され、先の東北のある県から、「県社協の組織自体の自主性となると大いに問題がある。この点は社協の組織と活動の根本的な課題ではあるまいか」という意見の開陳があった。そして社協の自主性というのは、そもそもどういうことかということが議論され、「自主性とは、中立性と同義であり、その立場に立った住民のニードの把握と解決にある。その場合中立性とは、住民の立場に立った中立性でなければならぬ」という結論になった。
　この結論についても「山形県社協の例を見れば可能性があるようにも思えるが、一般的にいって、せいぜい小市民層の組織が限界ではないかという感じがする」や「山村の貧困問題を取り上げるような形に社協はなり得るのか、またそれにはどうすればよいのか」などの疑問が提出された。この点については、「自主性がないから住民の要求を把握することができないのか、あるいは住民の要求を把握する努力を払わないから自主性が確立できないのか」は、にわとりと卵のような関係である。どこかでこの悪循環の輪を断ち切る必要がある」との意見、あるいはまた「一体社協はこれまで本当に住民のニードをつかもうと努力し、その結果批難されて自主性を持てないことになったのか。実はそうではなく、何も努力せずいたずらに無力感に陥って、政治的な障害を観念的に創造してそれに責任を転嫁し

ているのではないか」との反論が出て、結局「社協は、拠出国民年金に一番利害の深いような階層、すなわち農民や自営商工業者と結びつき、そのニードの解決に努力することを、社協の組織作りの進む、進まないにかかわらず、その活動の大原則とすべきである」という意見が東北の参加者から出され、一同これには異論なく皆賛成であった。

　次いで話題は、このような民主化の動向を阻害する因子に移った。すなわち「保健福祉の地区組織活動、特に、保健関係の活動をすすめて住民の意識を高めると、それが必ず地方自治体へのつき上げとなってはねかえってくる。それをおそれて、自治体の理事者が、このような活動を忌避することがあり、現にそのような事例もいくつか経験がある」との報告があったが、やはり問題は、目のうろこを取ることに反対する勢力のことを考えるよりも、まず目のうろこを取ることが第一の段階である、という意見が強かった。このような社協の性格論争にからんで、民主化とは一体どういうことなのか、ムード的民主化論では困るとのかなり強い意見があった。この意見に対しては民主化の具体的な問題として、まず事務局の民主化が大前提であるというはじめの意見が改めて提示され、一同賛成であった。

　山形会議では上記のように、社協が貧困に対応する活動を実践できるかが既に問われていた。そして住民主体以前に「社協の主体性」が問われ、日本の社協が組織構造や公私関係の「ねじれ」を克服するためには、地域組織化による実践の蓄積が重要であることが認識されていたのである。

（2）地域組織化を実践する職員配置の重要性

　山形会議ではそれ以外にも、「市社協について：地区社協の性格、機能とその具体的な進め方、市社協との関係」として、「地区社協と市社協の関係をはっきりさせることが大切だが、支部、分会という性格であってはならないと思っている。市社協は地区（学区）社協の連合体としての性格をもつことになる。住民主体の活動に社協を体質改善するために地区社協の役

割は重要である」と問題点が指摘された。…（中略）…また、東北のある県より「地区社協は市社協の機能をたかめるように設置していくもので、やはり、地域のニードをつかみ、福祉計画をたてることであろう。実践活動ばかり行ない、市社協の下請機関というのでは困る」という声もあげられた。

　そして8月4日の午後1時から4時30分には、「郡社協について」として、「郡社協に組織推進専任職員（オルグ）を設置することがもっとも必要である。この職員は事実上、県社協の指導職員と同じはたらきをもつであろう」と、地域組織化を実践する職員配置の重要性が指摘され、次いで「市町村社協について」では、翌日に訪れる飯豊町社協の書記（飯豊町役場民生係長）であった嶋貫清吉氏より事例発表が行われた。司会は、山形県社協渡部徳次氏、助言者は西置賜郡社協主事今泉義憲氏であった。飯豊町社協の事例については後述するが、「活動が行政面と密着しすぎているのではないか。住民のニードの吸い上げにどんな工夫をしているかという問題が出され、担当者より現在の町村社協に共通した問題点にふれて次の意見が出された。

　「現在の町村社協の多くが活動のできる専任職員をもたず、民生関係の公務員が兼務して事務局を維持している。突込んで考えるとそれらの人々は社協活動の専門職員ではなく行政官である。社協活動を現在以上に発展させるためにはどうしても専任の社協職員を配置することが必要である。社協活動の壁は専任職員設置の問題であると思う。ただ、自分としては役場の職員としても地域住民のニードを深くくみとることができると思っている。住民には、生活の向上のために役立つのであれば、社協であれ、役場であれ、何でもよいという考えがあるようだ」。

第Ⅲ節　山形会議の結論

1　都道府県社協と郡市町村社協について

（1）都道府県社協の組織推進体制の強化充実

　「昭和35年度都道府県社協組織指導職員研究協議会の結論」には、以下のような内容が記載されていた。まず「1. 都道府県社協の組織推進体制を強化充実すること」として、「(1)都道府県社協の組織指導職員を設置または増強すること：都道府県において市町村社協活動の育成指導の重要性が痛感されているが、地域に出て市町村社協の活動を指導する組織指導職員の配置は不十分である。専任の組織指導職員を配置することが第一に必要である。(2)事務局の協力体制を整備すること：社協の組織活動の推進は全職員があたるべきである。職員の中には市町村社協に直接タッチする地域担当ともいうべき組織指導職員と、児童福祉、老人福祉、生活福祉といった専門の立場でそれぞれの課題の解決を組織的にはかろうとする問題別指導職員があるが、常に全職員が協力して組織活動の推進にあたることが必要である。事務局体制の整備のため次のことを配慮すべきである。
　(イ)職場会議の定期開催とはなしあいの充実（参加者の申し合わせにもする）、(ロ)事務局の職員に必要なC.O.の知識と技術のたえざる研修、(ハ)事務局の職員はつねに地域に入って、住民のニードを汲みとり、その福祉問題を基礎にして活動する態度、姿勢をもつこと」が記述されていた。

（2）郡市町村社協の組織推進専任職員の設置

　また「2. 郡市町村社協の組織推進専任職員を設置するよう都道府県社協は条件の設備をすること」では、「(1)郡市町村に設置する組織推進専任職員

は住民の生活にとけ込み、住民のニードを引き出す活動をするものでなければならない。(2)社協の専任職員のほかにも、住民の生活向上に活動している多くのすぐれたオルグのあることを知らなければならない。まず、住民のニードを汲みとり、住民の生活向上のために力をつくす立場に立ち、他の分野の指導者に学び、かつ、連繋を深めることが大切である。(3)都道府県社協は郡市町村社協の職員が働きやすい環境をつくる必要がある。郡市町村社協会長会議、同事務局長会議等を開いて理事者、上司のオルグ活動に対する理解を深めること。(4)市町村社協専任会議を開いて職員相互の連絡を深め、訓練、養成の機会を提供すること。(5)市町村社協専任職員の設置のため、共同募金の配分を要請すること。これは県社協、県共募で検討する必要がある。(6)社協専任職員の組織が必要であると思われるがこの点、全社協並びに各県社協で研究をされたいこと。(7)郡社協の専任職員の活動力をたかめるためには、将来、都道府県社協の駐在職員の形にすることがよいとの意見もあるが、この点についても研究されたいこと」が記述された。

2　社協活動の課題と方向

（1）社協活動の課題

　そして「郡市町村社協活動強化における問題点」では、「(1)地区社協の活動を充実すること：地区社協は地域のニードの発見、問題解決のはなしあいの場としての活動を充実すべきである。実践的な活動とどう調整していくか、地区社協活動のあり方について研究を深めつつ指導すること、(2)各種福祉グループとのつながりを密にすること：農業・生活改善その他、地域で福祉グループが自主的に活動している場合が多い。社協はまず、これらのグループと結びつきをはかり、ニードを汲みとるべきである。(3)社協の自主性をたかめる上で、町村社協の会長は民間人であることが望ましい。

(4)ボランティアの発見が各地ですすめられているが、将来、社協の幹部として育成するよう積極的な配慮が必要である。(5)町村社協役員の研修会を開催することは社協活動の強力な推進の基礎づくりに役立つので勧めたい。(6)社協の会費は共同募金と並んで社協の財源として重要である。ただし、会費額の決定、徴収方法については、会員の納得のいく話し合いで決められなければならない。(7)郡社協のあり方について全社協並に都道府県社協の一歩進んだ研究を行うこと：郡社協の指導機能を高めるために、県社協の指導職員駐在制がよいのではないか。また、町村合併により郡社協の必要性がうすれてきたのではないかという意見も出されたが、今後に対する影響も多いので慎重に研究すべきであるとの結論となった。」

（２）社協活動の基本的な方向について

「社協活動の基本的なあり方について」では、以下のような事項が確認された。「(1)社協は自主的な民間団体として、住民の立場に立って活動する。住民のニードを正しくとらえるとき行政機関に対して批判的なこともあり得る。あくまで、自主的な住民組織としての活動を尊重しなければならない。(2)社協は住民の民主化をおしすすめる使命がある。即ち、住民の自主的態度の涵養、自分たちの生活状況の自覚、問題解決のための自主的な協力活動、及び部外への働きかけを促進することである。これは地域の民主化にほかならない」これらの記述から、後述する「住民主体」が単なる原則ではなく、社協の「組織原則」として記載された理由について、理解することができるであろう。

山形会議におけるこのような議論が、社協活動の10年間を振り返り、今後の社協活動の方向性を示したいという思いにつながって、1962年の社協基本要項が起草された。それゆえに社協が地域組織化の機関として自らを規定するうえで、山形会議は重要な役割を果たしたといえるであろう。

第Ⅳ節　飯豊町社協における住民主体

1　飯豊町社協における地域組織化のはじまり

（1）飯豊町社協の設立と地域組織化の困難

　甲賀町社協で永田氏の印象に残った「住民主体」ということばは、山形会議の参加者が飯豊町社協の実践を学ぶなかで共有され、1962（昭和37）年の社協基本要項に記載された。それでは山形会議で現地視察のプログラムとして組み込まれていた飯豊町社協において、住民主体とはどのように認識され、実践されていたのであろうか。筆者は以下、飯豊町社協『幸せを拓いて―飯豊社協の15年』と当時飯豊町社協の事務局長であった佐野修史氏へのヒアリングから、飯豊町社協における住民主体について学んでみたい。佐野氏はすでに故人となられたため、このヒアリングは筆者にとって、重要な事実が歴史のなかに埋もれてしまう前に実施できた、貴重な体験であった[3]。

　上杉鷹山の御備蔵という歴史があるこの地域に民生援護会が発足したのは、1946（昭和21）年であった。当時民生援護会は、生活困窮者の生活援護や遺族会、母子会などの団体の育成と援護活動を実施しており、1952（昭和27）年に豊原村社協が結成され、民生援護会の業務を引き継いだ。しかし当時社協が結成されたとはいえ、民生援護会活動から抜けきれず、実質的な活動は伴っていなかった。そして1954（昭和29）年に対等合併により飯豊村が誕生し、1958（昭和33）年に中津川村を編入合併して飯豊町となった。しかし「当時はまだ、戦後の荒れすさんだものが人々の生活のなかに深くきざみこまれており、社会福祉などという言葉は地域住民にほとんど理解されていない時であった。…（中略）…援護活動から脱皮し、

社協本来の活動に切りかえるべき事は理論的には理解されても、さてどんな方法で、何をすべきかなど実際問題になるとなすべき術を知らなかったのが実情であった」(飯豊町社会福祉協議会、1970、pp.14—18)。

(2) 問題の発見と組織づくり、広報

　合併後の社協活動のあり方について郡社協の担当者会議で検討され、飯豊町社協は児童福祉を重点推進目標として活動をすすめることになった。「当時は児童福祉という言葉すら担当者ですらじゅうぶん理解していないときであり、どんな事をどのようにしてやるべきか暗中模索というところだった。…(中略)…座談会を通じて話し合いされた中で、特に農繁期における母親の睡眠時間が非常に少ないこと、労働が過重であること、子どもが放任され、常に危険であること及び、新しい時代に対応した子どもの育て方などを中心とした母親達の要求が非常に強い事が明らかになった。道路で遊ぶ子ども、自動車の増加により交通量が年毎に多くなり、交通事故から子どもを守るための遊び場づくり運動を進めることにした」(飯豊町社会福祉協議会、1970、pp.19—20)。

　当時は農家にも耕運機はなく牛馬で耕作しており、母親が労働に追われるすきに、子どもが水死事故ややけどなどの事故にあうこともあった(飯豊町社会福祉協議会、1970、p.32)。佐野氏の談話によると、この話し合いは一般論ではなく、実際に起こった事件をもとに行われたものであった[4]。今日では地域住民に共通の問題を地域組織化のプログラムにするというと、地域行事などに短絡した発想をする社協職員も少なくはないが、共通の問題とはこのような「うめき」を含んだものではないだろうか。

　話し合いを受けて地区単位で実行委員会を組織し、座談会を開催していった。「座談会には郡社協で用意したテープレコーダー、幻灯機など利用し趣意の理解を深めるようにとつめた。座談会は、夜の場合がほとんどで会場も民生委員や婦人会役員の自宅などを借りて開かれた。ある会場で

は出席者が数名のこともあり、ある場合は夜の1時頃まで話し合い帰宅するなどの事もあり、座談会に出された意見なども趣意は理解されるが『役場でする仕事ではないか』『金がかかる』『役場でいくら出す』など色々な意見も多くだされた。ある時は専門の方を講師としてお願いし、講演会なども開いた。この様にして何回も何回もくりかえしくりかえし座談会を開催し趣意の徹底に勤めた」（飯豊町社会福祉協議会、1970、p.20）。保健婦（当時）を同行したこともあった。

　当時社協職員は住民の前で「住民主体」ということばを使うわけにもいかないため、「今困っていることに、皆で取り組まねば」と語りかけた。佐野氏の談話によると、住民主体は思想というよりも、現実の問題であった。当時は自動車もなく、自転車や徒歩で雪道を通い、雪道を何時間も歩くこともあった。スライドも経費がないため、1枚1枚をセロテープでつなげてつくった（飯豊町社会福祉協議会、1970、p.33）。このようにして寺の境内に、住民の手で遊び場がつくられ、実行委員会は児童遊園運営委員会に組織がえした。

（3）評価と新たな活動の開始、計画

　社協職員と住民は、遊び場だけで子どもの幸せを守れるわけではなく、これから本当の福祉活動がはじまると考え、遊び場の遊具を活用して農繁期保育所の開設へと歩みだした。ある寺の住職は子どもたちの遊びを通じて地域に役立ちたいと考えていたため本堂を開放し、農繁期保育所運営委員会を組織してそこを利用し、保育所を試行した。

　スタートは「開所式、母親又は家族に付添われて入所する子ども、不安と期待のまなざしで見守る親たち、泣きながら母親からはなれない子ども、そして十日間の保育が始められたのである」「送られてとわかれぎわに泣き出し、親の顔をうらめしそうに見て泣き、それでもじっとしている子どもはいいのですが、保育の途中で保母の目を盗んで逃げ出し、気がついた時

はもう姿が小さくなっている」というものであったが、終了時には子どもがもっと「寺の学校」（保育所を指す）に行きたいと、泣き出すようになった（飯豊町社会福祉協議会、1970、p.23、26）。

　わずか10日間でも子どもたちは集団生活を通じて見違えるように成長し、親たちも成果を実感した。世論調査も行った結果、農繁期保育所を設置する地区は広がっていき、この運動をすすめる過程で子どもクラブ、若妻会、老人クラブが結成された。佐野氏は、農業の機械化によって高齢者に余暇ができ、保育園に子どもを送迎するようになったため、高齢者に呼びかけたところ老人クラブができたと述懐されていた。

（4）計画の実施と評価

　3年間の農繁期保育所の設置・運営を経て地域住民は、常設保育所の設置を促進する必要を実感し、社協職員は、①運動の目的を地域住民に充分理解してもらう、②その必要性を自覚し、住民全員が参加し運動をすすめる、③地区を指定し、委員会等に組織して集中した活動を実施する、④その地域によき指導者を求める、⑤先進地域を視察し、直接目でみて、耳で聞き理解を深めるという基本方針のもとで、座談会、幻灯会、映写会や実行委員会の組織化という技術を用いた（飯豊町社会福祉協議会、1970、pp.35—36）。筆者は、最初から常設保育所という課題を提示しなかったところに、日本的、なかでも東北農民的な「過程」を感じている。最初から一山村の住民に常設保育所づくりという目標を示していたら、住民は乗ってこなかったかもしれない。

　保育所づくり運動の成果として、1955（昭和30）年度から1963（昭和38）年度にかけて町内8地区で保育所が設置され、山間地では移動保育所も開設された（飯豊町社会福祉協議会、1970、pp.35—36）。「しかしながら、財政運営の面で保育料と町からの補助金に依存した保育園の運営は、財政的に非常に困難な状態であり、そのしわよせが保育従事者の待遇に影響し

てくる事がどうしてもさけられない大きな問題として提起された。又保育園毎の地域格差の解消についても検討しなければならない課題となってきた。この様な推移の中で問題の改善を図るため、保育園本来の在るべき方向として且又児童福祉の基本理念に添って保育園の運営管理を町に移管すべきであるという結論に達した。町当局と慎重な話し合いを積重ねた結果、昭和38年度から町行政の責任で運営管理される事になり、町立保育園として新しく発足することになった」（飯豊町社会福祉協議会、1970、p.37）。

1963（昭和38）年度は教師の経験のある佐野氏が専任職員となった年であり、佐野氏の記憶によると1964（昭和39）年の児童館の制度化をきっかけとして、寺を借りていた保育所を新築し、3年がかりで無認可保育所を児童館内の保育所へと転換していった。それに伴って保育関係の職員も、すべて町に移していった。当時は、住民のニーズに応えて社協が開発したサービスを、適切な段階で公営化し、手放すというアドミニストレーションが可能だったのである。

2　飯豊町社協における活動の広がりと住民主体

（1）児童福祉活動から保健福祉活動、リーダー養成へ

当初飯豊町社協では、役場の民生係長等が兼務で社協活動を担当していたが、出稼ぎ労働者が急増した1956（昭和31）年に日本社会事業大学の鷲谷善教氏と学生15名の調査団が来町し、農村の福祉問題について調査を行ったことをきっかけに、社協はもはや専任職員なしではやっていけないところまできており「専任をおくべきだ」という声があげられて、1959（昭和34）年にはじめて社協の専任職員が採用された（飯豊町社会福祉協議会、1970、pp.43―44）。当時社協は、住民に知られていないところから出発した。

飯豊町社協は1963（昭和38）年度に育成協の指定を受け、住民の健診

153

受診率が低かったため、社協会長であった医師が「健康診断を受ける運動」を提唱し、「調査→実践→評価」という過程を循環させて運動をすすめた。そして出稼ぎ問題が深刻化した昭和40年代には、飯豊町社協は出稼ぎ問題に取り組んだ。当時は1万4000人中800人が出稼ぎに行き、町にとって出稼ぎは放置できないほどの収入源であったが、出稼ぎには恥ずかしいイメージがあったため、隠れて出稼ぎに行く人が堂々と出稼ぎに行けるように社協が取り組んだのであった。それによって1967（昭和42）年の羽越地震に、出稼ぎ労働者が災害復旧のボランティアに行ったという成果もみられた。

そして昭和40年代には、農村の貧困と地域間格差の時期から農業の機械化により機械を購入するために働く時期へと移行するなかで、飯豊町社協は指導者の育成に力を入れた。飯豊町社協は、青年団活動が村の中心だった頃には青年団とのかかわりが深かったが、その後はボランティアスクールを開催していった。しかし農村ゆえに、「これが福祉だ」という講座を提示してもリーダーが乗ってこず、研修で人を集めても、参加者が自分の地域で活動を広げるという展開にはなりにくかった。

昭和50年代に入ると地域福祉・在宅福祉が強調されるようになったが、飯豊町で住民が必要としていたのは年金や健康保険の充実であり、このギャップは地域福祉や在宅福祉に焦点をあてた地域福祉計画の作成にも影を落としていた。佐野氏は、足元をみるとそれ以外にもできることはあったはずだが、問題を高齢者に狭く限定したことにより地域の問題がみえにくくなったと回想され、地域組織化は町内でも地域ごとに問題が違い、身につまされる問題がないと住民のやる気が出ず、うまくいかないと述懐されていた。特に現代は情報が行き渡るのが早く、社協が広報しても「住民がもうしっている」ことも少なくはない。筆者がヒアリングで、飯豊町にとって高度成長期の福祉ニーズの変化がどのような影響を与えたかを質問したところ、佐野氏が「高度経済成長の恩恵は、農村にあったのだろう

か？」と答えたことが、筆者の印象に残っている。

（2）思想的な違いを超えた住民主体

　以上述べてきたように、飯豊町社協は地域住民の前で「住民主体」ということばを使うよりも、「今困っていることに、皆で取り組まねば」と語りかけ、協働の力で問題を解決する過程をすすめた。そして職員の役割は、地域住民を上から指導するのではなく、地域を廻り歩いて、住民の声を聞き、方法を教えてつながりをつけ、地域にあるいろいろな問題について自覚させるとともに住民が自ら活動するところまで高めることである。渡部剛士氏は飯豊町社協について、取り上げる事業の大衆性や、廃品回収のための訪問を家庭環境の美化だけでなく社協の財源捻出と住民との対話の機会にするという、「足で稼ぐ」活動を評価されていた（飯豊町社会福祉協議会、1970、p.57）。

　飯豊町社協で住民主体の活動をすすめたのは、嶋貫清吉氏と今泉義憲氏という、思想的には両極端に位置するようにみえる人物であった。嶋貫氏は佐野氏、そして佐野氏の前任者が社協に着任するまでの間、飯豊町で役場の職員を兼務しながら社協活動をすすめており、傷痍軍人であった嶋貫氏を動かしたのは戦争の反省であった。嶋貫氏は、自分の食べ物を減らしても他人に与える性格と、逆境を乗り越える精神力をもつ人物であり、行政と兼務のため、行政に話をしやすい面があったかもしれないが、佐野氏のことばによると、住民に「できません」「ありません」をいわず、住民と一緒にどうしたらできるようになるかを考える姿勢をもっていた。そして最初から資金があるのではなく、必要な事業をすれば金は後からついてくるという信念の持ち主であった。嶋貫氏は社協で係長、課長を勤めた後行政に戻り、退職後も民生委員、民生委員総務、社協常務理事として、飯豊町社協を支えていた。

　一方、西置賜郡社協主事として飯豊町社協を指導し、佐野氏の地域組織

化の師となった今泉義憲氏は、後に日本共産党の幹部になったといわれている。

「住民のため」という想いが思想的な違いを超え、住民主体の社協活動を生み出したのかもしれない。

第Ⅴ節　住民主体と身につまされる思い

1　山形における社協活動の発展と身につまされる思い

（1）戦争の反省と県社協の設立

山形で山形会議が開かれたのは、山形県社協の事務局長であった松田仁兵衛氏が全社協の会議で山形県内の社協を例にあげて社協の方向性について意見を述べたのに対して、現地でその実践から学んでみようという声があったからだといわれている。山形の社協の実践が、全国の都道府県社協職員が研修にくるまでに成長した背景には、松田氏の尽力があるといっても過言ではないであろう。そして松田氏の人生は、山形における住民主体が、特定の思想というよりも、戦争の反省や生活の貧しさにより「身につまされる思い」から生まれてきたことを、物語っている[5]。

松田氏は1938（昭和13）年に山形県に主席視学（教育行政職）として赴任し、1941（昭和16）年に兵事厚生課長となって当時海軍志願兵の応募者が少なかった山形を全国一にした。松田氏と青年や婦人団体とのかかわりも、この時期からはじまった。そして松田氏は戦争が終わると、「若者たちを、あたら花の蕾のまま散らせてしまったことへの自責の念は、その後も私をとらえてはなさなかった。かくてこの自責の念は、私を社会福祉の道へ駆り立てる大きな原因となった」と述懐されている（松田、1977、pp.230—232）。松田氏が住民主体の社協活動を推進した背景には、戦争の

反省があったのである。

　松田氏は戦後自己追放していたが、1949（昭和 24）年に共同募金を財源に細々と活動を続けていた民生委員連盟、社会事業協会、同胞援護会、保育連盟、授産協会を山形県民生援護会に統合する際に、事務局長として招聘された。財源は県が掌握していたが、1951（昭和 26）年の春に社協に改組した際に、松田氏は渡部剛士氏を採用し、アメリカ宣教師団の所有であった幼稚園に県社協の事務局をかまえた。ここには、山形県遺族会が同居していたため、引き揚げ促進や未帰還軍人留守家族の援護は身近な存在であり、日米講和条約締結により事務所を返還しなければならなくなったため、県社協、共募、県遺族会で協議し、民間の力で社会福祉会館を設立して県社協の事務局をおいた（松田、1977、pp.233―239）。松田氏は事務局職員の充実に力を入れ、郡市町村社協に専任職員をおくよう尽力した。その結果郡市町村社協に 1～3 名、県社協に 19 名の専任職員を配置することができ、「松田学校」と呼ばれる研修によって、県社協と郡社協の職員を育てたのであった（松田、1977、p.240）。

（2）青年団の協力と「調査」の源

　当時設置されていた山形県社協広報委員会は、山形県社協のユニークさの一端を示している。委員会のメンバーはアララギ派の歌人でリベラルな思想家であった結城哀草果をはじめとして、宮沢賢治の影響を受けた鳥越隣保館の松田甚次郎とつながりのあった寒河江善秋（青年団）、婦人会の三浦コト、社会教育を通じて青年団や婦人会とつながりのあった西村直次、斯波八郎（医師）であった[6]。また当時県社協に設置された婦人問題連絡協議会は、行政だけでなく県自由労働組合も出席するという「懐の深い場」でもあった。

　なかでも寒河江善秋や西村直次がかかわっていた青年団は戦後期には村の民主化の担い手であり、山形県社協は 1952（昭和 27）年に県連合青年

団、県教育委員会と共催で第1回青年団体社会福祉指導者公認講習会を開催した。この講習会では新しい村づくりを自分たちの手ですすめるうえで、青年団が社会福祉にどう貢献できるかが討議され、9青年団が社会福祉活動研究指定青年団の指定を受けた。なかには問題地図を作成した青年団もあらわれるなど、青年団は人身売買や次・三男対策、農繁期保育所、子どもの遊び場づくり運動などで、中心的な役割を果たした（渡部、1985、pp.142—143）。

　そして筆者が重田信一氏よりいただいた山形県共同募金会事務局による「奉仕団体としての地域青年団の育成について」（昭和28年度中央共同募金指定地区報告書）には、なぜ「調査」が重要かについて、興味深い記述がみられる。1953（昭和28）年度の第1回山形県連合青年団理事会で、青年団が社会福祉活動を推進するために何をすべきか考え、青年団は青年会館建設運動、次・三男対策運動、産業振興と生活改善の推進、民主主義教育の推進とならんで社会福祉活動の振興を重点事業に位置づけることになった。青年団が社会福祉活動を重視したのは、「新しい世代が古い世代に訴える実践の場」と意味づけたことによるものであり、青年団は施設見学や共同募金についての住民の意見の調査、農繁期保育所の設置運営をすすめていった。地域によっては、姑に遠慮して新生活運動に参加できないという実情もみられたため、「嫁さんの解放運動」も行った。そして青年団が調査に取り組んだのは、地域のボスに反対されて腰くだけにならないために、基礎となる客観的な事実を用意するためであった。ただしこの資料の表紙には、「『地域青年団』の機能は、昭和35年前後を境として農村青年層の職業異動の激化により、地域的な結束が困難になる」というメモが書かれていた（山形県共同募金会事務局、p.4、10、pp.23—24）。

（3）「身につまされる思い」と民生委員との連携

　山形では民生委員も、県社協と協力して地域組織化活動を推進した。山

形で民生委員は、方面委員の時代から農繁期保育所にかかわっており（山形県民生児童委員協議会、1987、p.43）、生活保護法の改正によって民生委員が補助機関から協力機関になったことを、地域福祉活動の推進という新たな役割を見出す好機ととらえて、社協と協力するようになった。

なかでも1952（昭和27）年の吉島事件は、主体的な活動は生活の貧しさという現実についての「身につまされる思い」からはじまることを、象徴していたのかもしれない。「昭和27年、松の内まだ明けやらぬ1月5日、寒風吹きすさぶ薄暗い農家の片隅で、コッペパンと梨を供え、ボロボロの蚊帳と布団に身を包みながら、親子六人枕を並べて心中した痛ましい事件が本県に発生した。名づけて『吉島事件』という。『話したいことは山々あれど、涙の川にとどまることを知らず、万策つきあの世へ、私たち一家は話合いで喜んであの世に死んでいく』こんな遺書が残されていた。担当民生委員が情況調査を実施したことによれば、この事件を死神にとりつかれた人々といって、簡単に片づけるわけにはいかなかったのである」（山形県民生児童委員協議会、1987、p.77）。

社協と民生委員はこの事件を戦後日本の、特に農村の問題の縮図のようなものであり、他人事ではないと受け止めて、世帯更生運動を展開した。民生委員がポケットから500円を持ち寄って、無利子で低所得者に貸し付ける「たすけあい金庫」をつくった（山形県民生児童委員協議会、1987、p.78）[7]。

その後山形では貧困だけではなくさまざまな分野で、民生委員を中心とした地域住民による生活支援が展開した。たとえば最上町では1978（昭和53）年から、ひとり暮らしの高齢者をひとりぼっちにさせないように民生委員が中心となって高校生が孫の世代、民生委員が親の世代、ひとり暮らし高齢者が祖父母の世代として「一日家族」をはじめた。目的はひとり暮らしの高齢者と若者の交流で、民生委員はその橋渡しをした。それ以外にも民生委員が特別養護老人ホームに働きかけて、ひとり暮らし高齢者への

配食サービスを施設と民協の協力で実施した（山形県民生児童委員協議会、1994、pp.13—15）。

（4）社協から施設へ

　農村の構造的な福祉問題は広域的なソーシャル・アクションを並行しないと解決が困難であり（渡部、1985、p.144）、山形県社協は以下のようなユニークな広域でのソーシャル・アクションを実施した。たとえば1957（昭和32）年には県社協・郡社協職員が福祉事務所のケースワーカーと意見交換会をもち「しらみのノイローゼ」という冊子をまとめた。（山形県社会福祉協議会、1992、p.18）。

　また1970年代に県社協は、石油ショックや物価高騰が県民の生活や施設の措置費に影響を与えたのに対して、歳末助け合いの特別配分や善意銀行の活用によって低所得世帯や高齢者を援護し、県と市町村に措置費でまかなえない部分の予算措置を依頼した。白鷹町では民協と社協が共同で、高齢者世帯や低所得世帯の燃料調査を実施し、生活防衛運動へと発展させたし、小国町では「消費は美徳」を見直し、「むだをなくす運動」を実施した。この時期は、農村社会が都市と共通する経済の仕組みに巻き込まれていく時期でもあった（山形県社会福祉協議会、pp.1—14）。

　しかし1970年代には既に、県社協に松田氏の姿はなかった。高度経済成長期になると「民間事業の自主性の保持に力点をおくといった生き方も忘れられ、軽視され、権力に追従することを有利有能とされるようになり、富裕な県当局から補助金を得て整った陣容で活動する実況を羨望し、ほめたたえ、それに追従せんとする傾向が高まりつつ」あり、松田氏は古い昔の姿に逆戻りしていく傾向を悲しく感じていた。そして行政管理庁の勧告に厚生省（当時）が社協の財源を行政からの補助金の増額で対応する方針を打ち出したため、「民間の、住民主体の、民主的団体に育成、成長、発展のユメに生きて来た私は愕然とし、わが事終わりぬ、わが夢潰えたり…。

社協を去る決意をかためたのである。昭和 42（1967）年、8 月 1 日。私は新設の養護老人ホーム、蔵王長寿園長に転じた」（松田、1977、pp.244 ─ 245）。

2　住民主体と思想、身につまされる思い

（1）住民主体と思想、身につまされる思い

　筆者がこの章で明らかにしたのは、東北の農村における住民主体であり、これだけで住民主体のすべてを語り尽くせるわけではない。大阪や京都、あるいは筆者が生まれた北海道などでは、また独自の「住民主体」があるであろう。

　筆者はかつて、地域福祉論において住民主体ということばは、岡村理論のように生活者の視点から主体論として使用されることもあれば、真田理論のようにマルクス主義の立場から使用されることもあることを指摘した（柴田、1998、pp.132─133）。しかし筆者が当時の山形の住民主体について掘り下げる作業を通じて出会った思想は、岡村理論や真田理論というよりは、戦争の反省であった。そして学生運動や社会主義が退潮してから大学に入った世代に属する筆者にとって、松田氏や鳥貫氏、そして後述する渡部剛士氏にみられる戦争の反省は、どのような思想よりも説得力があったため、僭越ではあるが本研究を通じて語り継がせていただきたい。

　なぜ思想性を欠如した筆者の心に、戦争の反省が響いたのか。それは松田氏や渡部氏による戦争の反省が、自らのアイデンティティの危機に至るものとして語られ、贖罪などの動機が社協活動という行動に移されたからである。松田氏や渡部氏は社協の現場で、東北農民の貧しさやうめきと出会い、「身につまされる思い」から住民主体の社協活動を切り拓いたのであった。そして筆者は次章で、この「身につまされる」問題を放置すると自分が自分でなくなってしまうという危機感が住民主体の地域福祉活動を

生み出すという図式が、社協職員だけでなく、地域住民にもあてはまることを検証したい。社会事業史研究には、先人の身につまされる思いを現在の読者に伝え、今日の生活問題を抱えた人への共感を呼び起こすという役割もあるのかもしれない。

（2）農漁村の貧困と社協：もう1つのイメージ

　山形県社協で保管されていた1961（昭和36）年3月22日、全社協地域組織推進委員会の資料によると、この会議では社協基本要項の検討以外に第4議題として僻地離島問題研究委員会から「へき地、離島問題の研究について─中間報告（案）─」の要旨[8]が説明されていた。同中間報告では、経済的問題や地域格差、地域内の所得格差、住民の自発性に基づいた共同活動を実践するうえで不利に働く社会的文化的問題、あきらめの土壌などの、農漁村の貧困に対して、当時国際的に注目されていた「コミュニティ・ディベロップメント」を応用することが検討されていた。

　この報告では、「対策を樹立し、これを実行していくためには、印度におけるように全く新らしい機関を設置する方法と、既存の各種機関の連絡協議機関を作る方法との二つが考えられるが、わが国の場合には…（中略）…、第二の方法によるのがよいと思われる」と記述され、「僻地対策における社協の果すべき役割としては、つぎのような点が考えられる。

　㈠　関係機関団体に積極的に働きかけ、僻地対策の協議組織のイニシアチブをとり、その中心となること。
　㈡　住民の自主的共同活動を高めるためにあらゆる努力をはらうこと。まず自主的共同活動の前提である住民間のコミュニケーションの強化をはかること。
　㈢　季節保育所、臨時検診、診療所、心配ごと相談所等を組織活動によって開設するなど、手近な問題をとりあげてその解決をはかり、住民に自主的共同活動について自信を持たせること。

㈣　通常の社協の活動は、すべて僻地においても非常に大きな意義を持つものであり、これを強力に推進する必要があるが、特に僻地においては…（中略）…、住民の自覚を高め、自主的組織活動へ立ち上らせるきっかけとなるものであって、外部からの財政的援助なしでもある程度実行可能なものであるから、これについて強力に活動すること。

㈤　僻地対策は、何といっても外部からの財政的技術的援助なしにはその実をあげることは不可能であるから、その導入のためのソーシャル・アクションをおこすような方向に指導すること」

と記載されていた。

　このように農村における社協とは、経済開発も含めて、自発的な活動を推進する連絡協議機関であるというアイディアは、実は第9章で示すイギリスの農村地域協議会に似ている。このような社協論が展開されていたならば、社協にも今日の事業型社協とは異なる選択肢があったのかもしれない。

（注）

1）「民間の自主的な組織」の文言は、1950（昭和25）年の社会福祉協議会準備会「社会福祉協議会組織の基本要領」で現れていた。

2）第Ⅱ部における山形会議と山形における保健福祉活動についての記述は、1994年12月に松田昭裕氏（現・山形県社協事務局長、当時地域福祉部長）に山形県社協の倉庫にご案内いただいた際に、倉庫に保管されていた「山形会議関連資料綴り」のなかの「昭和35年度（都道府県社協）組織指導職員研究協議会報告書」（全国社会福祉協議会）によっている。松田氏並びに資料の入力にアルバイトとしてご協力いただいた池山友里さん、森田泰代さん、福田里奈さん、吉田佳代さん（いずれも当時金城学院大学学生）に感謝申し上げたい。山形会議の部分について、筆者は学生が入力してくれた文字データを大幅に編集し、論文化するという作業を行った。

3）この節の記述は、飯豊町社協『幸せを拓いて―飯豊町社協の15年』（1970年）並びに、元飯豊町社協事務局長・佐野修史氏（故人）からのヒアリングに依拠している。

4）飯豊町では1934（昭和9）年に県農会経営の農村女学校が開設され、女学校の課程に農繁期保育実習があり、地域では農繁託児所と呼ばれたという歴史があるため、地域住民も季節保育所を受け入れやすかったのかもしれない。この事業は終戦まで続いたが、戦後自治体の財源不足より中止されていた（飯豊町社会福祉協議会、1970、p.34）。

5）松田仁兵衛氏は、長野県の上田市の農家に生まれ、11人兄弟で生活が苦しいなか、猛勉強の末1915（大正4）年に長野の師範学校に入学し、大正デモクラシーの風潮のなかで青年期を過ごされた。卒業後小学校の教師に赴任し、先輩教師の妨害により小学校を去り、東京高等工業学校に入学し、卒業後は岐阜県多治見市、千葉県木更津市、長野県上田市で教員を務めたが、教育者生活で体得したものを教育行政で活かし、教育効果をあげたいと修身科の担当をめざした。しかし縁故のようにみられる人事により挫折し、退職して、妻子4人を連れて上京して、東京高等師範学校の研究科に入学し、教育行政に転じたのであった（松田、1977、pp.216―228）。

6）松田氏には賀川豊彦が思想的な影響を与えたが、渡部剛士氏は山形には宮沢賢治の影響を受けた松田甚次郎による鳥越隣保館の設立という隣保館の系譜も存在しており、それらが社協活動とつながっていた可能性があることを示唆された。

7）この年は大津の民生児童委員大会で民生委員1人1世帯更生運動の展開が決議された年でもあり、1955（昭和30）年には民生委員の低所得者援護を定着させるために世帯更生資金運営要綱が作成され、今日の生活福祉資金制度へとつながっていった（全国社会福祉協議会、1982、pp.242―243）。

8)「『へき地、離島問題の研究について』僻地離島問題研究委員会─中間報告（案）─の要旨」では、以下のような記述がみられる。

「最近国民生活水準の向上はまことにめざましいものがあるが…（中略）…、第一次産業を経済基盤とする地方では生活水準の向上は甚だしくおくれ、其の地域格差は決定的なものとなってきた。…（中略）…僻地離島の住民の生活は、憲法第25条に規定する最低限度の文化的生活からはほど遠いものとなり、それは後述するように、乳児死亡率、小中学校児童の長期欠席率の非常な高率など、具体的な社会問題としてあらわれている。…（中略）…我々はこれらの地域は、これまでの急速な資本主義経済の発展がもたらしたひずみの一つのあらわれであって…（中略）…、このようなひずみは、現在国際連合の指導のもとに現在世界各地で行われているコミュニティ・ディベロップメント方法をとり入れ、住民の自主的活動を基盤とし、これに外部からの財政的、技術的援助をむすびつけるという原則の上にたって、産業、教育、保健衛生、社会福祉などの各分野を綜合した施策を行なうことによって、はじめて克服できるものと考える。」

第6章
身につまされる思いと調査による掘り起こし

第Ⅰ節　山形における住民主体の開拓と渡部剛士氏

1　戦争の反省と農村のうめき

（1）本章の目的

　前章までの、社協が住民主体の地域福祉活動を推進する機関として前進する過程についての記述は、貧困に対応する地域福祉活動に特定したものではない。しかし本章以降で考察する山形における保健福祉活動は、社協による農村の貧困への取り組みである。筆者は「第6章　身につまされる思いと調査による掘り起こし」で、地域福祉活動が山形の農民が抱えていた貧困の質的な側面に対して、精神面での必要を充足する役割を果たしたことを示して「対象と機能に関する仮説」を検証したい。この作業は、「第7章　地域組織化の成立と『調査と話し合い』」における、貧困に対応する地域福祉活動をすすめる方法が、調査と話し合いによって「貧困を自分にもかかわる問題として認識し、身につまされる思いから、できる範囲の活動が芽生える」という本研究の仮説の検証への橋渡しとなる。
　「第Ⅰ節　山形における住民主体の開拓と渡部剛士氏」では、山形県社協の職員として住民主体の社協活動を開拓した渡部剛士氏が、前章で述べた

松田仁兵衛氏と同様に戦争の反省という「身につまされる思い」を経験し、その背景にある東北の貧しさやうめきを調査によって掘り起こして、住民主体の社協活動をすすめたことを記録したい。そして「第Ⅱ節　農村の貧困と身につまされる思い」では、社協職員が調査によって農村の貧しさを掘り起こし、地域住民のうめきに火を点けることによって、地域住民が身につまされ、主体化したことを指摘したい。そして「第Ⅲ節　心を動かす調査と話し合い」では、調査が「話し合い」と結びついて実践されたことによって、身につまされる思いに火が点き、地域住民にできる範囲の活動が展開するきっかけとなったことを示唆したい。

（2）福祉活動の原点としての戦争の反省と農村の貧しさ

　渡部剛士氏は山形の農村で農家の4男として出生し、13歳の時に父親を、17歳の時に母親を失い、進学をあきらめて農業を継ぐ決意をした。しかし零細な農家にとって、家に残ることは分家として共食いに等しい状況を作り出すため、自分、そして家族にとって最良の道は家を出ることだと決心した。父親の死により、渡部氏は守られた存在ではなくなり、農村の経済と貧しさを肌でしることになったのである。

　渡部氏は家を出て、1941（昭和16）年に15歳で立川の陸軍航空学校に入学した。司令部偵察機を操縦し、特攻隊の仲間たちを誘導する任務に就き、渡部氏は「つらかった。哀しかった。…（中略）…その私の心の中で、つねに消えなかったのは、同じ仲間の、十代の少年たちが『死』を前にして叫ぶ、人間のせつない悲しいまでの雄叫びだった」（渡部、1987、p.4）と記述されている。

　そして渡部氏は、「戦争が終わり、生きて帰ったというのに、『つらく、悲しい』思いがどうしてもまっすぐ『家』に入れず、近くの町に一泊して、翌日ようやく家に帰った。…（中略）…誰よりも私の帰るのを待っていてくれた育ての母、祖母は、高齢で、腰が90度のように曲がった小さな身体

第6章 身につまされる思いと調査による掘り起こし

をのばしながら、茫然と立ちすくむ私を『よく帰ってきた』『夢のようだ』『ご苦労だった中に入れよ』」と、生還と家族との再開を果たした。妹が昨日、渡部氏をみかけたことに対して、「なぜか、私は泣けて仕方がなかった。『申し訳なくて、帰れなかったのです』」と説明するしかなかった。なかでも祖母の暖かさが、「雲をみるたびに、敵機におそわれるような恐怖感におびえる私を、人間に引き戻してくれ」（渡部、1987、p.5）、祖母が後に渡部氏が高齢者福祉に取り組む原点の原点となった。渡部氏は祖母をみるたびに、戦死した仲間たちをそれぞれの祖母から奪っていった戦争と、それに耐えて生きている東北農村の悲しい、痛ましい姿を実感するようになり、東北農村を貧しさや戦死した仲間たちのうめき声、貧しい農村出身者の悲しい、いたましい姿から解放することと、社会福祉の実践がつながっている、と考えるようになった。

　このような渡部氏と家族との生活は、渡部氏が19歳の頃に姉の一人が渡部氏の瞳に敵を射落とすような殺気を感じ、側にいるのがこわいともらしたことをきっかけに、再び中断した。帰る場所であった家族でも戦争の傷跡がみられたため、渡部氏のなかで「俺はどこに帰ればよいのだ」という葛藤が生じ、「ここから逃げたい。脱皮したい。こわれてしまった人間性を復活させたい」との思いに駆られて、渡部氏は働きながら進学した。その間に幼馴染や兄が死に、その際に感じた、人間の生命を侵す東北の貧しさや戦争への怒りが、渡部氏の人生を導いていった（渡部、1987、pp.5—9）。

2　社協への就職と調査による問題の掘り起こし

（1）調査との出会いと山形県社協への就職

　1948（昭和23）年に弁護士を夢見て上京した渡部氏は、浮浪者や浮浪児、闇市などの東京の貧しさを目のあたりにして、戦争がもたらす悲惨な生活

169

と農村、都市のつながりを悟り、行政や権力の道を避けて社会事業の道を選び、専門学校（途中から日本社会事業短期大学）に入学した。当時は前述の重田信一氏が教鞭をとり、調査に行ってはその日のうちに結果を話し合い、まとめるというユニークな手法によって教育が行われていた。渡部氏は、重田氏の教育や農村社会学の受講をきっかけに調査に関心をもつようになり、卒業後、重田氏が渡部氏を松田氏に紹介して、渡部氏は1951（昭和26）年5月14日の山形県社協設立総会の日に県社協に就職した。渡部氏が社協に就職したのは、社協で調査にかかわる仕事ができるからであった。

渡部氏は、自らの体験をふまえつつ、農村の変貌と社協活動について以下のような時期区分を用いて説明されている。「第1期　社協創設と戦争の後始末的な援護活動期（1951（昭和26）―1960（昭和35）年まで）」は、徴兵や外地から帰ってきた人が増加し、食糧や物資の窮乏、人身売買、欠食児童、そして前述の吉島事件などに対して、社協は戦争の後始末的な援護活動と開拓地や無医村での活動を指向した。「第2期　高度経済成長政策と住民主体の運動期（1960（昭和35）―1974（昭和49）年まで）」は、過疎化と「三ちゃん農業」から「二、一ちゃん農業」へ、出稼ぎの増加、農家の兼業化がみられた時期である。そして「第3期　農村の荒廃と地域福祉台頭期（1974（昭和49）年―現在まで）」は、農家の経済が厳しくなるなかで社協が高齢化と地域福祉、在宅福祉などの課題に取り組んだ時期である（渡部、1985、pp.122―123）。

渡部氏は「第1期　社協創設と戦争の後始末的な援護活動期（1951（昭和26）―1960（昭和35）年まで）」には、社会福祉の総合調査を通じて被差別部落の住民の生活実態をしり、差別への憤りと調査の重要性を感じた。また吉島事件や親が知的障がい児を家の柱にしばりつけて留守にしている間に火事になり、知的障がい児が焼死した事件、「山には医者が誰も来てくれない」という無医村の親の嘆きに出会う過程で「なんでこんな形で、人

間の生命が奪われていくのか。なんで、同じ人間が、こんなに差別を受けなければならないのか」を凝視するようになり、社会福祉の道を歩み続けてきた（渡部、1987、pp.10—12）。戦後の援護活動として引揚者を迎えに行ったときの、地獄図さながらの光景は渡部氏に、人々の怒りや悲しみ、苦しみにかかわることに関心を傾けさせた（渡部、2005、p.82）。

（2）「調査と話し合い」による地域組織化

　渡部氏は「第2期　高度経済成長政策と住民主体の運動期（1960（昭和35）—1974（昭和49）年まで）」には、県内の市町村で調査を行い、問題を掘り起こして地域組織化活動をすすめた。地域組織化活動をすすめるためにはまず足がかりが必要であり、渡部氏たちは調査を通じて、農民の国や自治体の政策への不信感や、行政から「やる気がない、衛生思想がない」と決めつけられた住民のことばの裏に隠された苦悩を引き出したのであった。

　また調査は、社協職員が住民の生活のなかに入り、信頼を得るための方法でもあった。社協職員は、調査と話し合いを通じて掘り起こした地域住民の不満や怒りを抽象的なままで終わらせないために、具体的な共通課題を設定し、実践へとつなげていったのである。このような不満に焦点をあてる地域組織化は、「第4章　社協の設立と保健福祉活動への展開」で示した、ロスのコミュニティ・オーガニゼーションの原則に該当するように思われる。

　このような調査からはじまる地域組織化によって、山形における住民主体の社協活動が形成されたが、渡部氏の回想によると、ある日突然住民主体ということばが出てきたのではなく、社協がすすめてきた運動を振り返ってみると、その過程こそが住民主体だったようである。

　そして住民主体を貫こうとすると、行政との軋轢が生じることもあった。住民が先行すると行政との対立が生じ、行政機関・関係機関はそのような

場合にワーカーの責任を問うという、旧い体質をひきずっていた（渡部、1985、pp.129—130）。中央集権を盾にした統制主義・画一主義や住民の多様なニーズを組み入れられないセクト主義、住民の参加を受け入れられない古い体質をひきずる行政にとって、住民主体は受け入れ難いものだったのである。そして住民の側にも、意識のなかに根深く残る上位下達の思想や社会福祉に対する慈恵的思想、生活者としての主権を主張できない古い体質という問題があり、社協もまた構成メンバーのなかの古い意識や体質と運営の問題に苦悩していた（渡部、1993、p.127）。住民主体とはきれいなことばではなく、上記のような壁を克服するための社協の現場の地道な努力によって、構築されてきたのである[1]。

渡部氏は山形における社協活動について、以下のように述懐されている。「東北の中では貧しさのために娘を売らざるを得なかった老人の悲しさと貧しさの中で子どもたちを兵隊にやらざるを得なかった悲しみが繋がってしまい、それをひっくるめて東北における老人の歴史的怨念と考えた訳です…（中略）…こうした問題では調査というものが不可欠になってくるのです。援護活動はしかたがない、でも問題は娘の身売りとか、学校に行けない子どもたちや次々と死んでいく子どもたちの問題であり、それを調査によって掘りおこしていくという社協本来の活動をすすめた訳です」（渡部、2001、pp.85—86）。

松田仁兵衛氏と同様に、渡部氏もまた戦争の反省と農村の貧しさを経験し、地域住民の貧しさやうめき、怨念に共感し、「身につまされる思い」を感じたことが、調査からはじまる住民主体の社協活動につながっていった。そして渡部氏たちが調査で問題を掘り起こしたことによって、地域住民の間にも身につまされる思いや危機感が芽生え、住民主体の地域福祉活動が展開したのであった。

第6章　身につまされる思いと調査による掘り起こし

第Ⅱ節　農村の貧困と身につまされる思い

1　調査による問題と農民のうめきの掘り起こし
　　―西村山郡西川町小山地区の記録から―[2]

（1）山間地における貧困と保健福祉問題

　それでは渡部氏などの山形県社協の職員はどのようにして調査を行い、問題を掘り起こして、地域住民の身につまされる思いや危機感に火を点けたのであろうか。以下の事例は、調査によって世間から隔絶された貧困な農村のうめきを掘り起こし、地域住民による主体的な保健福祉活動が展開したことを物語っている。

　小山地区は、町役場から13km離れた山奥に96世帯、553名が広大な地域に散在している県内でも典型的な僻地で、冬は豪雪にみまわれ、陸の孤島となってしまう。地区のほとんどが山間地のため、耕地の利用も困難であり、一戸あたり平均70aという零細農業で、所得も低い。したがって、林業と出稼ぎとによって生計が支えられている。住民の生命を守る医師はおろか、保健婦や助産婦（当時）すらおらず、小さな小学校と農協が、住民にとって唯一の資源として活用されている。

　1960（昭和35）年春に小学校に赴任した教員が、児童の体位の低いのに気がつき、寄生虫の検便をしてみたところ保有卵者が多いことが判明し、保健所の協力を得て、寄生虫駆除モデル地区に指定を受けたこともあった。

（2）生活の貧しさと保健福祉水準調査による問題の掘り起こし

　1962（昭和37）年5月に移動厚生省と銘打った、保健福祉水準調査がこの地区で開催されることになり、事前調査が残雪深い4月に実施された。

173

事前調査は医師、保健婦、県衛生・民生部関係職員、町、県社協職員など約10名で民泊しながら1週間にわたり全戸訪問という大がかりなものであり、移動厚生省には、厚生省公衆衛生局長を団長とした国、県、町関係者一行40名が現地を訪れ、家庭訪問や福祉相談、健康相談映写会などが実施された。これには全世帯が参加した。
　調査班一行の実地調査は、以下のような生活の貧しさを浮き彫りにした。「この雪の下に、2、3年前作った開拓農道があるのですが・・・向山にいたる道は、雪また雪である。冬季間はこの道はほとんど通れず、中には無電灯地区もある。小山には、農協支所と、タバコ屋、酒屋、駄菓子屋が1軒づつ点在しているのみであり、これらの商店は店舗のかまえをせず、室内にそれぞれの商品をおいてあるだけである。その収入だけで生活している世帯もない。冬季は積雪のため、他から商人の入りこむすべがなく、経済を自給自足の体制におかざるを得ない結果にしている。調査期間中3人の配置売薬行商と出合った。最高3万5000円を筆頭に、そのほとんどが、多額の配置売薬費を支出している。正当の医療費よりも、配置売薬費が多いというのは、国民皆保険による国保加入がはかられて居りながら、その恩典を受けられない。
　途中中学生と出合った。この子どもたちは、朝5～6時ごろに家を出て、3時間近くも歩き続けて来たのだ。ある家で「お産や急病の際はどうしますか」との質問に対し、「ちょうどそこの学校から電話で医師や助産婦を呼ぶのだ」と答えてくれた。ちょうどそこに学校があるというから、さきほどの女のことばからしても、やはり1kmも離れているのかと思いながら、その距離をたしかめたら、これが何と4kmもあり歩いて50分もかかることには再び驚いた。次の家では60歳程の女性が私たちを待っていた。この女性は話が好きで私たちを楽しみに待っていたという。部屋の明るさは10ルックス位で、部屋の中央に大きな「いろり」がすえつけてあるが、床が半分から完全に折れてしまつている。この家には畳はなく、25枚のむし

ろの上で10人の家族が生活する。大部分の人は月に1片の肉すら食べない人達である。

（3）育成協の指定と保健福祉活動の展開

　この保健福祉水準調査から、労働のきつさ、児童の体位の低さ、病気にかかる人の多さなどの問題点が明らかにされ、中央育成協より推進地区の指定を受けた。指定3年目には、諦めを超えて「保健福祉活動推進委員会」をつくり、4つの活動部門（保健文化部門、寄生虫予防環境衛生部門、食生活改善部門、児童福祉部門）をつくり、保健福祉活動を行った。この地区では井戸水を飲料用にしていたため、寄生虫の撲滅のために保健所の協力を得て各戸の水質検査を実施し、約70％もの家庭が不適当な水を使用していることが判明した。地区の人たちは保健所等の指導を得て簡易水道を設置した。また子どもの体位が低い（たとえば38年度では小学6年の女子が本県平均より9cmも低い）問題を食生活改善部が取り上げ婦人会や若妻会と共同で保健所の栄養士（当時の名称）や町の保健婦（当時の名称）を講師にして数回にわたる栄養講習会を開いた。中学生は6kmもの坂道を通学しなければならず、疲労が学業に影響していたため、地域住民は「せめてバスだけでも」と陳情を重ね、朝夕2回通学用のバスを地区で借り切り、運行することになった。その借上げ料は利用者と地区費で負担した。さらに保育所の設置要望がきっかけとなり、児童館を建設するまでに至った。

　報告書では「雪にとざされた私たちの村は、大きなほら穴にでも入った様な気がする。出入口は2本の道で、一列に並んでようやく入れる位の入口の様なものです」「村を去って都会に行く人びとの話を聞いた時、心にさみしさを感じます。出来たら私達も、1人だけの男手を出稼ぎに出し、こんな大雪の中で寝ても起きても雪の心配。それより雪の降らない都会へ一刻も早く引越しを……とは誰でもが考えてみることではないでしょう

か」という住民の記述が印象に残る。しかしこのような農村で、「ともかく、俺たちが、まず何かしなければ」という声があがるようになったのであった。

2　貧困への取り組みとしての保健福祉活動

（1）所得の不足に取り組む限界

　上述の調査は、所得を測定し、生活保護等の所得保障制度により解決を図るというものではなく、「保健福祉」という視角から貧困の保健福祉にかかわる側面を掘り起こして、地域住民が「できること」に取り組むものであった。なぜ低所得にかかわる調査ではなく、保健福祉調査だったのだろうか。

　上述の事例、そして当時の山形で、所得の不足にかかわる貧困がなかったわけではない。1969（昭和44）年には山形の県民一人あたりの所得は36万3500円と、全国平均44万200円の86％にすぎなかった。また農家の所得は1970（昭和45）年度には一戸平均131万8700円と上昇したが、農業所得は減少しており、出稼ぎなどによる農外所得への依存度が高まっていた。山形県の保護率は他の東北6県、あるいは全国平均より低かったが、庄内支庁や西置賜、東置賜、南陽市など、保護率が15～19.9‰に達する地域もあった。そして後に示す「表6—1　山形における保健福祉地区組織活動指定地区の活動概要一覧」に記載されている保健福祉活動を実践した市町村のなかにも、442世帯中給与所得者以外で所得税を納税しているのは5～6世帯のみという町や、保護率が31.7‰の町、1世帯平均の借金が70万円の地域が含まれていた。

　しかし所得の不足（貧困）という側面を地域組織化によって解決しようとすると、生活保護にかかわるスティグマがあり、地域の助け合いで解決するには問題が大きすぎるため、地域住民の参加を得ることが困難になる。

それゆえに「保健福祉」と視角を変えて貧困のなかでも保健衛生の側面を取り上げたのであった。

（2）貧困への取り組みとしての保健福祉活動

　上述の事例で、調査を通じて掘り起こした保健衛生にかかわる問題が取り上げられ、水質検査や簡易水道の設置、栄養講習会などの活動につながったのは、山形の農村では所得の不足に加えて、保健衛生や生活環境もまた地域住民に共通の切実な問題だったからである。この事例以外に保健福祉活動を実践した地域でも、住民の45％が過去1年に病気にかかった、寄生虫保卵率は80％、トラコーマ疾患率は72.2％、という記載が散見されていた。

　田端光美氏は、農山村の生活形態で「最小限充足されなければならないものを考えると、次のように分類することができる。①労働力の保全と再生産を維持するための病院・保健所その他母子健康センターなど、および上水道設備、②国民の基本的権利を保障し、労働力の資質を高める教育施設、③住民が個人的消費を円滑に行うために共同利用する道路・交通手段・通信手段、④住民の健康で文化的な最低生活を保障するために必要な社会福祉施設などである。この最小限の社会的消費手段さえ、従来から未整備であった上に、いま過疎化の影響が現実に住民の生活に及ぶことによって、いっそう問題となってきたのである」と記述されている（田端、1982、p.139）。当時の農村においては、所得の不足という貧困はもちろんであるが、保健衛生にかかわる問題もまた、地域住民にとっては切実な生活課題だったのである。

　農村社会学の知見によると、1960年代に農村、特に過疎地域は、所得の不足という貧困に加えて、①共同生活の維持困難化（消防力、冠婚葬祭、道路補修除雪共同水路の維持、負担金の増える電気導入、青年団活動などの困難化や親不在による子どもの放任、孤独感、意欲低下など）、②社会生

活維持の困難化（医者の不在、バス鉄道の不採算化による運休、減便、廃止、生活物資の入手困難、都市的便益享受水準の低下）、③教育効果の非効率化（学校の小規模化、統廃合、寄宿舎の必要、通学の遠距離化、複式学級化、教育実数減と免許のない教員の増加、校舎維持管理費の割高化）、④公共投資利用の非効率化（診療所、保育所、公民館、児童館などの利用者減、投資の経済効果の稀薄化、し尿・ゴミ等の処理の非効率化）、⑤財政の悪化（町民税の減収、健康保険財政の悪化）、⑥産業環境悪化（労働力の量質低下、後継者不足、経営の粗放化と生産性の低下、農業共同施設の利用低下、商業等の販売高の低下）など、幅広い社会問題をかかえていた（高橋、1973、p.184）。

　貧困を所得の不足と限定するならば、事例であげたような活動は貧困に対応する地域福祉活動には該当しないかもしれない。しかし貧困を「福祉に欠ける状態」と幅広く解釈するならば、保健衛生にかかわる問題も上述の「②社会生活維持の困難化」に該当し、それらの問題への取り組みもまた、貧困に対応する地域福祉活動に該当するように思われる。

3　貧困の質的な側面と農民の「うめき」

（1）農民の「うめき」が生じる構造

　私は、報告書で記載されていた農村の閉塞感や孤立感は、貧困の質的な側面である「うめき」をあらわしていると思う。このような農村の貧困や「福祉に欠ける状態」、「うめき」が生じる背景には、第2次世界大戦後に限っても以下のような構造があった。

　農地改革により自作農を含めて総農家数は増えたが、国は工業化による経済の発展を重視し、農業への公共投資は削減され、補助金も融資に切り替えられるなど、農政は後退した。一定の土地や経営規模を確保できずに貧農化した農民のなかには、機械化によって生産性を上げるために借金を

して、その返済に苦しむ者もいるし、都市の低賃金労働者確保の要請に応え、自らも現金収入を確保するための出稼ぎに行く者もいた。また「三ちゃん農業」ということばに代表されるように、「嫁」と呼ばれた女性に矛盾が集中させられることもあった。その後農村では兼業化がすすみ、農村の課題は所得格差の拡大を経て後継者の転出、高齢化へと変化していった（安原茂、1973、pp.57—58、p.62、山本、1973、p.119、124—125、高橋明善、1973、p.176）[3]。

（2）身につまされる思い、うめきと住民主体

　農村の貧困が上述のような構造の下で生じるなかで、なぜ地域住民が「ともかく、俺たちが、まず何かしなければ」と主体化したのだろうか。その一因は、「対象と機能に関する仮説」で述べたように、保健福祉活動が貧困の質的な側面にも働きかけ、精神面での必要を充足したことにあるのかもしれない。

　住谷一彦氏は「共同体の史的構造論」において、日本の農村では、土地や水の管理を通じて共同体は「人」の「自然」に対する闘いとしての権力共同体であり、強制という側面をもつことを指摘した（住谷、1994＝1963、p.330）。調査によって掘り起こした保健福祉にかかわる問題が、農村の権力関係の下で問題の解決に向けた取り組みにつながったのは、有力者も含めた地域住民全体がその問題を共同体の危機として認識し、身につまされて、解決する必要があると感じたからであろう。

　増田四郎氏は「都市の空気は人間を自由にする」というヨーロッパの原則を日本に紹介したが（増田、1968、p.218）、それとは対照的に互いに顔がみえ、運命共同体的な性格をもつ農村の集落で身につまされる思いが葛藤を超え、住民主体の保健福祉活動が展開したのは、調査が問題を掘り起こすのにとどまらず、貧困の質的な側面である「うめき」に火を点けたからではないだろうか。

（3）貧困の質的な側面と保健福祉活動の意義

　山形における保健福祉活動は、後に示す「表6―1　山形における保健福祉地区組織活動指定地区の活動概要一覧」で示すように、所得の不足という貧困問題を解決できるような性質のものではなかった。それゆえに社会政策や社会福祉政策の視点から保健福祉活動を評価するならば、保健福祉活動には補充性はおろか代替性さえも認められないであろう。

　しかしこの表の「活動における変容、課題、その他」の欄には、保健福祉活動が地域住民の「お金の必要」以外の精神的な必要を充足したことに関する記載が散見される。調査によって問題を掘り起こし、農民のうめきに火を点けて成立した地域福祉活動が農村の閉塞感や孤立感などの貧困の質的な側面に働きかけ、精神的な必要を充足したのかもしれない。

　今日の日本ではもはや、農村部を除くと共同体的なつながりは残存していない。そしてかつてのアメリカのコミュニティ・オーガニゼーションや山形の保健福祉活動のような、不満や怨念、うめきに火を点けた地域組織化は、成立するのであろうか。

第6章　身につまされる思いと調査による掘り起こし

表6-1　山形における保健福祉地区組織活動指定地区の活動概要一覧

社協名	活動の要点	期間内にできた社会資源	活動における変容、課題、その他
山形市	①成人病対策 ②子どもの健全育成 ③川にごみを捨てない運動		全国環境衛生大会で推奨、活動の困難な官庁街に北斗会中心で展開、市社協に保健福祉部会設置
川北町	①保健福祉問題地図を作成 ②婦人の健康の集い		組織的な活動と福祉の結びつき
余目町	①お母さん9時運動 ②農繁期にやせない運動	期間後、公民館＝地域の総合センター	日常生活の規律ができ秩序を守る、町社協独自の指定
宮内町	①カ・ハエをなくす運動 ②健康大学		全国推奨、県広報誌で記録映画作成（ヘルスパトロール）
白鷹町	①病気になるまい運動 ②食生活改善運動	荒砥高校家庭クラブ	共同保健計画の立て方に示唆
西川町	①病気になるまい運動 ②通学バス(道路整備) ③児童館建設	②朝夕バスが運行 ③児童館建設センター	バスは町中心部との交流をよくし、生活への意欲をもたらした
羽黒町	①過労・病気・栄養の問題 ②子どもの放置 ③出稼ぎから派生する問題 ④経済基盤の確立(生産増) ⑤食生活改善・共同購入 ⑥健康診断	②季節保育所の設置 ④農業指導者の配置	暗く口をつぐんでいた人々の心が、明るくいきいきとなり、他の開拓地への大きな励みとなる、世帯更生資金の導入、開田への取り組み
大蔵村	①病気になるまい運動 ②診療所設置運動 ③バスの迂回運行 ④牛乳の運搬	②克雪センター(診療所) ④牛乳運搬パイプ設置	会費を出しあって自主運営、保健福祉地区推進協議会が地域の自治の中心となって統括
遊佐町	①自分たちの生活はじぶんたちで守ろう(健康診断、食生活改善、環境衛生の整備、寄生虫駆除、交通事故防止)	地域の公民館	国道をはさんで住民感情の対立があったが、地域災害復旧と本活動のなかで対立感情がうすれ、協力しあうようになった

181

和郷村	①病気をなくし、健康ですみよいくらしを ②入り水廃止運動		住民意識が高まり、住民の力が結集されるようになった
山辺町	①健康と生活を守り高める ②保育所設置運動 ③冬期間の道路の確保	母子健康センター 季節保育所 県の除雪道路に指定	季節保育所から常設保育所への願い
尾花沢市	①出稼ぎ問題 ②食生活改善 ③健康診断		
小国町	①食生活改善 ②環境衛生 ③健康診断 ④飲料水の検査	へき地保健福祉館	老人クラブ活動推進への呼びかけ運動、過疎地の拠点集落
鮭川村	①食生活改善 ②健康診断 ③道路の整備・除雪 ④寄生虫駆除	共同保健計画	自らの問題としての意識が芽ばえた
飯豊町	①蚊・ハエの追放 ②食生活の改善 ③成人病対策 ④寄生虫駆除 ⑤遊び場づくり		指導者が20歳代と若く、期待大きい 町全体での保健福祉研究集会を開催し、町全体の意識を盛り上げた
八幡町	①食生活の改善 ②母子・成人病対策 ③環境衛生の整備	共同保健計画	地区衛生組織が強化され、意識も高まった
鶴岡市	①成人病対策 ②食生活の改善 ③全員結核検診を受ける	指定前－保健福祉指導員 血液たすけあい銀行	日常生活意識のなかに定着
村山市	①健康を守る ②事故防止と健全育成		社会福祉研修大会
東根市	①環境衛生 ②子どもの遊び場		
高畠町	①飲料水の確保 ②病気・食生活改善		町社協独自の指定地区活動への取り組み

第 6 章　身につまされる思いと調査による掘り起こし

上山市	①私たちの栄養は私たちで守る(食生活改善) ②私の健康は私が守る		記録と話し合い 病んでいる村からの脱出
最上町	①食生活改善 ②保健衛生 ③環境衛生		婦人主体から保健福祉問題を農業生産面に結びつけることによって男性の参加を得る
寒河江市	①環境衛生 ②生活改善運動 ③交通事故防止 ④児童遊園づくり	保育所 カーブミラー、信号機 期限後 遊園地、歩道橋、消雪機	地区社協の結成 他地区への波及
藤島町	①老人福祉(検診、学習)	公民館改築 老人福祉文庫	
戸沢村	①交通事故防止 ②ごみ処理	児童遊園	
川西町	①食生活改善 ②成人病対策(健康相談、健康講座) ③婦人労働と健康(生活時間の調整、手ぬぐい体操)	生活改善センター、保健福祉館	飲料水の問題 後継者の問題
天童市	記載なし	記載なし	記載なし
温海町	記載なし	記載なし	記載なし
長井市	記載なし	記載なし	記載なし
朝日村	記載なし	記載なし	記載なし

※この表は、山形県社協が 1975（昭和 50）年 3 月 11 日付けで作成した資料を、森田泰代さん（当時金城学院大学学生）にアルバイトとして入力していただいたものである。また、市町村名はいずれも当時のものである。

183

第Ⅲ節　心を動かす「調査と話し合い」の実践

1　「調査と話し合い」による住民主体の保健福祉活動

（1）地域の特徴と背景

　それでは調査を実施して問題を掘り起こせば、自動的に身につまされる思いに火が点き、地域住民による主体的な地域福祉活動が展開するのだろうか。以下の事例は、農村のうめきに火を点け、心を動かしたのは、調査が単独ではなく「調査と話し合い」という方法で用いられるから、住民主体の保健福祉活動が展開したことを示唆している。

　山形県の羽黒山開拓村は羽黒町の東南に位置し、東は月山よりつらなる出羽丘陵にある。交通は鶴岡駅から羽黒山頂までバスで1時間20分。この月山台地に入殖して12年が経ち、地域の生産業は陸稲づくりが全体の95％を占めている。82人（19世帯）の人口のうち、被保護世帯3世帯、要保護世帯15世帯と、この集落で貧困は大きな課題であった。羽黒山では、これまで社会福祉や保健衛生および社会教育に関する機関や団体がバラバラな形で開拓地を指導してきたが、上からの指導のためか問題が解決せず、行政機関は地域住民の衛生思想が低い、住民の意欲が乏しいと考えていた。

（2）調査活動による問題の把握

　1962（昭和37）年に保健福祉地区組織活動推進地区への指定の動きがあり、社協職員は現地から保健福祉問題の実態を学ぶために研修会を開いた。しかし現地の住民から「俺たちの問題？悩み？そんなことを聞いてなにすんだ。第一、政府はいままでになにをやってくれたんだ」といった開拓行政

などへの怒りを浴びせられてしまった。再び県社協の職員が現地を訪れると、地域住民は子どもがひと冬じゅう風邪をひきっぱなしである、蚊が多くて子どもが皮膚病に悩まされる、保育料が高い、働いた後に体がだるい、入植するときの借金の返済が大変、皆で話し合って解決すべきだということはわかっているが、生活に追われてしまう、などが身近な問題だと語ってくれた。

1963（昭和38）年7月に保健福祉地区組織活動推進地区に指定され、町社協、住民課を主軸として保健課、振興課、学校、民協、婦人会、医師、部落からなる運営委員会が設置された。活動を羅列して計画を誇示するのではなく、住民の身近な問題で、誰でもやれる自主的な運動として地区に共通する問題を取り上げ推進することにした。まず地域の実態を明らかにするため、社協職員は住民の生活実態を把握するためにアンケート調査を行い、その結果を住民座談会で報告し、問題をなげかけていった。保健課も井戸設置状況および水質検査と病類別状況調査を、各学校も長欠児童生徒日数別調査を、住民課も要・被保護状況調査を、振興課も営農改善調査を実施した。

（3）話し合いによる調査結果の周知と取り組む課題の選択、役割分担、目標の決定

住民から出された問題は、①やぶ蚊、ハエが多く、駆除方法はないか、②借金があって困る、③食生活を改善しないとだめだ、④現地の無料健康診断が必要だ、⑤日用品の共同購入をしたらどうか、⑥農業経営の改善が必要だ、であった。そこで社協職員が「自分たちでできるものからやってみよう」と助言した結果、地域住民から、①冬期間を利用した婦人の集い（栄養料理講習会の開催と唄とおどり）、②井戸水質検査の実施、③日用品の共同購入の実施、④地域文庫の設置などが選ばれ、役割分担を決めてすすめていった。

（4）新たな活動計画の策定と実施

　地域住民はこれらの活動を通じて自信をもつようになり、翌年には以下のような計画をつくり、実行していった。①映画会等を通して生活に潤いをもたせる、②井戸水の環境調査を実施し改善を図る、③地域ぐるみによる清掃および消毒の実施。④住民座談会を数多く開催し、問題を出しあって対策を立てる、⑤児童遊園地の設置、⑥定期的な無料診断を実施し、病気の防止を図る。やがて住民は、作物の共同出荷や養蚕への着手といった新たな取り組みを自身の力ですすめていくようになった（日本社会事業学校連盟、1971、pp.186—201）。

2　心を動かす「調査と話し合い」

（1）心を動かす社会調査

　なぜ前述の事例で調査による問題の掘り起こしが、住民主体の保健福祉活動につながったのだろうか。それは調査結果が地域住民の身につまされる思いに火を点け、心を動かしたからであろう。故・松崎粂太郎氏は講義ノートである「社会調査論 Memo」において、Caradog Jones の"Evolution of social survey in England since Booth"を引用し、貧困調査の特徴の1つは「表面を貫き、かつ人間としての共通意識や感情によって、またその表現の人間的ふれあいという確かさによって、つかみとるような記述力により、現在の状態とその原因との間の相関関係の理解を助けるものであり、その結果過去の状況をそのままうちすてられず、慈善が改革されてきた。地域社会は、その地域の責任感において、以前より事態について責任感をよりするどく感じるような経験をする」と記述されていた[4]。地域福祉活動の推進につながる調査とは、上述のような「心を動かす」調査なのである。近年の社会調査では、統計的な検定や仮説の検証は洗練されたが、「心

を動かす」要素がどれだけ含まれているのかは定かではない。

　また松崎氏は、Matilda White Riley の"Sociological Research"を引用し、「社会学における社会調査は、理論を検証し、テストするという受動的な役割のみでなく、仮説の確認、反駁をはるかに超えた仕事を行っているのではないか。ここでは社会調査の能動的な役割を重視する。理論のより一層の発展をもたらすような機能(4つの機能)とは、調査は理論を創始し(掘り出し型)、作り直し、方向を変え(理論的焦点の転換)、明確化する(概念の明確化)である」と記述している。地域福祉活動の推進につながる調査とは、仮説の検証という科学的な目的の達成にとどまらず、能動的な役割を果たす調査なのである。

(2) 調査から話し合いへ

　上の事例で開拓農民のうめきに火を点けたのは、調査による問題の掘り起こしであったが、地域住民が実感している問題のなかから自分たちで解決できるものを選択し、活動につなげていったのは、調査結果を住民座談会で報告し、問題をなげかけたからであった。山形では、調査で問題を掘り起こすだけでなく「調査と話し合い」を一体で用いたから、地域住民が貧困を自分にもかかわる問題として認識し、身につまされる思いから、住民主体の保健福祉活動が展開したのである。渡部氏によると、山形では地域住民が調査員として参加し、住民集会を開いて調査結果を確かめるという工夫をこらして、調査と話し合いを実践していた（渡部、2005、p.85）[5]。筆者はこのような住民参加と結びつく調査の手法に、重田氏の社会調査についての教育の影響があるのではないか、と推察している。

　今日の地域福祉論では、このような調査は「参加型調査」と呼ばれている。和気康太氏は参加型調査の類型として、①利用者参加型調査、②自発型調査、③専門家参加型調査をあげられている（和気、2005、p.127）。次章では、本章で述べた問題を掘り起こす調査が、話し合いと結びついて地

域組織化の方法が成立し、社協職員が農村の貧困に対してその方法を用いることで、身につまされる思いが地域住民に広がり、「できる範囲の活動が芽生える」という本研究の仮説を検証したい。

第 6 章　身につまされる思いと調査による掘り起こし

（注）
1) 筆者は本研究全体では、住民主体と社協、行政との関係について「社協の側から語られ、記録された歴史」の考察にとどめ、厚生労働省や山形県庁、フィールドワークを行った市町村社協の職員へのインタビューは実施しなかった。当時の職員のなかには故人となった方も少なくはなく、ご存命の方にも 1960 年前後の社協活動や社協基本要項、住民主体原則についての見解を伺うことが、現実的とは感じられなかったからである。
2) 本節の記述は、西川町小山地区保健福祉活動推進委員会山形県保健福祉地区組織育成連絡協議会「たかまる意識・いぶく活動─へき地の住民活動─」を要約したものである。
3) 篭山京氏は「戦後日本における貧困層の創出過程」（東京大学出版会、1976 年）で、農村における貧困化と日雇い層の形成を分析していた。篭山氏等が調査を行った北海道の和寒とは農業経営の事情は異なるが、山形でも農村の構造的な貧困のもとで出稼ぎに行った農民が、山谷で日雇い労働者となり、都市の貧困に組み込まれるという、農村の貧困と都市の貧困をつなぐ経路が存在したのかもしれない。また今日では山間地で、高齢者が生活を維持することが困難で、地域社会の存続が危ぶまれる「限界集落」が注目されるなど、近郊農業が成功した地域を除くと、農村の「うめき」はなくなっていないように思われる。
4) 筆者が故・松崎粂太郎先生の講義ノートである「社会調査論 Memo」を手にすることができたのは、川上昌子先生のご厚意による。川上先生に感謝申し上げたい。なお松崎氏のノートには、「いかなる国においても、その国の実質的な富は、重要度の順序でいうならば、第一に住民、第二に自然資源とアメニティ、そして第三にその国内における人間の豊かに産み出される知的生産物と労働生産物」という記述がある。これは、地域住民にできることが最大の資源であるというコミュニティワークの価値と一致している。
5) 渡部氏は 1998 年 8 月 26 日の渡部氏からの聞き取りにおいて、当時県社協が調査を行う際に、研究者は調査に科学性を求めるため、住民がどう感じたかについてはそれほど重視しないが、住民参加による調査では、型通りでなくともその場で現実に対応し、仮説をその場で修正する、あるいは仮説をもたずに現地に行き、その場で住民に報告会をして住民の声を聞きながら、現地で仮説を形成するなど、地域のニーズを掘り起こす過程での動態的調査が有効であったと、述懐されていた。

第7章
地域組織化の成立と「調査と話し合い」

第Ⅰ節　本章の目的と方法

1　本章の目的と構成

（1）本章の目的

　前章では農村の貧困の構造と内容、そして身につまされる思いに調査で火を点けることによる地域住民の主体化について分析した。そして本章では、調査と話し合いという方法を用いることによって「貧困を自分にもかかわる問題として認識し、身につまされる思いから貧困に対応する地域福祉活動が広がってゆく」という、「貧困に対する危機感（身につまされる思い）による住民主体の生成」についての仮説を検証したい。

（2）本章の構成と用いる資料について

　「第Ⅱ節　調査と話し合いによる地域組織化の事例（余目町社協）」と「第Ⅲ節　リーダーの支援とインターグループ・ワーク（宮内町足軽地区）」「第Ⅳ節　調査と話し合いから『つなげる実践』へ（白鷹町社協）」では、「表7—1『やまがたの保健福祉』一覧」で示した「山形の保健福祉」というシリーズのなかでも、地域組織化の過程と技術が詳細に記録されてい

た3つの事例を分析し、上述の仮説を検証したい。

そして「第Ⅴ節　貧困と保健福祉活動—調査と話し合いという方法—」では、「表7—1『やまがたの保健福祉』一覧」で示した「山形の保健福祉」で記載された事例から地域組織化の方法について整理し、地域組織化の方法のなかでも「調査と話し合い」によって、貧困に対応する地域福祉活動が展開したことを検証したい。

2　事例分析の枠組みについて

（1）身につまされる思いに火を点ける地域組織化の技術

　上述の仮説のなかでも「貧困を自分にもかかわる問題として認識し、身につまされる思いに火を点ける」のは、調査と話し合いなどの地域組織化の技術である。

　日本の地域組織化の方法の原典である重田信一他「コミュニティ・オーガニゼーション」（若林龍夫編『社会福祉方法論』新日本出版社、1965年）では地域組織化を「地域社会を、それを含むより広域社会によって是認された望ましい方向に向かわせ、発展させるために、ワーカーによって使われる専門的な方法」と定義し、地域組織化の技術として以下のようなものをあげていた（重田、1965、p.182）[1]。

・地域診断：カーターの4大項目：人口分析、社会構造と地域内の組織、
　　　　　　社会資源、歴史と背景。
・調査：大規模な調査を一般化することは困難なため、地域社会に問題が
　　　　あることを証明し、説得力があり、裏づけとなるものであれば、
　　　　アンケートや座談会、踏査など柔軟な方法でよい。
・広報：今日でいう福祉教育。
・集団討議・話し合い：すべての手順で用いられる。
・リーダーの発見と支援：直接参加に限らずインターグループ・ワークに

第7章　地域組織化の成立と「調査と話し合い」

表7-1　「やまがたの保健福祉」一覧（山形県社協発行・所蔵）

1	山形の保健福祉〜辺地編 N.O.1〜
2	山形の保健福祉〜辺地編 N.O.2〜
3	町内会と保健福祉活動〜宮内町足軽地区事例〜＊
4	社協がとりくむ調査活動
5	山を拓く人たち〜開拓地の保健福祉活動〜（羽黒町）
6	へき地における保健福祉の地域活動〜事例（西川町）
7	保健福祉地区組織活動の課題〜指導者研修会報告〜
8	たかまる意識・いぶく活動〜へき地の住民活動〜（西川町） 辺地に生きる子どもたち〜羽黒山開拓地の活動から〜（羽黒町）
9	農村における地域ぐるみ活動〜農村の保健福祉活動〜（余目町）
10	わたしたちの町づくり〜保健福祉活動の事例〜（白鷹町）＊
11	蒲生田地区のくらしの調査（和郷村）
12	高まる意識・いぶく活動〜大蔵村沼の台地区活動事例〜
13	辺地における保健福祉活動〜みんなでこの問題を考えてみよう〜（西川町）
14	私達の生活は自分たちで守ろう〜遊佐町下藤崎地区活動事例
15	農村にめばえた自主活動〜和郷村蒲生田地区の活動事例〜
16	辺地におけるくらしと保健〜曲川地区保健福祉調査から〜（鮭川村）
17	白川地区のくらしと保健〜飯豊町中津川地区〜
18	住民の福祉をすすめるために〜作谷沢地区の事例を中心に〜（山辺町）
19	欠番
20	住民の福祉と地域活動のすすめ方〜鮭川村曲川地区のとりくみと課題〜
21	保健福祉活動と住民意識〜小国町玉川地区活動の評価〜
22	田沢地区の住民意識〜高畠町二井宿地区〜
23	八幡町の活動事例〜重点活動地区新出地区の歩み〜
24	地区組織活動推進指定地区指導者研修会報告書
25	たちあがった住民たち〜余目町落合地区の活動展開に学ぶもの〜 －コミュニティ・オーガニゼーションの実際＊
26	健康を守る住民運動〜大山地区社協活動に学ぶもの〜（鶴岡市）
27	私たちの福祉を高めるために 〜小倉・権現堂・棚木地区保健福祉実態調査報告書〜（上山市）
28	地域の自主的な福祉活動をすすめるための地区診断〜寒河江市南部地区〜
29	明るい地域づくり保健福祉地区組織活動〜村山市大久保新宿地区〜
30	へき地における自主活動をすすめるための地区診断〜川西町東沢地区〜
31	私たちの実践活動〜小倉・権現堂・棚木地区保健福祉指定活動の記録〜
32	保健福祉問題の住民意識と自主活動展開への地区診断〜温海町槇代地区〜
33	住みよいむらづくりのための自主活動をすすめるための地区診断〜長井市大石地区〜
34	インフレ下における住民生活防衛運動

注1：1962年から1974年に刊行されたと思われる。
注2：＊は事例分析に用いたものである。

193

より、代表の参加を通じて進められることもある。

・評価：過程の評価とサービスの評価。

　本章では、それぞれの事例で社協職員が上述のような地域組織化の技術を用いることによって、地域住民が貧困を自分にもかかわる問題として認識し、身につまされる思いに火を点けられて主体化したことを分析したい。事例分析では、地域組織化の技術が使用された箇所に下線を引き、用いられている技術を示している。

（２）地域住民の主体化と地域組織化の過程

　地域住民が主体化し、貧困に対応する地域福祉活動を展開するという行為は、地域組織化の技術によって生じた「過程」にあたる[2]。重田氏等は前掲の論文で、地域組織化の過程について以下のように整理している。なお地域組織化の過程は、以下の手順通りではなくても、省略されたり、繰り返されたりする（前田、1965、pp.193—218）。

準備段階
手順1　調査活動によって問題を把握すること。
手順2　地域社会にニードを周知せしめ、住民に対して活動の動機づけを行うこと。
手順3　解決活動の課題として取り上げるべきニードを決定するよう援助すること。
手順4　取り上げられたニードに関係をもつ人を選び出し、活動に組み入れること。
手順5　解決活動の具体的目標を決定すること。
手順6　解決活動計画を策定すること。費用や実現可能性、短期間の目標と長期間の目標。
手順7　計画を実施すること。

筆者は本章で、それぞれの事例で上述の過程がどのように展開して、地域住民による主体的な福祉活動が生成したのかを、事例分析を通じて明らかにしたい。

第Ⅱ節　調査と話し合いによる地域組織化の事例（余目町社協）[3]

1　準備段階と地域診断

（1）県社協から町社協への働きかけ

　1961（昭和36）年当時山形県では出稼ぎが増え、「三ちゃん農業」といわれはじめていた。また乳児死亡率も高かったため、県社協の婦人児童問題連絡協議会では、母親の健康を守ることが乳児死亡率を下げ、生活全般の福祉水準を高めることにつながるものとして、弘前市狼の森ですすめられた「かあちゃ9時運動」を参考に、「かあちゃん9時（かあちゃんを9時に寝かせる）運動委員会」を設置し、実験地区を設けることになった[3]。この事例もまた、保健衛生という側面から、農村の貧困に取り組むという意図からはじめられたのである。

　翌年に県社協は今井主事が専任職員として勤務している余目町社協に、実験地区の指定について打診し、10月17日に余目町で関係者会議を開くことになった。当日は余目町の中央公民館に、公民館、農協、小学校、中学校、農政課、農業改良普及所、保険課、保健婦、地域のリーダー、民生課、町社協、県社協（組織部長、婦人児童係長）、かあちゃん9時運動委員長（山形大学教員）が集まり、福祉座談会を開催した。当時この町は死亡率9.7％、乳児死亡率39.1％、新生児死亡率26.1％と、統計では全国や県の平均よりはるかに高かったため、参加者も心を動かし、実験地区の指

定を受けることで意見が一致した。調査作成委員会を設けて調査票を作成し、調査を行うことになった。

　1963（昭和38）年1月10日に県社協で、山形大学教員と今井主事（余目町社協）、鈴木主事（余目町社協）、渡部部長（山形県社協）、留場部長（山形県社協）によって調査票作成委員会が開催され、調査の集計とまとめは山形大学教員と県社協が行うことになった。また、初年度は調査を実施して問題点を把握し、第2年度は問題意識の浸透と対策の立案並びに実践を行い、第3年度には最初の実践から次の問題解決への発展と実践活動を軌道に乗せるという、運動推進計画が立てられた。

（2）実験地区における地域診断と準備段階

　余目町のなかでも指定地区の候補としてあげられた地域について、「やまがたの保健福祉 No.25　たちあがった住民たち〜余目町落合地区の活動展開に学ぶもの〜コミュニティ・オーガニゼーションの実際」では、以下のような地域診断に該当する記述がみられる。

　実験地区は役場から約6km離れた、平野部にある水稲単作地帯である。直通バスがなく、冬期間は積雪と吹雪によって車は通れなくなるため、病人が出ると医者に運ぶのが大変であるという課題がある（地域の背景）。1963（昭和38）年4月1日時点の人口は231人（39戸）であり、専業農家20戸、兼業農家14戸、その他5戸（商業1戸、建築業1戸、サラリーマン3戸と、各家庭の資力は平均化されており（人口分析、社会構造）、ものごとをすすめる場合でも比較的にまとまりがよいという特徴がある（地域組織）。

　2月27日に実験地区の各層代表（自治会長、実行組合、婦人会、若妻会、青年団、老人クラブ、公民館関係者、PTA関係者）と町社協、県社協、行政関係者、山形大学教員が公民館に集まり、自治会長から役員会の了承を得ることができれば指定を受けるという発言があった。そして3月2日午

後6時から9時まで、地域の婦人会、実行組合、若妻会、老人クラブ、自治会の役員と町社協の今井主事が話し合い、婦人会の代表から「この運動は私達農村地域の問題を解決していくために必要であり、実験地区の指定を引き受けたい」という意見が出され、皆この意見に賛成して指定を受けることが決定した。

2　調査と話し合いによる地域組織化の過程

（1）「調査活動による問題の把握」と調査という技術の応用

3月14日から15日に、自治会、実行組合、婦人会、若妻会、青年団の代表、公民館、PTA関係者と行政、町社協職員、県社協職員、郡社協職員、山形大学教員による住民座談会および総合推進打合会が行われた。その席上で、①休養や娯楽の時間について、②家事に費やす時間について、③冬期間の農作業について、④こづかい銭について、⑤現在もっとも欲しいもの、⑥現在における悩み、⑦農業改善、生活改善に対する意見、⑧かあちゃん9時運動に対する意見、という項目で調査を実施することになり、<u>調査が実施された</u>（調査という技術を応用した問題把握の過程）。

（2）「手順2　ニードの周知と取り上げる課題の決定から手順6　解決活動計画の策定」まで

3月に実施した調査の集計ができたため、8月24日に<u>説明会と打合せ会を開催し、約35名の住民が出席した</u>（集団討議・話し合いという技術の応用）。山形大学の教員が調査結果を発表したところ（手順2　ニードの周知）、結果を聞いた地域住民は長く沈黙していた。社協職員は、この沈黙は貴重な時間だと考え発言を待ったところ、「こんなに問題があるとは驚いた。しかしこの調査にはうそがない、我々はこの事実を認めなければいけないのだ」という声が沈黙を破り、<u>たくさんある問題のうち、何から手を</u>

つけたらよいか賑やかな話し合いとなった。昨年衛生班で実施した体重を量る運動でも、農繁期が終ると最高8キロもやせ、病気にかかるものも多く出るため、今年の秋の農繁期には皆が丈夫で働けるように、「皆でやせない運動」をしようということを満場一致で決めた（手順3　解決活動の課題として取り上げるべきニードの決定）。

　さらに具体的な運動目標として、①皆で栄養を考えよう（婦人会や若妻会が栄養講習会を開催。各戸参加）、②皆で体重を量りましょう（衛生班と自治会の共同で9月1日、10月1日、11月1日に家族全員体重を量り、調査票を提出）、③農繁期の生活時間を調べましょう（若妻会）、④皆でお母さんを早く休めましょう、の4項目を決め（手順4　取り上げられたニードに関係をもつ人を選び出し、活動に組み入れること、手順5　解決活動の具体的目標を決定すること）、8月28日には自治会役員と町社協と話し合い、4項目についてチラシを作成し各戸に配布することになった（手順6　解決活動計画の策定、広報という技術の応用）。その後の話し合いで住民は、発表を聞かされたときは、ショックであったと語っていた（手順2　活動の動機づけ）。

　調査によって掘り起こされた身につまされる思いが、話し合いという技術によって共有されることで地域住民が主体化し、共通する問題を選択することによって、主体的な活動へとつながったのである。

（3）手順7　計画の実施

　体重を量る運動によって、農繁期のピークである10月には40歳代の男性の体重が3kg、20代の女性の体重が1.4kg減っていることがわかった。また生活時間調査によると、若妻の80％以上が午前5時には仕事をはじめ、男性と同じ1日5時間25分前後の農作業を行い、それに5時間余りの家事労働が加わり、実動時間は10時間から11時間であることが明らかになった。そして1日の休み時間は、若妻の53％が1時間弱と男性の休み時

間の半分に過ぎず、夜の9時には男性や主婦がほとんどくつろいでいるが、若妻の24％が仕事に従事している現況が明らかになった（調査という技術の応用）。

3　問題の把握と活動目標の決定、実施、評価の繰り返し

（1）評価から手順6　解決活動計画の策定、手順7　計画の実施へ

　1964（昭和39）年3月13日に、公民館に自治会役員、実行組合、婦人会、若妻会、老人クラブの代表と町社協職員、県社協職員、山形大学の教員が集まり、かあちゃん9時運動の反省会を開催した（「話し合い、評価という技術の応用」）。婦人会代表から、最近は男性の夜の会合も9時にはきっぱり終るようになったが、農繁期は労働時間が長いため来年度からは生産組合（実行組合）で労働時間調整をしよう、栄養摂取状況調査も必要ではないか、などの意見が出された。次年度の事業計画について、かあちゃん9時運動は、生活と農業経営のやり方にかかわることなので、共同田植なども考えてはどうかなどの意見が出された。そして5月4日には自治会役員、関係団体代表、町社協職員が参集し、①共同作業による労働時間の調整（共同田植の実施）、②農繁期の食生活と家事労働の節減農繁期中（3週間分）昼食のおかずの共同購入、献立表を全戸配布し実施する。③労働時間と睡眠時間の厳守（労働時間、男12時間、女11時間）、④農休日の設定（農繁期中1日を休む）⑤栄養摂取状況調査の実施、⑥病類統計調査という計画を立てた（話し合いという技術の応用、手順6　解決活動計画の策定、手順7　計画の実施という過程への展開）。

　5月13日から6月1日にかけて栄養摂取状況調査を実施し（「調査」という技術の応用による手順1　問題の把握）、7月24日に自治会役員、実行組合、婦人会、若妻会代表、町社協職員、県社協職員、関係行政機関代

表、保健婦が参集し、春期の運動（活動）について反省と評価の座談会を開催した（手順7　計画の実施と評価）。

（2）指定3年目の評価と活動の展開

　指定3年目となる1965（昭和40）年には、4月2日にかあちゃん9時運動協議会を公民館で開催し、今年度の目標と事業計画等について話し合った(話し合いという技術の応用)。その内容は次の通りである。①時間の励行（行く先をはっきり）、②運転者には酒を飲ませない運動、③家庭の日の推進、④年中食べられる野菜のセット栽培の実施、⑤病気にならない運動、⑥農繁期における物資（主に食品）の共同購入、⑦労働時間の調整と農民体操（手順5　解決活動の具体的目標の決定、手順6　解決活動計画の策定）。

　3年間の評価を客観的に行うために、最初（1963年）の調査項目を用いて、もう1度調査を実施した（調査という技術の応用による評価）。また上記のような活動をきっかけに、この地域では子ども会も結成され、公民館は老人福祉施設、児童会館、公民館と3つの役割をもって運営され、地域のセンターになっていった。この地域では、行くたびに何か新しい仕事、活動がすすめられるようになった。

　東北の農村における地域組織化の過程とは、この事例のように地域住民に「できること」を一つひとつ積み上げることによって、地域住民が自信や主体性を回復することであったのかもしれない。

第7章 地域組織化の成立と「調査と話し合い」

第Ⅲ節　リーダーの支援とインターグループ・ワーク（宮内町足軽地区）[4]

1　地区指定までの準備段階

（1）地域の特徴と地域診断、社会資源

「やまがたの保健福祉3　町内会と保健福祉活動～宮内町足軽地区の事例」には、足軽地区について以下のように、地域診断に近い内容の記述がある。足軽地区の人口は585人（125世帯数）で、世帯主の職業構成は、農業23世帯、商業18世帯、会社員41世帯であり、農業もほとんどが兼業農家である。生活保護世帯は6世帯である（社会構造）。

　終戦後にこの地区では、少年非行の発生数が比較的多く、生活も決して豊かな町ではなかった。町内もあまりまとまりがなかったが、子どもの問題が皆の共感を呼び、子ども会が設立され、次いで国防婦人会から脱皮した婦人会の再組織や若妻会が誕生した。青年会も自主的な活動をはじめるようになり、各団体が集って互いの連絡を図る必要に気がついた。そこで1957（昭和32）年の春に、氏神様の建物を借りて連絡協議会をもち、それ以降毎月1回必ず話し合いを励行してきた。この話し合い活動が、その後の保健福祉活動をすすめるリーダーの養成の場なったこと、指導者として町の保育園長であり、社協の理事である水戸良一氏の献身的な努力があったこと、町内の製靴工場が冬は同工場の事務所を社協の集会場に提供してくれるなど、物心両面からの支えとなっていたことは見逃せない。このような背景があって1957（昭和32）年5月に、隣組や各団体の長が集まり、町内会単位の社協がつくられた（地域内の組織、社会資源、地域の歴史と背景）。

201

（2）地区指定のいきさつ（準備段階、手順4　関係をもつ人の選出と参加）

　1961（昭和36）年には育成協の指定地区となる話がもちかけられ、県社協、保健所関係者、保健婦、民生委員、公民館、婦人会の代表による打合会で検討した結果、引き受けることになった（準備段階。町全体で保健福祉委員会を結成し、保健福祉委員会はリーダー養成の場となった、関係をもつ人の選出と参加）。赤湯保健所もこの地区を重点指導地域として、夜の集まりにもいとわず出席して指導助言をするなど、住民と関係者の共同学習で活動がすすめられた（今日でいう福祉教育）。この委員会が婦人会や隣組の班長は何をするかなど役割分担を決め、年間計画を立てた。

2　地域組織化の過程と技術

（1）「活動―調査―活動」という過程の反復と技術

　保健福祉委員会は指定期間の活動について「第1年次：衛生思想の普及徹底、組織の確立、協力態勢の樹立」、「第2年次：昆虫の徹底駆除対策の確立、環境衛生の徹底」「第3年次：衛生対策設備の強化、改善の完備、技術の高度化」、「第4年次：つみあげられた病気の予防と早期発見の向上による病気追放の徹底」、「第5年次：生活水準の向上、健康で豊かなくらし」という計画を立てた（話し合いという技術の応用による手順3　取り上げるニードの決定、手順5　解決活動の具体的目標の決定）。
　そして住民は「表7—2　足軽町における保健福祉事業の経過」のように、潜血検査、住民健康調査、水利用調査、衛生査察、がん検査などの調査（調査という技術の応用による手順1　問題の把握）、保健福祉住民大会、保健福祉特報（広報という技術の応用による手順2　ニードの周知と活動の動機づけ）、役員会（手順6　解決活動計画の策定）、殺虫剤、噴霧器の

第7章 地域組織化の成立と「調査と話し合い」

表7−2 足軽地区における保健福祉事業の経過

（1）	4月17日	潜血検査（第1回）
（2）	〃23日	役員会（役員改選、事業計画）
（3）	5月24日	保健福祉委員会
（4）	〃28日	殺虫油剤、噴霧器の頒布
（5）	〃31日	住民健康調査
（6）	6月29日	潜血検査
（7）	〃〃	第1回衛生査察
（8）	7月10日	総合福祉会議
（9）	〃15日	保健福祉住民大会
（10）	〃〃	水利用調査
（11）	8月 8日	保健福祉委員会
（12）	〃26日	第2回衛生査察
（13）	9月21日	レントゲンによるがん検査
（14）	10月23日	役員会開催
（15）	11月26日	越冬蠅撲滅講習会
（16）	12月12日	まちづくり座談会

その他
（1） 保健福祉特報 No.5迄発行配布
（2） 便所等の消毒、月3回実施
（3） 料理講習会（保健所で）2回
（4） のみ、しらみ駆除（4月3・11日、7月2・16日）
（5） 側溝ごみあげ（子供会）

出所：1963（昭和38）年2月19日足軽地区総合福祉会議の報告

頒布、越冬蠅撲滅講習会、料理講習会、のみ、しらみ駆除、側溝ごみあげ（手順7　計画の実施）という活動をすすめていった。この地域における過程の特徴は、「活動─調査─活動」というシンプルな循環をていねいに繰り返していったことであり、その際には常に<u>役員会、保健福祉委員会、総合福祉会議、町づくり座談会</u>などで「話し合い」という技術が用いられていた（話し合いという技術の応用）。

　この過程では、所得の不足という貧困の側面ではなく、保健衛生という側面が取り上げられていた。事例のような「ハエや蚊をなくす運動」は、

203

貧困問題の解決という観点からは些細なものであるが、地域住民にとっては地域組織化活動の効果を実感できるという意義もあった。たとえば広報について、「隣組の集まりをもったり、保健特報を作って配ったりして住民活動の動機づけをやってきた。人の心とはおかしなもので、いなくなったとき、1匹か2匹のハエが、かえってうるさく不快になるのは不思議である」という記述もみられた。

（2）保健福祉住民大会とソーシャルアクション

　7月15日には、町民の協同心を育て、根を下ろした活動にするため、保健福祉住民大会を開いた。夜7時から200名以上の町民が参加し、これまでの活動についての報告と今後の協議を行った後に、育成協の映画「ある主婦たちの記録」「おじいちゃんも仲間」を皆でみて楽しんだ。この日は町長も出席した。

　地域で解決しなければならない問題には、地域住民が自らの力で協同して解決すべきものと、市町村や県や国に要望して解決しなければならないものがある。足軽町では新しい道路の側溝が深く、幼児にとっては危険だと母親が悩んでいたので、<u>柵と「防災のあみ」をはることを陳情し、実現した</u>（ソーシャルアクション）。

　このような環境改善は、狭義の福祉活動ではない。しかし前章で述べたように、当時の農村に所得の不足という貧困に加えて、さまざまな「福祉に欠ける状態」が存在したことを考慮すると、上のような環境改善もまた地域住民にとっては身につまされる問題である。そして地域住民が町長に陳情するという行動に至ったのは、それ以前に保健福祉活動で調査と話し合いを行い、主体性が涵養されていたからかもしれない。

（3）なぜ地域が動いたのか
　　―リーダーの発見・支援とインターグループ・ワーク―

　この事例が成功したのは、町の保育園長がリーダーを育てることに努力したからである。保育運動のリーダーとして全国的にしられた人物である、水戸良一保育園長は「私がこの地域でよい子育成会長を委ねられたのはもう８年も前のことである。この仕事はいわゆる子供会活動を助長してこの地域の子どもたちやその団体の健全な育成を図ることであった。ところがこの仕事をおしすすめていくためには、どうしても親である婦人会や自治組合の方々の協力援助が絶対に必要であることを知り、まず各団体の協調連絡を図ることを提唱した。やがて青年会や若妻会もふくめた連絡協議会が月１回持たれることになり、１年後には地域社協を組織化して発足させるまでになり、きわめてスムーズに共同事業活動へ踏出すきっかけをつくることができた。…（中略）…いわゆる、住民主体の組織体制が、住民のニードと住民の協力性を引き出して次第に高次の組織活動への歩みを容易にした」と記述していた。

　また水戸氏は、「地域住民の本質的な福祉の向上は、上意下達的な体制の上に実現しようとしても、それはきわめて困難なことである。それはあくまでも住民の積極的な熱意と協力性とを集めた団体活動によらねばならない」「団体活動が育つためには、その団体自体の力だけで推進させようとしても無理である。他の団体との連絡提携を図ることにより、より拡げられた活動能力を持ち、より高次の段階へと推進することができる」「団体活動を推進せしめる原動力は、常に理想とアイデアを内包した指導者の指導性であり和合を中心とした組織的な結びつきであろう」という文章を寄せられ、この事例を報告書にまとめた本田保氏（東南置賜地方社会福祉協議会専任職員）も、「誰に何を頼めば協力や指導してくれるかを知り、社会資源を上手に活かしていく広い視野をもち、説得力をもってリーダーに知らせ

る。リーダーを得ることは、お互いの信頼感がなければならない。これは地区の組織化活動のカギではあるまいか」と述べて、事例を結んでいる。

第Ⅳ節　調査と話し合いから「つなげる実践」へ（白鷹町社協）[5]

1　準備段階と地域診断

（1）地域の概要

「やまがたの保健福祉 10　わたしたちの町づくり～保健福祉活動の事例」では、白鷹町について、1964（昭和 39）年 4 月時点で人口は 2 万 3343 人（4618 世帯）であり、総面積 157.12 km²のうち民有林が 73.64％、県有林が 0.72％を占め、田畑は 20.25％である。産業としては水稲、養蚕、果樹という順で出荷額が高く、出稼者が 1778 世帯で 1972 人、うち不明者 4 人と多い、と記述している。白鷹町は県内でも生活保護の保護率は県平均の約 2 倍と高く、このことは町の民生や民協の会議等でしばしば話題になっていた。

上述の統計は、この地域も農村の貧困に苦しんでいたことを物語っている。

（2）地域診断：地域の問題と地域内の組織

指定を受ける前に、この町における主な機関や団体は次のようなことを問題としていた。

　　社　　　　協…………住民の自主活動、特に低所得者層の組織活動が
　　　　　　　　　　　　すすまない。
　　民生児童委員協議会……被保護家庭が年々増加する。

婦　人　会………低所得者がなかなか婦人会の会合に参加しない。
若　妻　会………育児の問題・保健施設がほしい。
医　師　会………病人が多く廻りきれない。特に農閑期に多い。
青　年　団………若い人がいなくて青年団が成り立たない。特に男性がいない。
学　　　校………貧困などを背景とした非行が多い。
公　民　館………公民館活動が住民主体の活動にならない。
保　健　婦………病人が多い。低所得者の栄養が問題だ。
衛　生　係………検診率が低い。病気に関心が薄くて困る。
福　祉　係………被保護世帯が多い。特に病気による保護の申請が多い。

　白鷹町における保健福祉関係機関や団体は、以上のように個々ばらばらな形で活動をすすめてきた（地域内の組織）。

2　育成協の活動の展開

（1）手順1　調査活動による問題の把握

　上のような問題が関係機関や団体の会議や話し合いのなかで話題となり、1961（昭和36）年11月26日に関係機関だけによる第1回の保健福祉合同会議を社協中心で開き、保護率の高さや病人の多さ、乳児死亡率の高さなどの問題が提起され、裏づけを既存の統計などで確認した（手順1　調査活動による問題の把握）。その結果、保護率の高さの背景に病気の問題が隠れていること、結核などの病気の背景に住民の暮しの貧しさと労働過重、食生活等の貧しさがあること、が確認された。

（2）手順4　関係をもつ人の選出と参加、手順3　取り上げるニードの決定、手順5　目標の決定

　上のような活動をすすめていると、1962（昭和37）年9月に育成協の指定を受け、社協会長、若妻会、婦人会、公民館、青年団、校長会、民協、医師会、助産婦会、広報委員、普及所、厚生課によって白鷹町保健福祉地区組織活動推進運営委員会を組織した（手順4　関係をもつ人の選出と参加）。重点活動として、①一般住民の食生活改善運動、②地区衛生指導者講習会、③保護家庭の栄養講習会、④住民の栄養調査（荒砥高校家庭クラブへ委託）という事項を取り上げることで意見が一致した（話し合いという技術による手順3　取り上げるニードの決定、手順5　解決活動の具体的目標の決定）。

（3）手順6　解決活動計画の策定、手順7　計画の実施、評価

　第1回事務局幹事会で活動計画を検討し（手順6　解決活動計画の策定）、以下のように実施した（手順7　計画の実施）。「保護家庭の食生活を改善し健康な体をつくる運動」では、町の保健婦（当時）を講師に社協や民協・地区公民館の協力を得て、3か年にわたり毎月の保護費支給日に病気についての話しも折りまぜた栄養講習会を開いた。「一般住民の食生活をよくする運動」は、初年度には、はじめての試みか関心も低く、地区指導者から地域住民への伝達には至らなかったが、翌年度には大字単位(24か所)に年間5回の計画で「食生活改善栄養講習会」として基礎学習に実習を織り交ぜて実施し、3年目には、前年同様の回数で学級制（50～60人）をとった。受講者も「健康な体で働くことのできる食事の献立や幼児食」等には、特に関心を寄せた。

　「病気をなくす運動」は、1962（昭和37）・1963（昭和38）年度には、地区の衛生指導者（婦人会役員）を対象に指導者養成を重点とし、1964

(昭和39)年度には学級制に切り替え、町内6か所で2年前までの受講者を中心に、保健婦（当時）の協力を得て衛生知識の向上を図った。生活保護受給世帯の食生活栄養講習会については、地区の民生委員から「保護家庭に好評である」等の意見を耳にした。育成協の指定により、社協や関係機関・団体が横の連絡を取りながら活動をすすめるうえでの「土台」ができた。

　この事例もまた、農村の貧困問題に保健衛生という側面から取り組んだものである。それゆえに所得保障にはつながらないが、「生活を明るくする」などの質的な効果がみられたようである。

3　「調査と話し合い」から「つなげる実践」へ

（1）高齢者福祉への取り組み

　その後白鷹町における保健福祉活動は、社協による地域組織化活動へとつながっていった[6]。白鷹町では社会教育よりも社協の結成が先行し、社協は季節保育所などの保育所づくり運動もすすめ、社協が保育所を運営した後に行政に移管した。1970年代には社協職員として、小杉もり子氏が就職した。当時は社協職員が役場で一人、ポツンといて仕事をする戸惑いもあったが、1962年基本要項を自分の脇におき、県社協から国の政策の動向について学び、社協活動について指導を受けては、それらを自分の身体に浸み込ませながら、実践をすすめた。その後社協が活動実績を蓄積すると、社協はその実績により老人福祉センターに拠点を移すことができた。

　白鷹町では県内でも単身の高齢者の比率が高かったため、1975（昭和50）年に県社協の協力により、高齢者の生活実態調査を行った（調査という技術の応用による手順1　調査活動による問題の把握）。ちょうど選挙前でもあり、町長はこの調査に「宿題をいただいた」と反応し、当選すると町内に特別養護老人ホームを建設した。特別養護老人ホームが建設されると、

小杉氏は施設に入所する高齢者のニーズが充たされるめどはたったが、そればかりですべての問題が解決されるわけではないと考え、在宅の高齢者に着目し、それ以降も毎年高齢者にかかわる調査を行って問題を掘り起こしては会議を開き、社会資源をつなげて、会食に来られない高齢者向けのミニ給食サービスなどの活動を創り出していった（調査という技術の応用による手順1　調査活動による問題の把握、手順2　地域社会へのニーズの周知と動機づけ、手順3　解決活動の課題として取り上げるニーズの決定の援助、手順5　具体的目標の決定、手順7　計画の実施）。

（2）住民の主体的な活動につながる「調査と話し合い」の方法

　白鷹町社協の活動も「調査と話し合い」からはじまるが、白鷹町社協の特色は「問題を把握していないから調査を行う」のではなく、社協職員が問題を把握していても、調査を行うことで地域住民がその問題に気づき、問題を把握して活動につながるというねらいのもとに調査を行うことである[7]。この方法は、身につまされる思いを掘り起こすために調査を行う、といってもよいのかもしれない。

　たとえば小杉氏が民生委員の担当している世帯と関わる際には、必ず民生委員を通すことで結果を民生委員に伝える機会をつくるという工夫を普段から行っていた。また新たな課題を発見した際にも、最初から民生委員に課題の共有を期待するのではなく、民生委員に調査の集計や分析などを「ひとりでは忙しくてやりきれないので手伝ってください」とお願いし、民生委員が自然に問題に気づくようにしていた。小杉氏は、社協職員1人の力は限られていても、民生委員50人の協力があれば、社協職員が1人で行うことの50倍の仕事ができると考えていた。また給食サービスに参加するボランティアにも、一度きりの参加で終わらないように原稿用紙を渡して文集を作成したところ、原稿を書いてくれたボランティアが活動の核となることもあった。このように、身につまされる思いを自覚するため

の工夫が、地域住民の主体性を引き出したように思われる。

　小杉氏が調査を行う時点では、問題解決への筋道を「自分ならばこうしよう」と想定し、住民が問題に気づいて役割分担を決め、つながって活動をはじめるまでの過程をドラマのようにイメージすることができたといわれている。社協は限られた人数で仕事をしており、そのなかで地域住民の必要に応じて新たな事業を創り出すため、仕事を減らすよりも仕事が増える機関である。そして小杉氏は、調査を行って「今困っている問題があるから皆でやらねば」という機運を地域住民や関係機関の間に創り出し、現実的な事業計画を立てて、予算を獲得してきた。社協の限界を「社協の力だけでは解決できないから、組織化を通じて役割分担を決め、つなげる」というように活用するところに、白鷹町社協の特徴があるように思われる。

第Ⅴ節　貧困と保健福祉活動
―調査と話し合いという方法―

1　農村の貧困と保健福祉活動

（1）14の事例における地域組織化のプログラムと技術、過程

　たった3つの事例から貧困に対応する地域福祉活動をすすめる方法について考察することは、非科学的であろう。事実「表7―1『やまがたの保健福祉』一覧」では、前述の3つの事例も含めて14の事例で、地域組織化の過程と技術が記述されている。筆者はかつて日本地域福祉学会第13回大会（1999年6月13日・立教大学）において「地域組織化理論の再構築―山形県における社協活動の歴史からの実証」（自由研究）で14の事例すべてについて、過程と技術を分析したが、その内容を本研究に掲載してもボリュームが膨らむ割に結論は変わらない。それゆえに以下では、14の事

例の分析から得られた地域組織化のプログラムと技術、過程についての知見を整理し、貧困に対応する地域福祉活動をすすめる方法を明らかにしたい。

（2）貧困の質的な側面と保健福祉活動

　本章の冒頭で述べたように、地域組織化の評価においては地域組織化のプログラムのサービスとしての意義と過程としての意義が問われる。しかし当時の山形における保健福祉活動は、保健衛生、そして貧困の質的な側面に対応したため、サービスとしての意義を期待することはいささか酷であったかもしれない。

　「図7－1　農村の貧困と地域組織化のプログラム」で示したように、14事例中8事例で「農村の貧困」についての記載が確認された。そのなかでも5事例で「農村の労働と貧困」という本質的な問題が記載されていたが、それ以外に健康の問題、そして無力感などの貧困の質的な側面も指摘されていた。そして調査によって「掘り起こした問題」は「病気の多さ」や「栄養・食生活の問題」、「ハエやカ、環境の問題」など、農村の貧困の保健福祉や環境などの側面であり、それゆえに活動のプログラムは「食生活改善・栄養講習」など保健福祉活動が中心となった。サービスという観点から評価するならば、セツルメントによる地域福祉活動が貧困に対して代替的な役割さえも果たせなかったように、山形における保健福祉活動も貧困問題の解決には限界があったことは事実である。

2　地域組織化の過程と技術—調査と話し合いという方法—

（1）地域組織化の過程の評価

　しかし地域組織化では、その過程について評価することも重要である。筆者はこの章で地域組織化の過程について、「手順1　調査活動によって問

第 7 章　地域組織化の成立と「調査と話し合い」

農村の貧困 (8 事例中)	掘り起こした問題 (9 事例中)	活動のプログラム (14 事例中)
・貧困・労働のきつさ (5 事例) ・生命・健康の問題 (4 事例) ・無力感，孤立の問題 (3 事例)	・貧困・労働の問題 (6 事例) ・病気の多さ (5 事例) ・栄養・食生活の問題 (5 事例) ・ハエやカ，環境の問題 (5 事例) ・飲料水の問題 (3 事例) ・子どもの体位や通学等 (4 事例) ・母親の健康と労働，生活 (1 事例) ・住宅の問題 (3 事例)	・共同購入・作業と休養 (2 事例) ・健康診断 (6 事例) ・病気や手当の学習 (4 事例) ・食生活改善・栄養講習 (12 事例) ・ハエやカの追放，衛生 (4 事例) ・水質検査 (4 事例) ・寄生虫駆除 (5 事例) ・子どもの遊び場など (6 事例) ・母親の健康を守る運動 (1 事例) ・道路やバスの整備 (3 事例) ・住宅改善 (3 事例)

図7—1　農村の貧困と地域組織化のプログラム

※この図は、柴田が作成して日本地域福祉学会第 13 回大会（1999 年 6 月 13 日・立教大学）において「地域組織化理論の再構築―山形県における社協活動の歴史からの実証」（自由研究）として発表し、柴田謙治「地域組織化における行財政的要因と住民組織（二）」『金城学院大学論集社会科学編第 42 号』1999 年に掲載したものを一部修正した。

213

題を把握すること」「手順2 地域社会にニードを周知せしめ、住民に対して活動の動機づけを行うこと」「手順3 解決活動の課題として取り上げるべきニードを決定するよう援助すること」「手順4 取り上げられたニードに関係をもつ人を選び出し、活動に組み入れること」「手順5 解決活動の具体的目標を決定すること」「手順6 解決活動計画を策定すること。費用や実現可能性、短期間の目標と長期間の目標」「手順7 計画を実施すること」という枠組みで分析してきた。

　実際に14の事例でみられた過程を整理すると、「図7─2　山形県における保健福祉地区組織活動の過程（14事例の分析から）」のように「関係をもつ人の選出と参加」（「手順4」だが準備段階から行われることが多い）「手順1 調査活動による問題の把握」「手順6 活動計画の策定と手順3 とりあげるニードの決定、手順5 具体的目標の決定」（これらが一体として行われることが多い）「手順7 計画の実施」が、共通して過程に含まれていた。また「手順2 地域社会へのニードの周知」には、調査報告や広

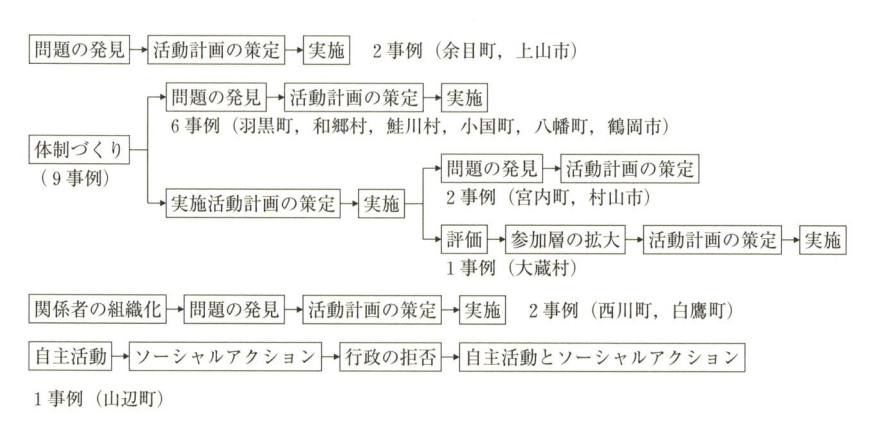

図7─2　山形県における保健福祉地区組織活動の過程（14事例の分析から）

※この図は、柴田が作成して日本地域福祉学会第13回大会（1999年6月13日・立教大学）において「地域組織化理論の再構築─山形県における社協活動の歴史からの実証」（自由研究）として発表し、柴田謙治「地域組織化における行財政的要因と住民組織（二）」『金城学院大学論集社会科学編第42号』1999年に掲載したものである。

報の配布が含まれており、独立した過程というよりもさまざまな過程をすすめる技術として用いられていた。

　それゆえに筆者は地域組織化の過程を、いくつもの段階を踏む「手順」にとどまらず、地域住民が「問題に気づき（問題発見）、どうしたらよいか考え（計画策定）、力を合わせて解決に取り組む（実施）」という行為だと考えるようになった。そして順序は異なっていても、結果的にこれらの内実が伴うならば、地域組織化の過程が進展するのかもしれない。

（2）「調査と話し合い」という技術

　そして地域住民が「問題に気づき（問題発見）、どうしたらよいか考える（計画策定）」過程が生じたのは、社協職員が「調査と話し合い」という技術を用いて地域住民の身につまされる思いに火を点けたからであった。

　前述のように地域組織化の技術には地域診断や調査、広報・福祉教育、集団討議・話し合い、リーダーの発見と支援、インターグループ・ワーク、評価などがあるが、「図7―3　高度成長期の山形県における地域組織化の方法（14事例の分析から）」で示したように、14事例中12の事例で「調査と話し合い」という技術によって、農村の貧困と保健福祉の問題について「気づかせ」、地域住民が問題に気づく（問題発見）過程と、現実にどうするか「なげかけて」、「どうしたらよいか考える」（計画策定）過程を創り出していた[8]。また問題に気づき、どうしたらよいか考えるうえでは、広報・福祉教育も重要であった。

　「やまがたの保健福祉」では、セツルメント活動と推察される慶応大学の医学部の学生が無料診療を行い、それをきっかけに地域住民が病気という問題に気づくようになり、その不満に火を点けることで保健福祉活動が展開した事例もみられた[9]。ヒアリングにおける渡部氏のことばを用いて表現するならば、調査と話し合いが「くすぶっている問題や、共通の問題、家庭に波及する問題をとりあげ、農民の虐げられた怒りや怨念，身につま

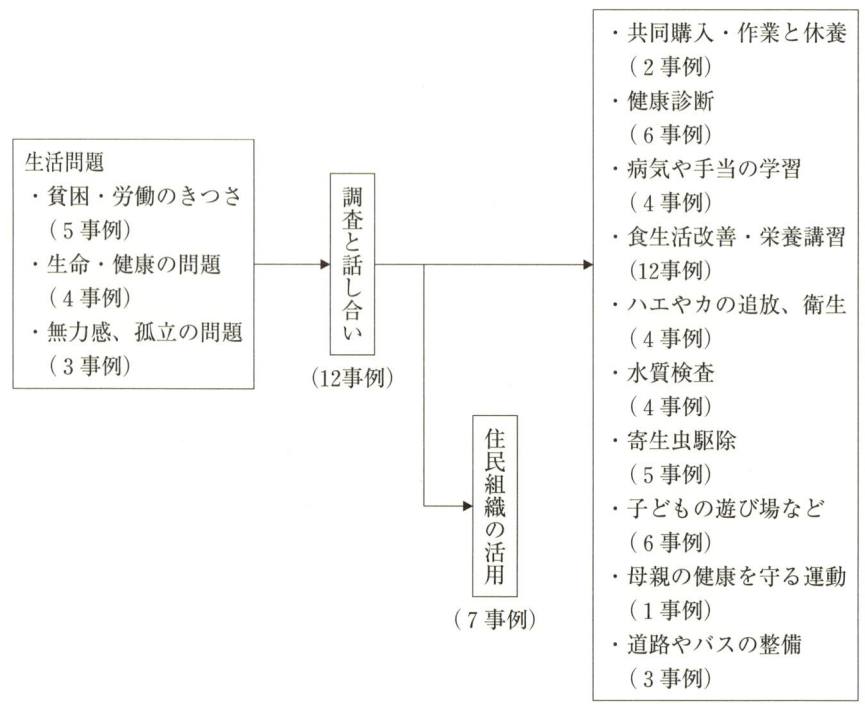

```
生活問題
・貧困・労働のきつさ
 （5事例）
・生命・健康の問題
 （4事例）
・無力感、孤立の問題
 （3事例）
```
→ 調査と話し合い（12事例）

→ 住民組織の活用（7事例）

→
- 共同購入・作業と休養（2事例）
- 健康診断（6事例）
- 病気や手当の学習（4事例）
- 食生活改善・栄養講習（12事例）
- ハエやカの追放、衛生（4事例）
- 水質検査（4事例）
- 寄生虫駆除（5事例）
- 子どもの遊び場など（6事例）
- 母親の健康を守る運動（1事例）
- 道路やバスの整備（3事例）

図7―3　高度成長期の山形県における地域組織化の方法（14事例の分析から）

※この図は、柴田が作成して日本地域福祉学会第13回大会（1999年6月13日・立教大学）において「地域組織化理論の再構築―山形県における社協活動の歴史からの実証」（自由研究）として発表し、柴田謙治「地域組織化における行財政的要因と住民組織（二）」『金城学院大学論集社会科学編第42号』1999年、に掲載したものである。

される思いや問題から解放されたいという願いをひろいあげた」のである

（3）身につまされる思いの地域福祉活動への広がり

　地域住民が「問題に気づき（問題発見）、どうしたらよいか考える（計画策定）」過程から「力を合わせて解決に取り組む（実施）」過程へと展開したのは、社協職員がリーダーを発見し、支援して「つなげる」技術を用いたからであろう。「図7―3　高度成長期の山形県における地域組織化の方

第 7 章　地域組織化の成立と「調査と話し合い」

法（14 事例の分析から）」でも 14 事例中 7 事例で、連絡調整ということばで「つなげる」技術が応用されていた。

　地域組織化を実践する際には、地区社協というつなげる場をつくることに対して町内会などの住民自治組織から「屋上屋をつくる必要はない」と反対されることもある。「保健福祉地区組織活動を推進する上の諸問題から」（山形県社協作成）では、それを乗り越えて「身につまされる思い」を地域社会に広げ、保健福祉活動をすすめるために、以下のような理論が記述されている。

　社協が地域でかかわる住民組織として、町内会等の住民の自治組織、特定の問題解決のために組織された住民組織、婦人会・青年団・老人クラブなど階層別・機能別の住民組織があるが、関係機関が「縦割りの面からだけ働きかけるので、地域では混乱をきたし、地域組織活動が育たない」という現実がある。それゆえに町内会と機能集団との関係については、「機能的集団に直接働きかける場合には、個々の機能集団は、住民の自治組織にとって、もっとも重要な、生活と健康の問題について、問題をもちこみ、住民自治組織の中で、共同計画が立案されるような、方向にしむけることこそ、地域組織活動の基本といえないか。住民の自治組織の主要な役割は、その地域に住む、住民の生活と健康の問題を自らの問題としてとりくむところにあるといえる。そのために、各種の機能集団の協働を促進することが必要である。その機能集団の協働を促進するには、住民の生活の具体的な問題がもちこまれなければならないし、その問題解決のための共同計画がたてられなければならない」と考えられていた（山形県社会福祉協議会、1964、pp.2—3）。

　このようにして機能集団が身につまされる思いを住民自治組織に伝え、住民自治組織はそれを地域住民に共通する切実な問題として認識し、推進したからこそ、保健福祉活動は「力を合わせて解決に取り組む」過程へと展開したのかもしれない。「第 4 章　社協の設立と保健福祉活動への展開」

で述べたように、育成協は全社協が厚生省（当時）の協力を得て実施したため「上からの組織化」として評価されることもあるが、そのなかからこれまで掘り起こしてきた山形の保健福祉活動のような、住民主体の社協活動が芽生えたという事実にも、目を向けるべきではないだろうか。

　筆者は、山形における保健福祉活動から、貧困に対応する地域福祉活動が「調査と話し合い」という方法によってすすめられたことを学んだ。しかし町内会などの地域組織はそれぞれの行動原理があるため、ときにはそれらを動かすことは容易ではない。このような「組織の壁」を超えるためには、地域住民の身につまされる思いが住民自治組織でも共有されるように、「心を動かす」ことが重要である。このような住民主体についての知見は、貧困だけでなく、それ以外の問題に対応する地域福祉活動にもあてはまるように思われる。

第 7 章　地域組織化の成立と「調査と話し合い」

（注）
1) 当時は地域組織化とは過程か、サービスか、専門的方法かという議論があり、重田氏はこの定義によって、①地域組織化が過程のみならば社会福祉援助技術の 1 つとしての地位を失う。ただし援助者のいないなかで生まれた活動にもあてはまるという長所もある。②地域組織化がサービスならば地域住民に「事業」と認識され、地域社会はサービスの対象となる。しかしその背景には専門的方法があり、それが住民の目にみえないだけであるならば、サービスと専門的方法の間には一致点がある、③それゆえに地域組織化は専門的方法であるという整理を行った（重田他、1965、pp.179 ― 182）。筆者は地域組織化について、ワーカーが方法を用いることで地域住民がすすめる過程が生じ、活動のプログラムが発展する、と理解している。
2) 当時保健社会学においても「診断→対策の樹立→実際の活動→評価」という過程が示されていた（柏熊、1958、p.112）。また澤田清方氏は、「地域福祉活動のステップ・アップ・モデル」前段階（準備としての地区組織づくり）、ステップ 1（個別の支え活動）、ステップ 2（根つなぎ活動）、ステップ 3（気づき・学び活動）、ステップ 4（課題化・提起活動）、ステップ 5（行政施策へ反映活動）、ステップ 6（行政の福祉化活動）という地域組織化の方法を考案し（澤田清方「新たな地域福祉の確立」『社会福祉研究第 76 号』鉄道弘済会、1999、p.63）実践に基づく理論を示している。
3) この節の記述は、「たちあがった住民たち〜余目町落合地区の活動展開に学ぶもの〜―コミュニティ・オーガニゼーションの実際」に依拠している。
4) この節の記述は、宮内町社会福祉協議会・山形県保健福祉地区組織育成連絡協議会「やまがたの保健福祉―No.8　町内会と保健福祉活動―宮内町足軽地区事例」に依拠している。この記録は、東南置賜地方社協の専任職員本田保氏が中心にまとめたものである。
5) この節の記述は、「わたしたちの町づくり保健福祉活動の事例―No.10―山形県保健福祉地区組織育成連絡協議会昭和 40 年山形県保健福祉地区組織育成連絡協議会」に依拠している。
6) 筆者は平成 10・11 年度科学研究費補助金奨励研究（A）「地域性に対応した地域福祉活動プログラムの推進方法の実証的研究」課題番号 10710102）により、1997 年の 2 月に白鷹町社協を訪問し、小杉もり子氏からその後のフォローアップのヒアリングを行った。
7) 山形県内では民生児童委員協議会の事務を行政が担う市町村も多いが、白鷹町も含めた置賜ブロックはその業務を社協が担当していた。最初は小杉氏に、女性民生委員が母親のように親身になって、民協のことを教えてくれたこともあり、小杉氏は民

生委員が担当するケースをすべて把握できる立場にあり、地域の高齢者の生活や背景を暗記する域に達していた。

8) 注意すべきは市町村社協が毎年調査を実施したのではなく、県社協と大学が毎年どこかの小地域で住民に「みえる」調査を実施したことである。今日でも、すべての市町村社協が毎年自力で調査をするよりも、大学（多忙な一般の教員ではなく研究所とそこに所属する大学院生を欧米の「ソーシャル・サイエンス・ショップ」的に）を活用する方法があるかもしれない（関西学院大学21世紀COEプログラム、2004、pp.47—59）。

9) 本事例は、「高まる意識・いぶく活動～大蔵村沼の台地区活動事例～大蔵村」に記載されている。

第8章
住民主体の継承と社協の役割の再検討

第Ⅰ節　社協の財源問題と役割の転換点

1　共同募金の配分の減額と財源問題のはじまり

（1）社協の組織基盤整備への機運

　日本の社協は住民参加が困難な状況から出発し、前章までで述べてきたような保健福祉活動の実践を蓄積して、住民参加をすすめる機関へと発展した。

　1965（昭和40）年度には市町村社協の福祉活動専門員への国庫補助が設置された。そして1966（昭和41）年には、厚生省（当時）が国民年金特別融資の対象として市町村福祉センター建設費を取り上げ、その運営を社協に委託できることとした。それによって社協に、役所の間借りから独立した事務所に移る道が開かれた（全国社会福祉協議会、1982、p.87、94）。

（2）社協への共同募金の配分の減額

　しかし1965（昭和40）年の行政管理庁による「社会福祉事業運営に関する勧告」と、1967（昭和42）年9月に行政管理庁が厚生省に行った「共同募金に関する再勧告」は、そのような機運に冷水をかけ、地域組織化を

行う組織が主要な人件費を共同募金に求めるという経路を絶つものであった。「再勧告」の要点は、①施設配分に対し地域（社協）配分が多すぎる、②社協・共募の両者役員の兼職者が多い、③社協が共募配分金を人件費、事務費等に使用するのは不可、④社協は共募配分金の使途を常時、明らかにしておくため、特別会計を設けて経理すべき、というものであり、社協への配分金が人件費と飲み食いに浪費されているという印象を与える報道がなされた。その結果、共同募金の社協への配分は減り、社協と共募の関係は「車の両輪」から「生木を裂く」状態となった。そして社協は、自主財源の強化とともに公費補助の増額を要請するようになり、地方交付税交付金の積算基礎における社協負担金が大幅に増額された（全国社会福祉協議会、1982、pp.102—106）。

　永田幹夫氏は、これによって社協が「活動面でも路線変更を求められた。この事態の背景には政治的なものが横たわるとされるが、それもここではふれまい」と記述されている（永田、1993、p.133）。

2　社協の財源問題と行政への依存

（1）社協と共同募金の表裏一体の関係

　「再勧告」で指摘された「①施設配分に対し地域（社協）配分が多すぎる」という点については、以下のような事情もあった。

　そもそも1950年の社協準備会「社会福祉協議会組織の基本要領」において、「六　社会福祉協議会は『社会福祉の増進』と云う究極の目的と、其の市民組織の性格からいって当然に共同募金の組織と密接な寧ろ表裏一体的な関係をもつべきである」と記されていた。

　牧賢一氏は「社会福祉協議会と共同募金の関係は表裏一体であるということについて」、当時の社会福祉事業法第73条1項で共同募金の設立認可の際にその区域内に社会福祉協議会があることや、第76条の共同募金を

行う際に共同募金会は協議会の意見を聞いて目標額や受配者の範囲、配分方法を定めるという規定を例にあげ、都道府県社協は県下の次年度に、福祉のためにどんな仕事がどの程度行われる必要があるか（社会福祉事業の必要量）を測定し、県民を代表する組織として明らかにして、公的社会福祉事業は議会等を通じて予算を獲得し、民間社会福祉事業は必要経費を算定し、その不足分を共同募金に募金してもらう。共同募金が自分で集め、自分で配分するのではなく、県民の意向を反映し、県民は、募金を行うことで意向を反映させた募金計画を保障する、と説明されていた（牧、1953、pp.109—112）。

ただしその真意を理解できない一部の共同募金関係者から「共募事務費を膨張させるだけである」という反対があるなど、全社協職員のなかには疲労感もみられたようである（重田、1993、p.110）。

なぜ社協と共同募金の関係が、上のような表裏一体でなければならないのか。それは地域住民から共同募金を集める団体が自ら事業を行うと第三者性が損なわれ、社会福祉施設に住民の要望を伝達し、サービスの質を向上させることが困難になるからである。「第4章　社協の設立と保健福祉活動への展開」で述べたように、アメリカの福祉委員会の職員は共同募金による人件費で雇用され、社会福祉施設から独立した立場から社会福祉施設に住民の要望を伝達し、社会福祉の向上に資する役割を果たした。それゆえに当時は第4章で紹介したように、社協は直接社会事業施設を経営せず、専任職員の経費は共同募金に求める、と記述されたのであった。

（2）社協の役割の転換

社協は1973（昭和48）年の「市区町村社協活動強化要項」で「運動体社協」をめざしたが、上述のような財源の制約により、人件費を公費に依存せざるを得なくなった[1]。そしてこの路線は地域組織化では福祉サービスを必要とする人の生活を支えきれないという批判を受け、社協は在宅福

祉サービスを実施して地域福祉の中核となる「事業体」に路線を転換し、今日の事業型社協に至っている（永田、1988、p.206）[2]。

このような社協の役割の転換の背景には、地域住民の必要から結成されなかったというハンディキャップをもつ日本の社協が、当時のアメリカのコミュニティ・オーガニゼーションの機関のように、共同募金で職員の人件費がまかなわれ、サービスの提供機関から独立した存在として成立することを認められなかった、という事情が存在した。そしてこのような社協の役割の転換によって、社協は貧困に対応する地域福祉活動をすすめることができるか、そして貧困に限らず地域住民による福祉活動をすすめる機関として存続できるのか、を問われるようになった。

第Ⅱ節　山形における住民主体の継承

1　住民主体、調査と話し合いの継承—川西町社協の事例—[3]

（1）調査と話し合いによる保健福祉活動の展開

このような社協の役割の転換のなかで、渡部氏は「渡部学校」と呼ばれる研修で市町村社協職員に調査と話し合いの方法を伝え、高度成長期以降も山形の社協活動を発展させた。

たとえば山形会議の直後に法人化した川西町社協は、昭和30年代から保育所づくり運動を展開し、保育所のあり方について21か所で福祉座談会を実施したこともあった。また虫歯の子どもが多い地区を保健福祉活動の指定地区にし、医師の協力を得て虫歯が多い原因を調査して、水質の問題を明らかにし、若い親を対象に健康教室を開いて福祉に関心をもってもらったこともあった。その後県内でも子どもの歯がきれいな町として表彰されると意識調査を実施し、評価につなげた。また社協は昭和40年代に

は、町立病院の医師の協力を得て年2回、高齢者健康教室を実施した。開始当初は住民の口が重く、医師に相談する人は少なかったが、回を重ねるうちに心がなごんで会話がはじまり、病気になってからではなく健康なうちに医師と仲よくなり、相談する機会ができた。

1970年代前半には県立コロニーの誘致に力を入れ、社協はコロニーについて地域住民に知ってもらう機会をつくった。施設入所者へのボランティアだけでなく、地域で身近な活動も行うために福祉自治会を指定し、社協がプログラムを示すのではなく住民が自分たちで活動内容を考えることを重視して、遊び場づくり運動などを展開した。

（2）保健福祉活動から高齢者との地域福祉活動へ

その後ねたきりの高齢者に関心が集まると、住民のアイデアによりライオンズクラブがさらしを寄付し、農協婦人部がおむつをつくる活動がはじまった。そしてねたきりの高齢者だけでなく介護者にも注目する必要があるという地域住民の声をきっかけに、社協は1983年に介護者調査を実施した。その結果、介護者のなかには川西町に嫁いでから役場を訪れたことがない人がいることが明らかになり、社協が町内の施設等を見学する機会をつくった。すると介護者も、一日介護から解放される喜びから「来年はいつか」と楽しみにするようになり、保健婦（当時）の話を聞くなど研修も含めた会に発展していった。

やがて座談会で単身高齢者や高齢者夫婦世帯の生活が話題になり、住民から日中独居の高齢者が昼間一人で倒れていた事例が報告されたため、社協は地域住民が互いにできるボランティアとは何かと住民になげかけ、配食サービスを実施するようになった。また川西町ではふれあいサロンも早くからはじまった。サロンの規模は30人位から6〜7人とグループによりさまざまであり、お茶のみ話だけではつまらないため「買物をしたい」という参加者の希望に応えて、2か月に1回買物ツアーをするサロンや、ヨガ

を楽しむサロン、毎回催し物を企画するサロン、介護保険の学習会、子どもとの交流、合唱の練習など多彩なサロンがある。雪が深いため冬季は休止するサロンもある。サロンの活動が定着すると参加者から「いつする」「こうしてほしい」などの声が出てきて、ボランティアのやりがいにつながっている。またサロンは、「～さんが病気で困っていた」など、お茶のみ話ではないと聞けない声や悩みが聞こえる、貴重な場となっている。

（3）地域にある社会資源の発見と地域組織化の方法

　農村では、リーダーを一本釣りし、グループをつくろうとすると難しいことがあるため、川西町社協は座談会を蓄積し、地域組織化活動をすすめてきた。特に、個人個人が潜在的にもっている社会資源に誰かが気づき、ことばにすることで、地域にある社会資源を発見し、活用するところに、川西町社協の特色があった。社協職員がものの見方の角度を変えて地域住民になげかけ、地域住民が自分で活動の可能性に気づくことを重視したのである。

　社協が地域住民の声に基づいて事業を創り出すと、年齢などの基準だけで利用者を制限できず、事業が膨らむこともある。そのような場合でも、社協の力だけではできないからといって「できない」と割り切るのではなく、何度も会議で話し合いを重ねて解決策を見い出すこともある。地域住民に顔を売り、アドバイスをするのが社協職員の仕事のため、土日の休みの日にも地域に出ることが多い。社協職員が地域に出る時間を確保するのは大変だが、出て行けなければ住民に来てもらえばよいと考えている。社協には来客が多く、何度もきて顔見知りになる人も少なくはなかった。

第 8 章　住民主体の継承と社協の役割の再検討

2　山形における住民主体の継承とサービスの提供の課題

(1) 社協における住民主体の継承

　筆者は山形におけるフィールドワークを通じて、川西町以外にも多くの地域で住民主体や「調査と話し合い」が継承されていることを確認できた。
　たとえば高畠町社協では設立から25年間、児童遊園設置運動や1日一善運動、子ども会設置運動、家庭奉仕員設置運動、ハエと蚊をなくす運動、冠婚葬祭簡素化運動、おしめをおくる運動、老人医療費10割給付運動、丈夫な子どもを育てる運動、県立コロニー設置運動、母と子の健康を守る運動、県立コロニー関連施設募金運動、福祉のまちづくり運動、県民総ボランティア愛のかけはし運動、友愛訪問運動、通所授産施設設置運動、花いっぱい運動、一円玉募金運動、共同募金運動に取り組んできた。(高畠町社会福祉協議会、1989、p.4) [4]。

(2) 地域組織化と在宅福祉サービスの課題

　山形ではそれ以外にも多くの市町村社協が、住民主体や調査と話し合いを継承し、地域組織化をすすめてきたが、やがて在宅福祉サービスの提供において、課題に直面するようになった。
　たとえば酒田市社協は1980年代以降、孤独死を防ぐために近隣の住民が安否確認や声かけ運動を行う、福祉隣組の実践をすすめた。この活動もまた、「要援護者名簿台帳」を作成して実態を把握するという方法を用いてすすめられ、福祉隣組による見守りというインフォーマルな活動と、ホームヘルプサービスというフォーマルなサービスを小地域で組み合わせることも試みられた。そしてヒアリングの時点が介護保険施行の準備段階であったため、酒田市社協ではホームヘルプサービスの質の向上と効率化も重要な課題であった[5]。

鶴岡市社協もまた、1980年代に社協の基盤強化委員会で地区社協づくりをすすめることになり、ゼロから地区社協をつくるのではなく、コミュニティ協議会の力を借りて地区社協づくりをすすめた。今日の鶴岡市社協は、周囲の町村と合併し、特別養護老人ホームを運営する大規模な社会福祉法人である[6]。山形に限らず全国で、少人数の担当職員が大規模な人口を相手に地域組織化をすすめる一方で、住民にみえやすい在宅福祉サービスが拡大し、サービスの提供という施設と競合する役割を果たすようになったのかもしれない。

　ただし平田町社協（当時）のように、町内にある平田厚生会がデイサービスやホームヘルプサービスを受託し、社協は調査と話し合いを用いて地域組織化をすすめるという、組織化とサービスの提供について役割分担が存在する例もみられた。社協職員は地域に出向いてはお年よりと面談して話し合うなど、住民の声を聞く座談会を大切にしており、座談会で住民の声を引き出すきっかけをつかむために調査を実施し、地域住民の要望を把握している。たとえば座談会で「除雪が大変だ」という声から、小型除雪機を購入し、運転ボランティアがいる地区に除雪機を貸し出すという事業が生まれたこともあった。また健康な地域住民が要介護者の問題について縁が遠いように感じていたため、社協職員が健康な人でも畑にいるときに倒れることもあり、まったく他人事ではないのではないかと地域になげかけた。その結果地域住民が自分たちでできることをしようと考え、公民館の段差にスロープをつけたこともあった[7]。

　社協は共同募金という財源を狭められた結果、行政からの財源で在宅福祉サービスを提供し、拡大してきた。しかし今日では社協にも、行政への人件費の依存から財政面での独立が求められ、これまでの路線を維持することも困難になってきた。社協が民間の団体として、貧困に限らず、福祉のまちづくりを実践できるのかが問われているのである。

第Ⅲ節　地域組織化と社協のセクター論的再検討

1　インフォーマル部門の役割の問い直し

（1）社協のセクター論的位置

　従来社協の役割は地域組織化であり、そこに在宅福祉サービスの提供という役割を加えることについては批判もあった。しかし社協は現実には在宅福祉サービスで組織を拡大し、「もはや在宅福祉サービスから切り離された純然たるコミュニティ・オーガニゼーション推進組織ではなく、在宅福祉サービスの開発、運営管理と不可分な関連をもった組織」となっていった（山口、2000、p.291）。

　在宅福祉サービスの実施という路線のなかで、社協が住民主体の地域組織化の実践という本来の役割を果たすことができなければ、社協の使命を果たしていないと批判されてもやむを得ないであろう。しかしそこで地域組織化に取り組む職員がいる以上、研究者は批判で終わらせずに、社協がどうあるべきかを現場の職員と一緒に考えなければならない。このような状況のなかで濱野一郎氏は、「これまで社協理論としての地域福祉概念において、在宅福祉サービスと地域組織化が2本の柱として並列されてきていること、直接的サービスを中核とする在宅福祉サービスが社協路線の前面に押し出されていることをみてきた。しかしこの両者はAとBという風に『と』で併記される性格のものではなく、ある一定の構造において不可分に連関しているものであると考える」と述べ、社協の本来の使命は地域住民からのサンクションを活動の権威の源泉として、自主的グループ・アソシエーションと町内会・自治会のようなフォーマルなコミュニティの両方に依拠し、両者の葛藤を超えて「コミュニティづくり」に向けての方針

と援助を行っていくことであると指摘された（濱野、1985、p.106、114、119）。

　筆者には社協の進路を地域組織化のみに限定すべきだったのか、在宅福祉サービスの提供と地域組織化は両立可能であり、在宅福祉サービスの提供という路線が妥当であったのかについて、判断を示す自信はない。ただし上述の濱野氏の指摘を参考にして、今日の社協がインフォーマル部門やボランタリー部門による地域福祉活動の推進と、公的部門から財源を得たサービスの提供を同時に行うという、セクター論的には微妙な立場にいることについて掘り下げることはできる。

（2）インフォーマル部門の役割の問い直し

　第1に「社協が町内会・自治会などのコミュニティに依拠し、コミュニティづくりに取り組む」ことの重要性は、今日の事業型社協においても否定されていない。ただし前述のように、社協による地域組織化は生活問題を抱える人の個別支援には役に立たないと批判され、この批判が社協による在宅福祉サービスの提供という役割を生み出した、という経緯もあった。

　私見では、地域組織化は生活問題を抱える人の個別支援には役に立たないという批判自体が、日本的、あるいは非西欧的に感じられる。次章で述べるようにイングランドでは、インフォーマル部門には生活問題を抱えた人を発見し、見守りや短期的な支援など「たすけあいでできることをする」以上の役割は期待できず、それゆえに公的部門による在宅福祉サービスが重要である、という研究成果が存在する。このような知見によるならば、インフォーマル部門による助け合いをすすめる地域組織化は、生活問題を抱える人を長期的・継続的に個別支援する役割は果たさないため、地域組織化に対する生活問題を抱える人の個別支援には役に立たないという批判は的外れといえる。生活問題を抱える人の個別支援は、地域組織化ではなく、公的部門による在宅福祉サービスに期待すべき役割だったのである。

（3）地域組織化への批判の福祉国家論的背景

　筆者が上述のような地域組織化への批判を問い直すのは、過去の論者を批判するためではない。そもそも低成長期に移行した当時の日本では、生活問題を抱える人を地域で支援するためには公的部門による在宅福祉サービスが重要であるという主張は、正当であっても実現し難いという事情があったことであろう。むしろ筆者がここで問い直したいのは、地域組織化がインフォーマル部門に独自の「できることをする」ことが、公的部門のサービスと同様の観点から批判され、評価されなかったという、日本社会の特質である。

　福祉国家論によると、福祉国家には自由主義、社会民主主義、保守主義というモデルがあり、公的部門がサービス提供の中心となるのは社会民主主義モデルである。一方日本はそれらのモデルの境界事例であり、先進工業国の福祉モデルと後発の東アジアモデルの中間点に位置している（宮本、2003、p.28）。そして日本では、公的部門の役割として国民皆年金皆保険や公立の保育所の建設は行われたものの、低成長と高齢化、補助金改革が同時進行する状況のなかで公的部門による在宅福祉サービスの供給までには及ばなかった。そこで生活問題を抱えた人の地域生活を「誰が支えるのか」が問われた結果、公的部門ではなく地域組織化に批判が及んだ、ということかもしれない。換言するならば、福祉国家化における日本の後発性が、地域組織化は生活問題を抱える人の個別支援には役に立たないと批判を生み出したということである。

　しかし今日の日本の経済力を考えるならば、そろそろ日本の貧困に対する地域福祉活動、あるいは地域福祉活動全般においても、インフォーマル部門による助け合いに過剰な期待を寄せずに、独自の役割を評価してもよいのではないだろうか。筆者は次章で、「インフォーマル部門が何をすべきか」について、問い直したい。

2　社協の役割と地域福祉活動をすすめる方法の問い直し

（1）社協とアソシエーション

　そして社協が「自主的グループ・アソシエーションにも依拠して、コミュニティづくりをすすめる」ということについても、掘り下げ、問い直す必要があるように思われる。
　社協による地域組織化は個別支援には限界があると批判されたが、実際に生活問題を抱える人の地域生活を支えたのは、小地域の組織化による助け合いではなく、社協が行政から補助金を受けて実施した在宅福祉サービスであった。社協は、常勤や非常勤のヘルパーを雇用し、住民参加型在宅福祉サービス提供団体を育成して、在宅福祉サービスを提供したのであった。この住民参加型在宅福祉サービス提供団体のなかには、前述の濱野氏の指摘のなかの自主的グループやアソシエーションとして、コミュニティづくりを志向する団体も含まれていた。
　実は運命共同体ではなく選択の共同体であるアソシエーションは、伝統的共同体の閉鎖性や排外性と衝突することもある。またアソシエーションがもつ協同主義（associationalism）には市民の自由の領域を最大化する反面、地域間格差や国家責任の回避につながりかねないという弱さもある（斎藤、2004、pp.39—44）。そして柴田寿子氏によると、西欧においてアソシエーションは、補完性の原理というヒエラルヒッシュな側面を有する原理を民主主義的に活性化し、配置し直して、行政に対する市民的コントロールやコミュニティの強化、市民による政治参加をすすめる可能性がある（柴田寿子、2004、p.98）。
　一方日本におけるアソシエーションの未成熟もまた、日本の福祉国家の後発性の一因かもしれない。福祉国家モデルが形成される背景には、国家、

市場、家族が構成する福祉レジームにおける各要素の力関係があり[8]、日本は国家以外の社会的勢力が弱体ななか、行政主導で経済開発を社会政策よりも優先させ、企業や家族、地域の相互扶助に依存する福祉供給システムを構築してきた。この意味では程度の違いはあるものの、日本においても他の東アジアの国と共通する性格がみられるように思われる。

そして日本におけるアソシエーションの未成熟は、福祉国家の後発性だけでなく、社協が依拠する基盤の弱さにもつながり、社協によるコミュニティづくりの限界を生み出していったのかもしれない。

(2) 社協の役割の問い直し

このような背景により、日本の社協はインフォーマル部門やボランタリー部門を支援する小規模な機関としては生存できず、在宅福祉サービス提供の主役として大規模化した。そして今日では、社協が在宅福祉サービスの提供によって存続し続けることができるのかが問われている。

一方イングランドでは、かつて公的部門は基本的なサービスを提供し、ボランタリー部門は独自のサービスを提供するという公私役割分担が確立していたため、社協は小規模ではあるが、濱野氏が指摘した「アソシエーションとコミュニティの両方に依拠してコミュニティづくりをすすめる」組織として存続し、貧困に対応する地域福祉活動をすすめている。筆者は次章において、社協のインフォーマル部門とボランタリー部門に依拠してコミュニティワークをすすめる役割と、貧困に対応する地域福祉活動をすすめる方法を明らかにしたい。

第Ⅳ節　社協によるサービスの供給の課題

1　社協によるサービスの供給と公私役割分担

（1）在宅福祉サービスと地域組織化の関連

　日本の社協がコミュニティづくりをすすめる組織としてのみでは生存できずに、在宅福祉サービスの提供によって組織を拡大し、今日では社協が在宅福祉サービスの提供によって存続できるのかが問われていることを考慮すると、社協における在宅福祉サービスの提供についても問い直す必要があるかもしれない。そのためには地域福祉や社協で在宅福祉サービスと地域組織化は併記される性格のものではなく、不可分に連関している、という濱野氏の指摘を掘り下げることからはじめたい。

（2）社協によるサービスの供給と公私役割分担

　社協が在宅福祉サービスを開発したのにも、それなりの必要や理由がある。渡部氏は、社協が地域住民のニーズに応えてサービスを開発することについて、ニーズの増大化と多様化に対応して、住民による自主的な活動が広がり、行政も公的なサービスを提供するが、行政になじみにくい分野で地域社会の構成員によるサービスが発展する。そして公私のサービスを地域社会で統合するという共通の目標に基づいて、サービスを体系化する必要があると述べていた。そこにおける社協の役割は、共有すべきニーズの把握や住民による自発的な活動の推進と行政になじみにくい分野でのサービスへの発展の支援、公私のサービスの統合・体系化への問題提起であると指摘している（渡部、1990、pp.32―33）。

　また渡部氏は社協のアドミニストレーションの特質とは、住民による自

発的な活動の推進、行政になじみにくい分野でのサービスへの発展の支援や事業化であり、インフォーマルな活動からフォーマルな事業への発展を媒介するところに社協の特徴がある、と記述されている（渡部、2001、pp.85―86）[9]。なかでも国が決めた社会福祉事業の尺度で図りきれない問題が山積されていた東北では、社協は地域住民の必要に応じて、行政になじみにくいサービスを住民による自発的な支え合いに基づいた活動として発展させてきた（渡部、2005、p.80）。

このように社協は地域福祉を推進するうえで、地域住民のニーズに対応して、ときには地域組織化という方法を用いて在宅福祉サービスを開発してきた。それゆえに在宅福祉サービスと地域組織化は連関しているのかもしれない。筆者がここで重視したいのは、社協がすべての在宅福祉サービスを供給するのではなく、公私のサービスの体系のなかで行政になじみにくい分野でのサービスを開発する、という公私役割分担である。社協が在宅福祉サービスを開発しはじめた頃は、上述のような公私役割分担も意識されていたが、ホームヘルプサービスやデイサービスなどが介護保険制度に組み込まれ、全国で標準化されるという潮流のなかで、社協が行政になじみにくい分野で在宅福祉サービスを提供する、という公私役割分担を維持することが困難になってきたのである。

2　社協によるサービス供給とセクター論的位置

（1）民間部門によるサービス供給と公私関係

ただし今日では、行政が自ら公共サービスを提供する「ガバメント」よりも、統治作用により民間部門を調整し、活用してサービスを提供する「ガヴァナンス」が問われるようになったこともあり（武智、2003、p.1）、社協も含めた民間部門がサービスを供給することについて一概に悪いと決めつけるならば、粗雑な議論となってしまうかもしれない。

たとえば北島健一氏は、政府支配型（ファイナンスも供給も政府）、非営利セクター支配型（ファイナンスも供給も非営利セクター支配）、分権二元型（政府／非営利セクター支配によるファイナンスと、政府／非営利セクター支配による供給）、協力型（ファイナンスは政府、供給は非営利セクター）というギドゥロンによる政府・NPO関係の類型化を援用して、アメリカ、オランダ、ドイツは協力型、イギリスやフランス、イタリアも福祉サービスの供給とファイナンスを分離し、協力型やパートナーシップ型へと歩みはじめていると記述されている（北島、2002、pp.259—261）。日本で行政が補助金を支出し、社協がサービスを提供するという関係がこの類型でいう協力型や非営利部門が裁量権をもつ「パートナーシップ型」ならば問題は少ないが、私見では行政が非営利部門の裁量権を制限し、政府プログラムの執行者として活用する「ベンダー型」に該当するように思われる[10]。

（２）協力型、ベンダー型と補完性の原理

　それでは行政が財源を確保し、民間部門がサービスを供給するという役割分担において、協力型とベンダー型を分けるものは何か。「協力型」が成立しているオランダやドイツには、補完性の原理という伝統があることを考えると、補完性の原理の確立は重要な論点かもしれない。水島治郎氏によると補完性の原理とは、福祉に関する国家の役割を限定し、下位集団が福祉の主体を担う分権的な体制のなかで、下位の集団の問題解決能力を重視し、当該集団の自治と自律を尊重するところに特質がある。貧困者の救済や介護サービスの提供も非営利団体が、社会保険を財源として産業、職域や地域別で組合方式により自治的に運営を行い、国家の役割は制度の整備と執行の監督、財政支出にとどまる（水島、2002、pp.123—124）[11]。そしてヨーロッパで補完性の原理の確立に貢献したのは、前述のようにアソシエーションであった。

日本で行政が補助金を支出し、社協がサービスを提供する際に、行政が補完性の原理に基づいて社協の民間部門としての主体性を尊重してきたならば、社協と行政の関係は協力型と呼ぶべきであろう。しかし筆者の知る範囲では、このような協力型の公私関係を経験した社協職員は極めて少なく、高度成長期の公立の保育所や養護老人ホームの建設を除くと、社会福祉、なかでも地域福祉では、ガバメントが確立されないまま行政が民間部門にガヴァナンスを行ってきた観もある。社協はベンダー型の公私関係の下でサービスの供給という役割を果たし、公的部門に近い民間部門という、微妙な位置を保ってきたのかもしれない。

（3）社協のセクター論的位置と貧困に対応する地域福祉活動

　「第4章　社協の設立と保健福祉活動への展開」で述べたように、日本の社協は地域住民の必要から設立されるのではなく、公的部門によって設立された。そして「第5章　住民主体と山形会議」で示したように、1960年の時点で既に、財源等を行政に依存せざるを得ない社協がソーシャル・アクションを展開すると行政がそれを忌避するという、社協の立場の微妙さが論議されていた。本研究で社協によるソーシャル・アクションの展開と行政との関係が前面に出なかったのは、高度成長期の山形では住民の助け合いからはじめることが多かったためであろう。しかし行政管理庁による「社会福祉事業運営に関する勧告」と「共同募金に関する再勧告」を契機として、社協は単独の組織のなかで、インフォーマル部門とボランタリー部門を支援して地域福祉活動をすすめる役割と、公的部門からの財源によってサービスを供給する役割を果たさざるを得なくなった。

　そして今日では、社協と行政の近さが問題とされ、社協の財政的な自立によってこのような公私関係のねじれの解消が求められているようである。筆者は四半世紀近くも続いたセクター間の「ねじれ」を、財政的な自立で解決できるかについては懐疑的である。日本の社協がインフォーマル部門

やボランタリー部門を支援する協議体となるためには、社協像の再構築や民間非営利部門が会費を払うに値するような専門性、社協組織の体質の改善など、課題は多い。何よりも今日の社協には、介護保険事業を含めた在宅福祉サービスの提供の運営に時間と人手を割かざるを得ないため、かつてのような調査と話し合いを通じた貧困、あるいは福祉に欠ける状態に対応する地域福祉活動を推進するだけの職員と時間が不足しているのである。

　このような立場にある社協が、生活福祉資金の貸付を超えて、貧困に対応する地域福祉活動をすすめることができるかは定かではない。そこには、貧困に対応する地域福祉活動をすすめるボランタリー部門が町内会などのコミュニティ組織、あるいはインフォーマル部門と協力することができるのか、あるいはボランタリー部門がソーシャル・アクションを展開するときに、公的部門と近い立場にある社協はソーシャル・アクションを支援できるのか、という、セクター間の問題が内在しているからである。換言すると、欧米と比較して日本の社協にみられる「セクター間のねじれ」が、貧困に対応する地域福祉活動の推進の障壁となるように思われる。

　日本で貧困に対応する地域福祉活動の推進方法を研究するためには、方法だけでなく、その方法を用いる組織の役割やあり方についても考慮せざるを得ないのである。それゆえに筆者は次章で、セクター間の「ねじれ」が少ない社協の組織と貧困に対応する地域福祉活動をすすめる方法について学びたい。

第8章　住民主体の継承と社協の役割の再検討

（注）
1) 運動体社協とは、「1つは、地域住民が自ら福祉課題解決のために立ち上がり、協働してその解決にあたるようその活動を援助する役割である。もう1つは、そうした住民の活動を基礎に、社会施策の担い手である地方自治体と国に対し、福祉課題を解決するよう働きかけ、その施策の充実を促進する役割」を果たす社協である。
2) 事業型社協とは「住民の具体的な生活・福祉問題を受け止め、そのケースの問題解決、地域生活支援に素早く確実に取り組めるように、①総合的な福祉相談活動やケアマネジメントに取り組み、②各種の公的福祉サービスを積極的に受託し、それらを民間の立場から柔軟に運営しつつ、③公的サービスでは対応できない多様なニーズにも即応した新たな住民参加型サービスを開発推進し、④小地域での継続的・日常的な住民活動による生活支援活動、ネットワーク活動、ケア・チーム活動等に取り組むとともに、その問題解決の経験をふまえて地域福祉活動計画の策定と提言活動の機能を発揮する。このような事業・活動を通して住民参加を促進し、福祉コミュニティ形成をすすめる市区町村社協」と定義される。
3) 川西町社協（当時）の安部芳俊事務局長へのヒアリングは、平成10・11年度科学研究費補助金奨励研究（A）「地域性に対応した地域福祉活動プログラムの推進方法の実証的研究」課題番号（10710102）による研究の一環として行われた。安部氏は川西町社協に1969年から勤務しており、ヒアリング当時社協には職員が3人、ホームヘルパーが10人配属されており、会長は民生委員であった。
4) 高畠町社協の青野潔事務局長へのヒアリングは、平成6年度科学研究費補助金奨励研究（A）「自治体の福祉政策の形成における住民参加の機構と住民組織の機能の実証的研究」（課題番号06710116）の一環として行われた。
青野氏のお話で印象的だったのは、行政のような権限と財源をもたない社協職員は、社協からの情報が行政でも重視され、社協活動についての理解につながるように、生活実態や政策動向を学ぶことが重要であるという点であり、社協は行政からの独自性を保ちながらも、行政と定期的な交流をもち、意見を交換できる関係を築いていた。
5) 酒田市社協の五十嵐淳二事務局長、五十嵐勉コーディネーター（いずれも当時の職名）へのヒアリングは、平成10・11年度科学研究費補助金奨励研究（A）「地域性に対応した地域福祉活動プログラムの推進方法の実証的研究」課題番号10710102）による研究の一環として行われた。鏡（2004）によると、酒田市では2003年現在でも草の根地域福祉ネットワーク事業や福祉隣組活動が継続されている（鏡、2004、p.23）。
6) 鶴岡市社協の板垣茂事務局次長兼地域福祉係長（当時）、鈴木吉治鶴岡市コミュニティ組織協議会会長（当時）へのヒアリングは、平成6年度科学研究費補助金奨励

研究（A）「自治体の福祉政策の形成における住民参加の機構と住民組織の機能の実証的研究」（課題番号06710116）による研究の一環として行われた。当時社協の基盤強化委員会のメンバーであった鈴木吉治氏は、炭鉱などで労働組合を組織化し、灯油裁判で有名になった生協で班活動をすすめた経験をもち、板垣茂事務局次長はコミュニティ行政を担当し、鈴木氏と協力した経験があった。その後の鶴岡市社協の活動については、佐藤（1998）に詳しいが、鏡（2004）によると鶴岡市社協はコミュニティセンターを拠点として週3日程度勤務するコーディネーターを配置し、調査や広報、ネットワークづくりをすすめている。また「こばえちゃお茶飲みサロン」と呼ばれるふれあいサロンづくりもすすめている（鏡、2004、pp.20—21）。

7）平田町社協の菅原千佳福祉活動専門員（当時）へのヒアリングは、平成10・11年度科学研究費補助金奨励研究（A）「地域性に対応した地域福祉活動プログラムの推進方法の実証的研究」（課題番号10710102）による研究の一環として行われた。平田町社協では、社協が各地区に出向き、理解を深めてもらう「出前福祉」や子どもの頃から遊びながら障がい者にかかわり、ボランティアの学習会とつなげる親子ふれあいクッキング、町長懇談会などユニークな活動が実践されていた。

8）世界人口の60%をかかえるアジアでは、福祉国家の形成以前に貧困問題や識字率の低さに直面している国も多く、民主主義や労使交渉、地方制度と行政組織が未成熟なため社会保障への依存度は低く、扶養や介護を公的部門や市場よりも家族や村落共同体に依存せざるを得ない状況にある（岡、2004、pp.249—255）。そのなかで東アジアは、一定の経済成長を達成し、社会保障制度を整備しはじめているが、国家官僚制の影響下で、狭義の福祉への支出を抑制して財政資源を経済開発に集中させ、福祉の供給を企業・家族・コミュニティや非政府機関に依存してきた。国家以外の社会勢力は弱体であり、欧米のような民主主義や市民社会の確立には至っていない（宮本、2003、p.14、pp.23—25、p.37）。そもそも福祉レジームを構成する労働組合も、日本では産業や経済全体よりも企業別組合として定着し、影響力の範囲は限られているのである（田端博邦、2003、pp.95—96）。

9）社会福祉の運営（アドミニストレーション）には、「その組織の機構、運営過程を調整し、また職員の勤務条件その他の整備を図るなどして、その組織目的を完遂し、また目的そのものも社会変動に伴う地域住民のニードの変化に対応するよう検討し修正する働きなど多面的な活動を統括した1つの組織活動」（重田、1971、p.4）というアメリカ流の社会福祉援助技術としてのアドミニストレーションと、社会政策の下位にあり、「『社会福祉サービス』と呼ばれるものを準備したりする特定の組織や機構（並びにそれらの間の選択）に大きな関心をもつ」（Titmuss,1974＝1981,pp.54—55）

イギリス流のソーシャル・アドミニストレーションがある。

10）アメリカでパートナーシップ型が成立するまでには、NPOは市場や政府の失敗を補正するという制度選択論による分析から、非営利部門にも、①フィランソロピーの不十分さ（ニーズに対処するだけの資金調達は困難）、②個別主義（特定の集団にサービスを提供する傾向）、③パターナリズム（コミュニティのニーズよりも経済的に余裕のある人の意向に沿う）、④アマチュアリズム（専門家をひきつけられない組織の財政）といったボランタリーの失敗があるというサロモンの分析までの過程があった（北島、2002、p.252、pp.255―256）。日本では、政府の失敗とボランタリーの未確立についての論議が不十分なまま、インフォーマル部門に依存し、民間部門が活用された。

11）補完性原理は自然法の一部として出発し、カトリック系思想のなかで中世的な概念として培われたが、近世の社会契約的発想を経て結社の自律性、自治性を強め、重層的でボトムアップな多元的政治システムと政治的なものの拡大という原理が抽出されるようになった（柴田寿子、2004、p.91）。

第9章 イングランドにおける貧困とコミュニティワーク

第Ⅰ節　貧困に対応する政策体系と公的部門によるコミュニティワーク

1　貧困に対応する社会政策と地域福祉活動の位置

（1）本章の目的と構成

　筆者は本章で、イングランドにおける貧困と地域福祉活動を検討し、「第8章　住民主体の継承と社協の役割の再検討」で示した、インフォーマル部門と社協の役割を問い直したい。

　「第Ⅰ節　貧困に対応する政策体系と公的部門によるコミュニティワーク」では、イングランドでは貧困に対応する地域福祉活動は社会政策を前提として、貧困のなかでもインナー・シティなどの「地域的貧困」に対して、地域再生としてかかわることを示す。そして「第Ⅱ節　インフォーマル部門の役割と限界」では、インフォーマル部門には「見守る」以上の役割は期待されず、それを超える役割はボランタリー部門や公的部門に求められることを述べたい。「第Ⅲ節　社会的経済とボランタリー部門の役割」では、ボランタリー部門は社会的経済や雇用支援などにより貧困に取り組むことを示し、「第Ⅳ節　コミュニティ・ディベロップメントの機関」では、

貧困に対応する地域福祉活動をすすめる方法としてコミュニティ・ディベロップメントが用いられ、ボランタリー組織やボランタリーサービス協議会、農村地域協議会がコミュニティ・ディベロップメントを通じてインフォーマル部門やボランタリー部門を支援することを記述し、日本でインフォーマル部門や社協の役割を考えるためのヒントを得たい。

（2）ホームレスの貧困と安全網としての社会政策

　「貧困に対応する地域福祉活動」といっても、地域福祉活動が貧困問題すべてを解決する役割を果たすわけではない。イングランドやその他のヨーロッパの福祉国家では、貧困問題には公的部門が社会政策という安全網によって対応する。イギリスではホームレスの61％が所得補助という所得保障を受給しており、住宅の社会的な供給や家賃補助などの住宅政策はホームレス化を予防する効果をもつ。また失業保険や雇用創出、失業者等の雇用の支援などの労働政策も、重要である（岡本、2003、pp.64—65）。そしてこれらの社会政策だけでは対応できない複雑な問題を抱えた人が、安全網からこぼれ落ちて、ホームレス化するといわれている。

　複雑な問題とは、アルコールや薬物への依存、家庭内外の暴力などを指すが、貧困のこのような側面に過度に着目すると、ホームレスを医学モデル的に治療の対象として認識してしまう危険性もある[1]。ちなみにヨーロッパにおいてホームレスは居住が不安定化した人を指す幅広い概念であり、日本でいうホームレスに該当するのはイングランドでは「ラフ・スリーパー（rough sleeper）」と呼ばれる。その数は2003年6月にはイングランド全体で504人、ロンドン市内で267人と、日本よりも少ないようである（中村、2003、pp.iv—v、中山、2004、p.41）。

（3）ホームレスの再定住プログラム

　「貧困に対応する地域福祉活動」といっても、ホームレスの貧困には主に

再定住プログラムが対応し、地域福祉活動が中心的な役割を果たすわけではない。イングランドではラフ・スリーパー・イニシアティヴが昇格したラフ・スリーパー・ユニットが、野宿している薬物常用者やアルコール依存、精神障がい者に力点をおいて、再定住プログラムをすすめてきた。ホームレスの再定住の支援は地方のレベルで、行政職員とボランタリー部門の職員によるアウトリーチや、情報提供と相談、一時的な住居での段階的な支援と同伴訪問による定住への支援、恒久住宅に移った段階での金銭面での困難への対処等個別ニーズへの援助、公私協働計画による計画策定、という形で行われる（岡本、2003、pp.101—112）。

イングランドにおけるホームレスの再定住プログラムで印象的なのは、活用できる社会資源の豊富さである。中山徹氏によると、ロンドンでは直接利用可能なホステルが2700室、デイセンターが54か所存在し、4500人が再定住することができた。またホームレスの支援に携わるチャリティ団体は、130以上であった（中山、2003、pp.102—104、中山、2004、pp.40—41）。

（4）貧困に対応する政策体系と地域福祉活動の位置

イングランドで「貧困に対応する地域福祉活動」は、「貧困全般」というよりは、衰退地域などの地域的な貧困に対応する。

イングランドでは1999年度から2002年度にかけて社会的排除ユニットを中心に、①経済的向上（障がいをもつ人の雇用促進、雇用のための教育、国家最低賃金の設定など）、②子どもの貧困の解決、③機会の平等（若者の教育水準と技術の向上、子どもの健康と居住環境の改善、障がいをもつ人の雇用と教育の促進）、④衰退地域への支援（コミュニティ・ニューディール、近隣地区再生のための全国戦略）、⑤最も深刻な課題の解決（10代の妊娠、ホームレス）などの政策が展開されたが（中島、2005、p.14）、地域福祉活動やコミュニティワークは、ホームレス支援も含めた「⑤最も深刻

な課題の解決」ではなく、「④衰退地域への支援（コミュニティ・ニューディール、近隣地区再生のための全国戦略）」として展開されたようである。たとえば近隣地区再生のための全国戦略(National Strategey for Neighbourhood Renewal,Social Exclusion Unit,2000）では、最も衰退している88地域に3年間の近隣地区再生基金が投入され、民営化と近隣の役割を重視した地域再生政策が推進されている（中島、2005、pp.14—15）。

イングランドでは、一般的施策としての社会政策、ホームレスの特別な支援としての再定住プログラムという政策体系があり、貧困に対応する地域福祉活動やコミュニティワークは地域再生（urban renewal）と呼ばれ、衰退地域への支援の一環として位置づけられているようである。

2　インナー・シティの貧困とインナー・シティ政策

（1）インナー・シティの貧困の構造

イングランドで貧困に対応する地域福祉活動やコミュニティワークが、衰退地域への支援や地域再生の方策として位置づけられた背景には、インナー・シティ問題とインナー・シティ政策の歴史があるように思われる。イングランドでは1968年4月に、政治家のパウエル（Enoch Powell）が都市部で起きた暴動について「血の川」という題名でスピーチを行うほど、インナー・シティ問題が顕在化し、都市部の治安は悪化していた（Laurence & Hall,1981,p.91）。

タウンゼント（Peter Townsend）は「連合王国における貧困」の「第15章　貧困地域の諸問題」において、貧困地域では衰退する産業が低賃金な産業となり、新たな産業が発展しなければ待機者や失業者が創出される。住宅の価値は低下し、不動産の手入れはされなくなり、工場は閉鎖される。低賃金労働とある種の住宅が入手できるようになったことが結びついて、移民のコミュニティが生まれる。低水準の古い公営住宅と「短命な住宅」

と呼ばれる住居が、社会的地位や収入、快適さの階層性を生み出す。このような地域の衰退の結果として、過密や不法占拠、不衛生などの極端な例が生じ、地域の評判を悪くする。このような地域的貧困（area poverty）は、産業と雇用、住宅、土地活用政策の結果である、と描写していた（Townsend, 1979,pp.562―563）。インナー・シティ問題は、このような構造によって生み出されたのであった。

（2）インナー・シティ問題とは何か

　インナー・シティにおける貧困の内容として、劣悪な生活環境と非行、バンダリズムなどをあげることができる。たとえば1973年から76年に環境省と地方自治体の協力によって実施された"Inner Area Study"では、地域的貧困を把握するための「相対的剥奪指標」として、1年以上失業している成人、13週以上失業している青年、18歳までに5回以上の転職経験者、借家、長期ケア下にある児童、読解力の低さ、少年非行などの発生率があげられていた（Wilson et al,1977,p.295）。このような指標を用いた貧困の測定のルーツは、タウンゼントの「相対的剥奪」（relative deprivation）であり、これらの指標に基づいて後述するインナー・シティ政策や地域再生政策の対象となる地域が選択され、補助金が投入されていった[2]。

　劣悪な生活環境とは、高層の公営住宅などで自然の換気を考慮した設計がなされていないため、料理などの生活臭がこもり、ごみが散乱し、採光が不十分で薄暗い状態のことである。公営住宅には家族関係が不安定な世帯が多く入居するため、トラブルや住民同士の対立もみられた（Harrison,1983,pp.225―239）。

　またインナー・シティにおける犯罪や非行、バンダリズムの背景には、16から19歳の若者の失業率の高さがあり、雇用する側は試験結果が良好な人材を求めるようになったため、親の代から仕事が不安定で、学校をドロップアウトして教育で成功を修めることができない青年は採用されにく

くなった。その結果若者たちは、短期の仕事についてはくびになり、失業手当を受給して、また短期の仕事につき、くびになるという悪循環を繰り返し、将来の生活への展望をもてないまま自らを敗者と感じ、これらの感情のはけ口と退屈な生活の憂さ晴らしを求めて非行に走ることもあった。その結果かつては快適であった公営住宅では、ひとり暮らしの高齢者は危険と背中合わせで孤立した生活を送るようになった（Harrison,1983,pp.125—129,p.270）。なおインナー・シティでは、子どものいる世帯の5から6％がホームレスに該当していた。この数値は当時の全国平均の10倍にあたる（Harrison,1983,p.183）。

このようなインナー・シティの貧困は、今日でも残っている。テイラー（Marilyn Taylor）は貧困な地域について、「収入の欠如による住宅の選択の余地のなさが、サービスや商品の選択の欠如につながり、住宅が貧困な地域は市場にとっても商店にとっても魅力的でなくなり、バンダリズムが生まれる。人々が公共のサービスに依存する地域では他の民間の代替物を入手することが困難になり、今日の政策環境では社会サービス自体も価値が損なわれつつある」と記述している。このような問題の背景には、職へのアクセスや収入へのアクセス、住宅市場における選択の余地、環境の質の低さにより増加する犯罪、保健衛生、自己評価の低さ、偏見、間延びした公共サービス、質が高い商品やサービスをひきつけるような市場の欠如、政治的な影響力のなさという問題がある（Taylor,2003,pp.69—70）。

（3）インナー・シティ政策の展開

イングランドでは、教育優先地域（Educational Priority Area）や後述するコミュニティ・ディベロップメント・プロジェクト（Community Development Projects：以下 "CDPs" と略）、地域のさまざまなプロジェクトに補助金を供給したアーバン・プログラム（the Urban Programme）、短命に終わった包括的コミュニティ・プログラム（Comprehensive Community

Programme)、総合改善地域（General Improvement Areas：GIA）、住宅改善地域（Housing Action Areas：HAA）など、さまざまなインナー・シティ政策が展開された。

　1979年に保守党に政権が移行すると、地域政策のアプローチはコミュニティ基盤から資産や利益主導へと転換し、政府は都市開発公社（Urban Development Corporation=UDC）やエンタープライズゾーンの設置、都市再生補助金の都市開発補助金（Urban Development Grant）からシティ・グラントへの改革、エスティト・アクションによる団地再生、地域再生プロジェクトを支援するシティ・アクション・チーム（後のタスク・フォース）などを通じて、公的資金を地方政府よりも民間セクターに投入するようになった。そして1994年にはインナー・シティ政策にかかわるさまざまな補助金が単一都市再生予算制度（Single Regeneration Budget：SRB）に統合され、環境省、労働省、内務省、通産省、教育省の5省にあった20種類の予算が一本化された（Taylor,2003,pp.27—31、塩崎、1996、pp.208—210）。

　このようなインナー・シティ政策の歴史を経て、前述のコミュニティ・ニューディールや近隣地区再生のための全国戦略が生み出されたのである。

3　公的部門によるコミュニティワークの挑戦と限界

（1）コミュニティ・ディベロップメント・プロジェクトの活動

　イングランドでは、上述のようなインナー・シティ問題を背景として、CDPsという公的部門による貧困問題に対応するコミュニティワークが誕生した。当時はシーボーム委員会が地方自治体に社会福祉部を設置する構想を検討しており、同委員会でもインナー・シティ問題を取り上げるべきであるという声も聞かれたが、ティトマスの提案によって社会福祉部の業務の主流は高齢者や障がい者への新たな福祉サービスの開発になり、インナー・シティにおける貧困問題への対応は内務省（Home Office）の管轄と

なった。(Cooper,1983,p.65,85) 内務省はアメリカの貧困戦争をモデルとして、1969年から1978年の間にイングランドの12地域でCDPsを設置した。プロジェクトの財源の75％はアーバンエイド・プログラムによる補助金で、残りの25％は地方自治体の負担であり、各地で2～3人の常勤職員と付加的なパートタイムの職員による「インターサービス・チーム」が設置された（Younghusband,1978＝1986,p.299）。

中央政府はアメリカの「貧困の文化」論に依拠して貧困問題を社会病理として認識し、CDPsには家族や地域の絆の強化による貧困問題の解決を、特にインナー・シティにおける治安の回復を期待した。それゆえにCDPsの目的は、地域民主主義の発展並びに地域における中央と地方政府によるサービスの改善であり、活動内容は①地方レベルのサービスの運用と調整の改善、②コミュニテイ内の集団の強化、③コミュニテイの集団を効果的に結びつけ、自治体とかかわることができるような構造をつくる技術と制度の発展、であった（Loney,1983,p.89）。CDPsは各地で、法律相談や近隣協議会（neighbourhood council）の組織化、コミュニティ内の団体の支援、児童や青少年を対象とする小規模な事業の実施と効果測定（action research）に取り組み、各プロジェクトは多くの時間を助言や住宅問題への取り組み、児童の遊び場などの社会資源の開発に費やしていた（Loney,1983,p.149、柴田、1998、p.98）。

（2）コミュニティ・ディベロップメント・プロジェクトの課題

CDPsは近隣協議会や協同組合の組織化に取り組み、参加民主主義の推進を試みたが、所得保障や雇用政策を抜きにしたまま住民参加によって貧困問題を解決できるのか、という問いを残した。住民参加によって貧困問題を解決しようとすると、「変革すべき問題は地域にあるが、変革のターゲットは地域の外にある」という壁につきあたるのである（Loney,1983,p.89）。

第9章　イングランドにおける貧困とコミュニティワーク

　またCDPsは、貧困を解決できる範囲で住民の権限と自治が保障されていたのか、という問いも残した。CDPsの目的として地域における中央と地方政府によるサービスの改善があげられていたが、現実にはそれらには手が届かず、地域住民に一定の権限が認められ、自治が可能であったのは、アーバン・エイドの補助による法律相談や遊び場づくりであった。このような住民自治の範囲の制約が、住民参加による貧困問題への取り組みの実効性を乏しいものにしたのかもしれない。

　そしてCDPsは、公的部門がソーシャル・アクション的なコミュニティワークを実践できるのか、という問いも残した。中央政府はアメリカの「貧困の文化」論に依拠して貧困を社会病理として認識し、CDPsには地域や家族の絆を強化することで貧困問題を解決するという、非科学的な期待を寄せていた。しかしCDPsの現場は、コミュニティ・ディベロップメントの実践を通じて中央政府の期待が誤りであることを認識し、CDPsは①解体した地域に入り込み問題を一緒に解決する「伝統的」なプロジェクトと、②調査を重視する「正統的」なプロジェクトと、③ラディカルな活動家のプロジェクトに分かれていった。このようにしてイングランドでCDPsは、社会病理的な発想による貧困対策からの転換期として評価された。(Loney,1983,p.134、179)

　しかしラディカルな活動家のプロジェクトで、CDPsのコミュニティワーカーが地域住民と貧困問題の原因と解決方法を考え、貧困問題を解決するためには地域経済の振興や失業対策、社会保障制度の充実が必要であるという認識に至ると、CDPsの活動は治安や環境改善という中央政府の期待を超えて、ソーシャル・アクションへと展開した。そしてCDPsがソーシャル・アクションを主導したことによって、公的部門に属するCDPsの職員が同じ公的部門の職員を突き上げる活動を地域で育成するという、公的部門によるコミュニティワークとソーシャル・アクションがかかえる矛盾が露呈された。また中央政府の補助も受けて設置されたことが、CDPs

のスタッフの立場をさらに難しくした。

（3）コミュニティワークの衰退

　トゥエルブトリースによると、コミュニティワークとは「集合的な行動を通じて、自分たちのコミュニティを改善するために、人々を支援する過程」である（Twelvetrees,2002=2006,p.1）。そしてイングランドでCDPsは、シーボーム報告やガルベキニアン報告とともに、コミュニティワークを離陸させ、黄金時代へと導いた契機として評価されているが、他方では公的部門にソーシャル・アクションにつながるようなコミュニティワークを実践できるのかという問いかけを遺して挫折した（Thomas,1983,p.38）。そして1980年代にはコミュニティ・ソーシャルワークやパッチ・システムなどの実験がみられたものの、コミュニティワークは衰退していった。

第Ⅱ節　インフォーマル部門の役割と限界

1　貧困地域における助け合い―難しさと可能性―

（1）貧困地域における助け合いの難しさ

　CDPsはインナー・シティで地域住民による助け合いや自治をすすめようとしたが、そもそも貧困な地域でそれらをすすめることは容易ではない。ドマジエールは貧困な地域について「この地域共同体の調査は、失業について多くのネガティブな結果を明らかにした。個人生活・生活水準・家族関係の悪化、社会活動・社会運動・余暇の縮小、無為な時間・日常生活・生活空間の狭隘化などがその特徴としてあげられた。失業にとらわれた共同体とは、運命論・諦め・無為・展望の欠如、そして貧困によってマヒした『疲労した共同体』にほかならない。失業は単に人々の社会的地位の喪

失としてだけでなく、すべての社会的認証の剥奪、他者によって認められた社会的役割の崩壊、そして社会生活の終わりであった」と記述している（Demaziere,1995＝2002,pp.129―130）。

　インナー・シティにおける参加や自治も、単純な問題ではなかった。地域には借家人組合やビンゴ・クラブ、年金生活者クラブ、青少年クラブ、ランチ・クラブ、カンフークラブ、母親と幼児のクラブなどがある一方、子どもがいるため地域の集会に出られないひとり親世帯も多く、この地域から抜け出すことを望む住民もみられた。借家人組合が治安対策と生活環境の改善に取り組もうとしても、あまりにも改善すべき点が多すぎて補助金では費用をまかないきれず、人材不足という問題もあった（Harrison, 1983,pp.403―409）。

　それでもインナー・シティでは、常に人口が流動し、かつてのような親密な社会的接触が存在しないにもかかわらず、「困った時に近隣の人はあなたを助けてくれると思いますか？」という質問をすると3分の2が「はい」と答える、という現象がみられた（Coates & Silburn,1971,pp.59―66、106―107、p.113、121）。

（2）労働者階級によるコミュニティの記憶

　インナー・シティで上のような助け合いの萌芽がみられたのは、貧困地域も産業が衰退する以前には、「労働者階級によるコミュニティ」だったからかもしれない。

　ブライアン・ジャクスン（Brian Jackson）によると、「労働者階級によるコミュニティ」では、労働者階級の貧しさと生活の厳しさ、階級のなかでの格差の少なさと収入や仕事により「近隣に住む」ことを強制された生活が、助け合いの精神とコミュニティ内で相互扶助を行う集団を生み出す。そして親族関係の濃密な網の目のうえに築かれた近隣関係は、コミュニティ内での社交や結婚、内輪話やレクリエーションを媒介として維持され

る。ただし国家が社会のためにコミュニティを活用しようとしても、労働者階級は政治家が国家に奉仕するだけではなく私腹を肥やし、労働者を搾取する存在であることをしっているため国家の戦略には乗ってこない。そしてジャクソンは、労働者にとってコミュニティはそれ自体では不平等な社会のなかで重要な慰安的な価値はあるが、それ以上の価値はほとんどないという結論を述べている（Jackson,1968＝1984,pp.282—290）。

ジャクソンによるとコミュニティを構成するのはさまざまなクラブであり、そこに来れば知り合いがいて、雑談を楽しむことができる。土曜日の夜にはコンサート、日曜日の夜にはビンゴなどのイベントがあり、メンバーが集まることのできる家を所有するクラブやビールを出し、パブのような居場所となるクラブもあり、年金生活者にとっては名誉会員としてささやかな敬意をはらわれながら、家でテレビをみるよりも楽しく昼間の時間を過ごせる居場所であった。メンバーが生活に困ると、クラブの習慣や事情に応じて組織的に金銭などの援助が提供され、子どもの遠足や小旅行などのレクリエーションも催された（Jackson,1968＝1984,pp.79—90、p.106、123—126）。

（3）旧炭鉱地域における「良い隣人」活動

筆者はイギリスのグロースターシャー県の旧炭鉱地域で、「良い隣人」という地域住民による助け合いの活動に出会った。この地域は山奥の谷底にある細長い村で、炭鉱のために「結核の谷」と呼ばれる地域もあるなど、貧困地域としての歴史をもっており、都市部のインナー・シティやハダズフィールドのような労働者階級によるコミュニティとは異なる、旧炭鉱地域コミュニティや農村コミュニティというべきかもしれない。

このような地域でリドブルック・コミュニティ・ケア(Lydbrook Community Care）というチャリティ登録団体が、11年間にわたって良い隣人も含めた相互扶助の活動を行っている。組織の運営は委員会が行い、2名の有給の

スタッフと約70名のボランティアがプロジェクトをすすめている。活動の財源は宝くじのため、常に財政面での苦労は絶えない。当初は資金が乏しかったためラップトップコンピュータを買い、教会の一部を借りて活動をはじめたが、現在ではコミュニティケア改革により、行政と契約を結んでプロジェクトに必要な財源を確保している。

　主な活動内容はランチ・クラブ、良い隣人、助言・情報サービス、機器貸し出し計画、庭の維持管理計画、旅行計画である。ランチ・クラブは3か所で実施しており、エイジ・コンサーンから料理を配達してもらうこともある。人々はそこに集まって楽しみ、互いに助け合い、問題を共有する。身体が弱ってきた女性を組織化した結果友情が芽生えたこともあったし、家庭で孤立した高齢者がランチ・クラブに参加し、その高齢者の生活の質が向上したこともある。ランチ・クラブには、高齢者だけでなく障がいをもつ人も参加することができ、ときにはスタッフがランチ・クラブの客になることもある。

　1994年から地域住民による助け合いの活動として良い隣人プロジェクトを開始し、現在では、車を運転できる人は運転ボランティアとして通院や買い物に同行するなど、「できることを」活かして、自然に人をつなげている。またボランティアのトレーニングも実施している。病院のソーシャルワーカーや県の福祉事務所と協力することもあるが、行政は住民に対して、「互いに見守る」以外の役割は期待していない。このグループは、常に住民のニーズに敏感であろうと努めており、何事も参加者と話し合って決めるようにしている。

2　良い隣人運動とインフォーマル部門の役割

(1) 良い隣人運動の展開

　前述の「良い隣人運動」はイングランドにおいて、住民参加による社会的ケアの改善と近隣関係の創出を目的として、1970年代後半から1980年代前半にかけて展開された[3]。

　たとえば多くの労働者階級コミュニティが存在したシェフィールドでも、教会のコミュニティケア委員会が行政と協力して、良い隣人運動を実施していた。シェフィールドでは、「見守り続けていただけますか」というスローガンのもとで、近隣にあるニードをモニタリングするために「接触」計画を設け、390人が235の街区と7のブロックやフラットをカバーしていた。そして公的部門のワーカーや病院、入所施設等からの援助の要請に応えて、訪問や家事援助、デイセンターへの送迎、退院時の援助など誰でも無理なくできる支援を行う地域住民を派遣する「連絡計画」もはじまった。やがて長期の訪問や特別な援助へのニードなど、連絡計画では対応できないに要請に応えるためにコミュニティケア・ボランティアがはじめられ、ボランティアはお年寄りの訪問を通じて新たな友人ができるなどの報酬を得た。これらの地域住民による活動だけでは応え切れないニードには、有給でフルタイムのワーデンが対応していた（Abrams et al,1981,pp.80—86）。

(2) 良い隣人プロジェクトの概要

　エイブラムズが1979年から1980年にかけて社会サービス部やボランタリーサービス協議会等の名簿で「良い隣人」プロジェクトを確認したところ、その数は3000以上にのぼった。そこで彼はそれらのプロジェクトに郵送調査を行い、1026件の回答を得て830件の有効回答に基づいて「表9— 1　エイブラムズによる『良い隣人』プロジェクトの調査結果の概要

(1979〜1980)」のような集計結果を得た (Abrams et al,1981,pp.11―12)。

この研究が行われた時期は、伝統的な労働者階級のコミュニティが衰退し、私秘化や再開発とリハウジング、女性の労働市場への参入、家庭中心の余暇などの転機であり、現代的な近隣性が模索されていた (Bulmer, 1984,p.178)。そして調査結果から、良い隣人プロジェクトが成功するためには、より多くの援助者と財源を獲得し、適切に援助者を派遣できるようにすること、モニタリングや訪問を行ってニードがみえるようにし、援助する人と援助される人の間に長期的な関係が発展すること、ミニバスや燃料費の補助といった移送にかかわる問題の解決や、官僚制の回避、公的なサービスとの関係の改善といった組織運営の問題の改善が必要であることが明らかになった。また良い隣人プロジェクトには、数が多いものの地域住民にあまり知られておらず、孤立しがちである、という課題もあった

表9－1　エイブラムズによる「良い隣人」プロジェクトの調査結果の概要 (1979〜1980年)

a. 誰が活動をはじめたか	①教会(39%)、②ボランタリー団体(27%)、③地域住民(16%)、④地方自治体(11%) *1975年以前から活動開始が50.8%
b. 援助者数	①20名以下(29%)、②20〜40名(19%)、*160人以上の大規模な組織もある。
c. 利用者(複数回答)	①高齢者(82%)、②障害者(44%)、*50名以下の規模が30%を占める。
d. 活動内容(複数回答)	①訪問(76%)、②移送(45%)、③送致(22%) *クラブづくりやデイセンターの運営、外出なども40%が実施。
e. 報酬	①完全に無報酬(82%)、②実費弁償(16%) *有給の組織担当者がいる団体は13%。
f. 課題	①援助者不足(43%)、②不適切な援助者、③移送の困難、④組織運営、⑤他機関との接触が20%前後ずつ。

出所：Philip Abrams,Shiela Abrams,Robin Humphrey,Ray Snaith "Action For Care ― A Review of Good Neighbour Schemes in England" The Volunteer Centre,1981,pp.17‐39 より筆者が作成した。

（Abrams et al,1981, p.44、187、115）。

（3）近隣における助け合いの動機と役割

エイブラムズは近隣のケアの源泉として、愛他主義と互酬をあげている。前者は教会のような道徳的なコミュニティの成員が他者を支援する理由を提供するが、それが「善行」と理解されるならば上下関係を生み出すおそれもある（Bulmer,1984,p.114、pp.201―202）。それに対して互酬は、支援される人も、支援を受け入れることで支援する人に「自分は支援できる」という感情を与えるなど、対等な関係である。たとえば良い隣人プロジェクトに参加したボランティアのなかには、「手助けが必要な人がいるから」だけでなく、「以前他者から受けた恩を返すために、あるいはこれから手助けされることがあるであろうから」という動機で参加した人も少なくはない（Bulmer,1986,pp.111―113）。

そしてエイブラムズによると近隣性の本質は「そこにいて、信頼されて、接触を保つこと」であり、インフォーマル部門の基本的な役割は「見守り続けること」（keep an eyes）、つまり問題発見と連帯、制度的なサービスが対応できない分野や場合における短期的な活動である。エイブラムズは隣人の役割について、以下のように述べている。「厳密にいうと隣人は、社会的サポートを提供するうえで中心的な役割は果たさない。なぜなら隣人間の短期的で道具的な交換は、崩壊しがちだからである」。そして緊急のときや地域に共通する問題については友好的ではない隣人同士でも助け合うが、高齢者や障がい者の継続的なケアは、肯定的な関係である「隣人関係（Neighbourliness）」に友情などの要素が加わらなければ行われない（Bulmer,1986,p.41、171）。

良い隣人で訪問等を受けるのが、単身で子どもがいないか近所に住んでいない世帯であり、定期的に訪ねてくれるような友人もなく、近隣から孤立した高齢者であったことを考えると、「見守ること」だけでも有意義であ

ろう。「良い垣根が良い隣人をつくる」ということばのように、隣人とは「互いに迷惑にならないが、必要なときにいてくれる存在」なのである（Bulmer,1986,p.166、30）。

（4）サービスの供給と隣人関係の涵養は両立するのか

　良い隣人計画とは、ケアの提供と隣人関係の涵養を目的とした、チェシャ猫のような存在である。後者の隣人関係の涵養は目にみえにくく、隣人関係が構築されてもそれはチェシャ猫の笑みのように、地域生活のインフォーマルな繊維（fabric）のなかへと消えてしまうものである。それゆえに多くの計画は現実的で目にみえやすい前者の目的に傾き、後者の目的を放棄しがちであった（Abrams et al,1981,pp.55―56）[4]。その結果、良い隣人計画の運命は社会サービス部に握られるようにもなった（Abrams et al、1981, p.114、pp.48―49）。

　良い隣人への参加者も自分たちの限界を認識しており、公的部門によるケアが重要だと考えていた。それゆえにエイブラムズは、良い隣人が公的部門と同じようなサービスの供給という役割を果たすよりも、近隣の住民の福祉の状態のモニターや洗濯や庭いじりといった特化したケアに取り組み、近隣性を耕すのに貢献するような独自の活動を行うことを期待していた（Bulmer,1986,pp.186―191）。

　エイブラムズはこのような「良い隣人」プロジェクトの展開ゆえに、バークレイ委員会報告で示された、コミュニティ・ソーシャルワークを通じてフォーマルなサービスとインフォーマルなサービスがつなぎめのない連携を形成するという主張には批判的であった（Bulmer,1986,p.11）。エイブラムズによると、他者による業務としての組織的な支援である公的部門のサービスと、個人的で特定の相手に向けられるインフォーマルな部門によるケアを連携させようとすると、両者の関係は「植民地化か闘争、共存」のいずれかになり、隣人関係を涵養するためには「共存」が望ましいが、

サービスの供給には植民地化が適している（Bulmer,1986,pp.128 ─ 129、p.238）。

エイブラムズの研究によると、インフォーマル部門にできるのは生活に困った人を発見することと、孤立感を和らげること、そしてせいぜい短期間支えることに過ぎない。これは一般の地域だけでなく、貧困地域でもあてはまるであろう。

第Ⅲ節　社会的経済とボランタリー部門の役割

1　ボランタリー部門による仕事づくりの展開と限界

（1）ボランタリー部門による失業問題への取り組み

実は「良い隣人」の活動は、インフォーマル部門というよりは、インフォーマル部門から生まれたボランタリー部門である。そしてボランタリー部門には、インフォーマル部門の役割を超えた活動を行う可能性がある。

1990年代にボランタリー部門は、失業者への相談やカウンセリング、失業者による仕事やビジネスの創出の支援、地域のコミュニティ組織との協働、新たなプロジェクトや仕事づくりのためのキャンペーン、労働と雇用の新たなアイディアについての討議、福祉手当についての助言と組織的な行動、訓練コースの運営、ドロップ・インと余暇活動、新聞の発行、労働組合との協働、スポーツなどにより、失業問題に対してささやかなコミュニティワークの実践を積み重ねた（Clark,1991,p.48、58）。その過程では、青少年の長期失業者と「できることをしよう」と職業訓練をはじめると、行政がそれらのプログラムへの参加を公的扶助の受給条件にした、という苦い経験もみられた（Smith,1989,pp.269─273）。

（2）仕事づくりへの展開

　そしてボランタリー部門による貧困問題への取り組みは、「仕事づくり」へと展開した。クラークが1985年に行った貧困問題に取り組む200団体への調査によると、貧困問題への取り組みは、個人の失業経験という文脈から精神的な苦痛の緩和を重視する「福祉モデル」と、失業の発生自体を減少させることを重視する「予防モデル」とに大別された(Clark,1991,p.54)。

　仕事づくりに取り組む団体はコミュニティ企業や社会企業と呼ばれ、私的な利益よりも地域社会への貢献を重視して貧困や失業という社会問題に取り組む活動は、コミュニティ・ビジネスや社会的経済（social economy）と呼ばれる。社会的経済ということばには、ときには非人間的なまでの犠牲を払いつつ進展する産業革命、そしてそのような問題を無視していた当時の支配的な経済学への批判が込められており、人間よりも資本主義的な利潤を追求する経済を見直すという価値観に基づいている[5]。このような活動の起源は、19世紀におけるコミュニタリアン社会主義者による実験にまで遡ることができ、その活動はコミュニティワークに、ビジネスの能力やアイディアなどを活かした経済的な手法をもたらしたといわれている(Clark,1991,pp.50—51、99—100、p.42)。

（3）バーミンガム・セツルメントによる社会的経済の限界

　筆者は1994年にバーミンガム・セツルメント（Birmingham Settlement）を訪れ、セツルメントが社会的経済やコミュニティ・ビジネスを推進している事例にふれることができた。

　バーミンガム・セツルメントは1899年に、イギリス中央部の工業都市であるバーミンガムのスラム地区で、バーミンガム女性セツルメントとして活動をはじめ、1994年には、①借金と金銭問題助言サービス（Debt & Money Advice Services）、②コミュニティ・ディベロップメント・サービス、

③職業訓練・能力開発サービス（Skills Development Services）、④企画・開発部門（Future Resouces）、⑤財務・中央資源部門（Finance Department & Central Resouces）、⑥募金・資金造成と市場開拓（Fundrasing & Marketing）という組織構成で、100人の有給職員（そのうちの39％がパートタイム）と200名のボランティアが活動していた。

　②のコミュニティ・ディベロップメント・サービスのなかでも、筆者にとって1994年の訪問でもっとも興味深かったのは、インナー・シティの貧困が顕著であったアストン地区で実践された「アストン再開発のための投資基金」（Aston Reinvestment Trust）であった。バーミンガム・セツルメントの企画・調査部門の職員は、バーミンガム市経営戦略部門（City Council's Strategic Management Unit）に対して、貧困地域の住民を排除し、他地区で貧困を再生産するのではなく、住民の貧困を解決するような地域再開発が望ましいと主張し、市の補助やニュートン・南アストン・クレジット・ユニオンの協力を得て、「アストンの再開発のための投資基金」を設立した。この基金の目的は、地元の労働力や貯蓄を活用して地域住民の必要に応じた物品やサービスを創り出すという、「仕事づくり」の振興であり、独立を目指す自営業者の支援やいわゆる「マイクロ・ビジネス」への資金の貸し付け、マイノリティにかかわる先駆的事業の育成、地域住民による起業活動の支援を行っていた。この基金には、当時の金融のグローバル化に対応できなかった地方銀行もまた、地元に貢献することで自らの経営を安定させるために出資しており、「地域住民の必要を充足するための物やサービスの生産を外部に依存し、資源を外部に流出させるのではなく、地域で自足することで地域内に雇用の場をつくり、利潤を地域の内部に還元させる」というのが、このプロジェクトの哲学であった（柴田、1997、pp.155—157）。

　しかし2005年12月に筆者がバーミンガム・セツルメントを訪問すると、多くのマイクロ・ビジネスは数年で経営が悪化し、社会的経済は経済のグ

ローバリゼーションの荒波に飲み込まれて、活動を停止していた。そして貧困問題への取り組みは、「仕事づくり」ではなく借金問題への相談や雇用支援やトレーニングという形で行われていた。

（4）社会的経済の役割—貧困対策か触媒か？—

　バーミンガム・セツルメントに限らず、「社会的経済」を実践することは容易ではないようである。たとえばある社会的経済の事例を参照すると、一人のスタッフが早朝から深夜まで、家に仕事をもちこんで働いて維持されており、説明責任や社会的経済への過剰な期待、需要の増大などの潜在的な問題がスタッフにとって耐えられないほど重荷となっている。スタッフは運営委員会に対して、他に人をみつけなければ自分が辞めると主張しているが、運営委員会にはその問題を適切に解決する能力はない。その後財源確保に成功し、新たに職員を一人雇用できたことによって、やっと以前からのスタッフは他機関との連携という開発的な役割を果たせるようになった。このスタッフは、自らの仕事について「企業家」ではなく「触媒」ということばで証言するのが適切であると考えている（Scott, Alcock, Russell,Macmillan,2001,pp.20—24）。
　そもそもボランタリー組織では、組織運営についての知識や技術、職員の能力、行政と戦うために必要な自前の資源が不足している。そしてものごとを「内輪」で決定するためニーズの変化に応じて組織の目的を定義し直すことや実効性をもつ政策の形成に慢性的に失敗し、その結果地方自治体との関係は悪く、先駆的な事業を実施しても行政に圧力をかけ、より積極的な政策を開発するのには至らないという、組織の文化や体質の問題もある。（Clark,1991,pp.59 — 62、p.124）。ボランタリー部門がこのような問題を抱えながら、貧困という大きな問題に取り組む際には、その活動を社会政策に連なり、経済的な効果を果たす貧困対策と、実験的な役割を果たす「触媒」のどちらに位置づけるかが重要である。前者の場合には、政府

によって植民地化され、失業対策の安上がりの侍女の役割に投げ込まれた、という評価を受けるかもしれない（Clark,1991,p.172）。

2　ボランタリー部門の特質と役割

（1）社会的ケアの民営化のボランタリー部門への影響

　貧困問題に対するボランタリー部門の役割は、上述のように微妙な論点を含むが、社会的ケアの供給では、急速に、大胆な転換がみられた。1990年の「国民保健サービスとコミュニティケア法」によって、地方自治体の役割は「条件整備主体」に転換し、ボランタリー部門には社会的ケアのサービスを供給する役割が期待されるようになった[6]。そして契約によってボランタリー部門の収入は急増し、中央の大規模な団体は、資源や運営技術、ネットワークの能力を活用してコンサルタントとして活躍し、トレーニングやよい実践の事例の出版などで成功を収めた。しかし当事者団体やキャンペーン団体、そして地方の小さな団体の立場は不利になった（Scott & Russell,2001,pp53―54,Deakin,2001,p.31）。

　契約による収入の増加に伴い、ボランタリー部門にも財政責任と法的な責任、専門的な能力が求められるようになり、ボランタリーな団体はビジネスの熟練をもつ人を求めるようになった（Harris,2001,pp.177―178）。ビジネスライクなアプローチによって、障がい児の親がつくったボランタリー組織で利用者参加が困難になる事例や、ボランティアがボランタリーな組織におしゃべりしに立ち寄ることが困難になる事例もみられた（Locke,Robson,Howlett,2001,p.202,Scott & Russell,2001,p.59,Rochester,2001,pp.72―73）。

　コミュニティケアにかかわる団体のなかには、コンピュータどころか机も買えずに教会の一室を借りて活動し（つまり日曜日には教会が使えるように片づけなければならない）、ボランティアやニードがある人からの電

話への対応に追われて、行事とボランティアのコーディネートで時間が過ぎ去っていくような、小規模なグループもある。（Scott,Alcock,Russell,Macmillan,2001,pp10 ― 12）。このような小規模な団体もまた、契約や規制によって外部との交渉に時間と精力を費やさざるを得ず、特にフルタイム職員が4人以下という小規模なプロジェクトや、ボランティアを基盤としたコミュニティ部門では、規制が重荷になった（Rochester,2001,p65,72, Scott & Russell,2001,p.56）。放課後クラブを運営するボランタリー組織のなかには、契約を結ぶために行政に登録する費用を負担できない団体もみられた（Scott,Alcock,Russell,Macmillan,2001,p.73）。

（2）岐路に立つボランタリー部門

　ボランタリー部門にはサービスを供給する際に、利用者参加を通じて価値のあるサービスを生み出し、地域住民にその価値を伝える可能性がある。ペストフはボランタリー部門よりも幅広く「社会企業」の担い手となる組織について、①国家、②市場、③コミュニティ（世帯、家族等）により構成される福祉トライアングルの交差点に位置し、ハイブリッドとしてそれらを結びつける「第3のセクター」と説明し、市民民主主義の発展への貢献に着目した。そして社会企業による価値を付与したサービスの供給は、市民を消費者ではなく共同生産者として位置づけ、スタッフと利用者の間に信頼を生み出し、地域住民の満足度を高めるといわれている。社会企業が独自の価値を発揮する前提は、国家責任を縮小し、市場やコミュニティの責任を重くするような民営化ではなく、福祉国家による財政支出を維持した民営化である（Pestoff,1998＝2000,p.49、16、141、281、4）。

　しかしイングランドにおける社会的ケアの民営化では、行政はパートナーシップといいながら政策形成を独占的に行い、ボランタリー組織やコミュニティ組織と権力を共有しようとはしなかった[7]。政府とボランタリーな団体との権力の非対象性のなかで、ボランタリー部門が政府組織と

対等に交渉や議論できるかは、疑問視されていた。そしてボランタリーな団体は、サービスを供給し、組織の成長を志向するか再開発を志向するかの岐路に立たされている（Taylor,2001,p.97,Harris,2001,pp.216—220)。

ボランタリー部門にはサービス供給以外にもセルフヘルプ、コミュニティ開発、アドボカシーと政治運動など幅広い役割があり、ボランタリー組織がサービス供給の役割を拡大させると公的部門の資金に依存するようになり、政府機関を批判する自由が損なわれて、アドボカシーやコミュニティ開発の役割を阻害するおそれがある（Johnson,1999=2002,pp.213—214)。そしてコミュニティワークの財源が保守党政権以降に地域政策から雇用創出へと移行するなかで、仕事づくりを行うボランタリー部門は、補助金によるプロジェクトでサービスを提供しながら組織の自律性を守ることが、課題であった（Taylor,2003,pp.27—31)。

第Ⅳ節　コミュニティ・ディベロップメントの機関

1　コミュニティ・ディベロップメント・ワークの方法

（1）コミュニティ・ディベロップメント・ワークへの展開

前述したボランタリー部門の役割である「コミュニティ開発」の原語は「コミュニティ・ディベロップメント・ワーク（Community Development work)」であり、所めぐみ氏によると、今日のイギリスではコミュニティワークに替わってこのことばが用いられている（所、2005、p.17)。テイラーによると「コミュニティ・ディベロップメント」ということばはアメリカと南の国々では厳密に用いられているが、イギリスではコミュニティワークと同義語として多様な意味あいで使用されている。（Taylor,2003,p.xiv）イングランドではコミュニティワークやコミュニ

ティ・ディベロップメント・ワークを通じてインフォーマル部門やボランタリー部門を支援して、貧困に対する地域福祉活動、あるいは地域活動全般がすすめられている。

　コミュニティ・ディベロップメント・ワーカーについての調査によると、コミュニティ・ディベロップメント・ワーカーの66.5％がソーシャル・インクルージョンに、55.5％が地域再生に、54.2％が教育や訓練に取り組んでいる。今日のイギリスのコミュニティ・ディベロップメントは社会的排除や地域再生という観点から、貧困問題に取り組んでいる（Andrew et al,2003,pp.13—14）[8]。

（2）コミュニティ・ディベロップメントの方法

　ハリス（Van Harris）によるとコミュニティ・ディベロップメントは、抑圧への挑戦と不平等の是正を鍵となる目的として、地域社会との協働を通じて社会変革と正義を集団的にもたらすために、必要と機会、権利と責任を明らかにし、計画をつくり、組織化し、実際に行動に移し、行動の効果と影響力の評価を行う実践である。そしてその原則は、社会正義、自己決定、ともに活動し、学ぶこと、維持可能な地域社会、参加、実践を振り返ることである（Van Harris,2004,pp.10—15、p.29）。これらの視点や原則は一般の地域でも重要ではあるが、イングランドのコミュニティ・ディベロップメントがインナー・シティなどの貧困地域に住むマイノリティのコミュニティを支援して、貧困に取り組んでいることを示唆している。

　コミュニティ・ディベロップメントでは、地域住民の声を活かすことが重要である。ジョンソン（Norman Johnson）は今日のイギリスにおける分権化の潮流に対して、「分権化が公共サービス供給の責任を国家から他の代替的な供給者へ移転することを伴ったとしても、利用者本位のサービスが簡単に出現するわけではない。他からの影響を受けない中央官僚機構から、同じく他から影響を受けない地方の官僚機構への行政責任の移転は、

利用者や市民へのエンパワーメントを高めることはない。問題は利用者の発言をいかに確保するかである（Johnson,1999=2002,p.85）」と述べている。

イギリスのコミュニティ・ディベロップメント・ワーカーの業務についての全国職業基準（PAULO）によると、コミュニティ・ディベロップメント・ワーカーとは、①コミュニティや組織と協働する関係を発展させる、②人々が互いに協働し、学びあうことができるように助力する、③変革のための計画をつくり、集団で行動するために、地域住民と協働する、④評価の枠組を開発し、活用するために、地域住民と協働する、⑤地域の組織を発展させる、⑥自らの実践と役割を振り返り、発展させる、という役割を果たす人である[9]。

（3）コミュニティ・ディベロップメント・ワーカーの働き方

前述の調査によると、「表9—2　イギリスのコミュニティ・ディベロップメント・ワーカーと地域」で示したように、コミュニティ・ディベロップ

表9－2　イギリスのコミュニティ・ディベロップメント・ワーカーと地域

ターゲットとなる地域(複数回答)	1週間の業務時間中の比率		誰とチームを組むか（77%中）	用いる技術(複数回答)
	住民との接触	運営業務		
①地方自治体・行政区域 (44.9%) ②複数の近隣 (37.1%) ③近隣 (36.0%)	① 25%未満 (35.2%) ② 25～50% (34.3%) ③ 51～75% (20.0%)	① 25%以下 (47.3%) ② 25～50% (36.4%)	① CDワーカー (57%) ② CDワーカー以外 (20%)	①ネットワーキング (80%) ②能力開発・訓練 (72%) ③相談に乗る (66%) ④地域の集団の運営の支援 (62%)

出所：Andrew Glen,Paul Henderson,Jayne Humm,Helen Meszaros "Survey of Community Development Workers in the UK:A Report of paid and unpaid community workers" SCCD,CDF,2003,pp.13 － 14,p.1 より筆者が作成した。

メント・ワーカーは小地域をターゲットとして、1週間で換算すると4分の1以上の時間を地域で過ごす。コミュニティ・ディベロップメント・ワーカーの63.9%は一定の戦略をもち、個人よりも集団に焦点をあててネットワーキングや能力開発・訓練、相談に乗る、地域の集団の運営の支援などの業務を行っている。ただしコミュニティについては、近隣や小地域という地理的な範囲だけでなく、利益に基づくコミュニティやアイデンティティに基づくコミュニティ、地理的／小地域を基盤にするコミュニティなど、地理的な範囲のうえで展開される社会関係も重要である（Van Harris,2004,p.52）。

コミュニティディ・ベロップメント・ワーカーの77%はチームに所属し、単独で仕事をしているワーカーは16%に過ぎない。そしてコミュニティ・ディベロップメント・ワーカーの約90%が「契約以上の時間働くことがある」と回答しており、70.1%が替わりにオフの時間をとる。契約以上に働いた時間の分をまとめて休暇などとして要求されると仕事に差し障るという、フレックスタイムになじみにくい側面もある（Andrew et al,2003,pp.13—14、p.1）。

2　コミュニティ・ディベロップメント・ワークの機関

（1）コミュニティ・ディベロップメント・ワーカーの職場

「表9—3　コミュニティ・ディベロップメント・ワーカーの雇用と労働条件」で示したように、コミュニティ・ディベロップメント・ワーカーの多くはボランタリー部門か公的部門で働いている。そして1980年代以降のコミュニティワークの再編成にもかかわらず、公的部門に雇用されているコミュニティ・ディベロップメント・ワーカーが41.5%にのぼることは驚きではあるが、そのなかには中央政府や地方自治体でも保健や生涯教育部門に配置転換されたワーカーも含まれる（Andrew et al,2003,p.3、15）。

表9－3 コミュニティ・ディベロップメント・ワーカーの雇用と労働条件

雇用されている部門	国民の平均所得以下の収入	給料の主要な財源	雇用形態
①ボランタリー部門（53.4％） ②公的部門（41.5％） ③その他（4.1％） ④民間営利部門（1.0％）	・全体では70％以上 ・公的部門では27％、 ・ボランタリー部門では11％	①地方自治体（35％） ②中央政府（27％） ③宝くじ・コミュニティ基金（12％） ④チャリティ（8％）	①常勤（79.8％） ②パートタイム（17.6％） ③無回答（1.5％） ④ジョブ・シェアー（1.0％）
現在のポストについた時期	契約期間	契約期間の種類	採用されるときに何を求められたか
①1990年～1999年（40.2％） ②この2年以内から（50.7％） ③1980年代かそれ以前から（5.2％）	①10年以上（29％） ②1～2年（20％） ③2～3年（17％） ④3～4年（13％）	①無期限（53.4％） ②一時的か期限つきの短期間（38.9％） ③月ごと等に契約更新（3.4％） ④無回答（2.3％） ⑤自営・コンサルタント契約（1.9％）	①経験（68.4％） ②なし（25.1％） ③資格（20.3％） ④訓練（14.7％）

出所：Andrew Glen,Paul Henderson,Jayne Humm,Helen Meszaros "Survey of Community Development Workers in the UK:A Report of paid and unpaid community workers" SCCD,CDF,2003,p.3,15,5,12,2,9 より筆者が作成した。

給料の財源は多様だが、収入が国民の平均所得以下の者も少なくはない。コミュニティ・ディベロップメント・ワーカーの8割は常勤（週に30時間以上就労）であり、男性は88％が常勤だが、女性では21％がパートタイムである。また、「その他の雇用形態」の63％を女性が占めている（Andrew et al,2003,p.12）。1983年からは無期限という契約で雇用されるケースが減少し、短期間の契約が通常となっているため、コミュニティ・ディベロップメント・ワーカーの59％が35歳未満と若く、雇用が不安定であるため、コミュニティ・ディベロップメント・ワーカーが技術を身につけることが難しくなっている（Andrew et al,2003,p.9）。

（2）コミュニティ・ディベロップメントの機関

　コミュニティ・ディベロップメント・ワーカーは、個々のボランタリー組織だけでなく、ボランタリーサービス協議会や農村地域協議会でも働いている。

　ボランタリーサービス協議会の起源は慈善団体の活動の重複や脱漏を解決するために1902年に設立された博愛団体連合会であり、この活動はやがて連絡調整にボランティアの募集や啓発、育成という新たな役割を加え、1906年に51団体と機関の代表者74名によるハムステッド社協へと発展した。このような社協は、ロンドン、そして全英へと広がり、第1次世界大戦中の戦時体制下における援護活動についての議論をきっかけに、1919年に「全国社会サービス協議会」が設立された。全国社会サービス協議会の設置目的は、①同じ分野で活動する民間団体の調整と、公的機関との協力を堅固にするための民間社会サービスの体系的な組織化の促進、②地方社会サービス協議会の結成の援助、③民間社会サービス従事者への情報提供であり、1920年の時点で全国に45の地方社会サービス協議会が存在していた。地方社会サービス協議会は、地方に共通する問題について協議し、情報提供と社会資源の動員により、問題の解決や緩和を目指し、社会サービスの増進を図る団体であり、結成当初各地で共通する活動として、ケースワーク・サービス、援助ケースの登録と調整、結核患者の療後保護の促進、生活環境の改善、各種の講座や研修会の開催、合唱隊や演劇クラブの育成、社会サービス情報の提供が行われていた（市瀬、2004、p.203、pp.210―215）。

　また農村地域協議会（Rural Community Council）は、1920年のオックスフォード農村地域協議会をはじめとして、1926年までにケント、グロースターシャー、レスターシャー、ノッティンガムシャーなど17か所で設立された。農村地域協議会は、農業の不振、自治活動の停滞、活動拠点の不備

などの問題に対して、社会的・文化的活動に経済的な問題への取り組みも含めた「よりよい農業、よりよい仕事、よりよい生活」という総合的な目標に基づいて活動をすすめてきた（市瀬、2004、pp.215—217）。

筆者が2005年にグロースターシャー農村地域協議会（Gloucestershire Rural Community Council, 以下"GRCC"と略）を訪れた時点では、GRCCはカテドラルの一画にある「コミュニティ・ハウス」を拠点として、人口52万8362人（21万1670世帯）に対して、スティーブン・ライト事務局長（当時）をはじめとして15名のスタッフが、住宅協会（Housing Association）との協働による住宅建設を通じた住民の組織化、ソーシャル・インクルージョンへの取り組みとしての識字、高齢者への"In Touch Project"、調査研究など、幅広いコミュニティ・ディベロップメントにかかわるプロジェクトを推進していた。

（3）インフォーマル部門と社協の役割

「第8章　住民主体の継承と社協の役割の再検討」で述べたように、日本では公的部門による在宅福祉サービスの形成が遅れたため、社協によるインフォーマル部門の支援（＝地域組織化）は個別支援の役割を果たさないと批判され、社協は行政から財源を得て在宅福祉サービスを提供するようになった。筆者は本章でこのような日本的な経緯を相対化するために、イングランドにおける貧困と地域福祉活動を検討し、インフォーマル部門と社協の役割を問い直した。

その結果イングランドでは、貧困のなかでもインナー・シティなどの「地域的貧困」や社会的排除、地域再生に対して、社会政策を前提として、ボランタリー部門が雇用支援などの触媒的な役割やコミュニティ・ディベロップメントによるエンパワーメントという役割を果たし、ボランタリーサービス協議会や農村地域協議会がインフォーマル部門やボランタリー部門を支援する、という形で、「貧困に対応する地域福祉活動」が行われてい

ることが明らかになった。インフォーマル部門には「見守る」以上の役割は期待されず、それを超える役割はボランタリー部門や公的部門に求められた。そして行政から財源を得てサービスを提供するのは個々のボランタリー組織であり、インフォーマル部門やボランタリー部門を支援するボランタリーサービス協議会や農村地域協議会が行政から財源を得て在宅福祉サービスを提供し、行政からの独立性が弱くなるという現象は確認できなかった。これらの組織はその分規模は小さく、日本のように福祉に特化するのではなく、幅広いまちづくりをすすめる団体として、コミュニティ・ディベロップメントという役割で生き残ってきた。

　イングランドと日本における社協の違いの背景には、公的部門とボランタリー部門の発達の仕方があり、筆者はここで両者の優劣をつけるために比較するつもりはない。ただ日本でも、インフォーマル部門による助け合いに過度に個別支援を期待し、それができなければ地域福祉活動の推進は役に立たないと批判するのではなく、インフォーマル部門には見守りと自治を期待し、地域福祉活動の推進に独自の役割が認められることを願うだけである。またサービスの提供で大規模化し、行政と近い関係になって、民間性や地域福祉活動の推進という役割がかすみがちになる社協が多いなかで、インフォーマル部門やボランタリー部門を支援し、地域福祉活動を推進する小規模な専門家集団として生き残る社協は貴重だと考えている。

　そもそも日本とイングランドでは、コミュニティワークやソーシャルワークということばの意味あい自体が、異なるかもしれない。日本でいうコミュニティワークは、アメリカで発展した専門的な社会福祉援助技術の1つであるコミュニティ・オーガニゼーションを、今日的に言い換えたものだが、イングランドのコミュニティワークには社会福祉援助技術だけでなく、さまざまな地域活動が含まれる[10]。そしてソーシャルワークは、日本ではアメリカで発展した社会福祉援助技術を指すが、イングランドでは公的扶助や社会保障も含めた社会問題への取り組み全般を意味することもあ

る。それゆえに筆者は国際比較には慎重な立場をとるが、地域福祉活動の推進や社協の役割を考えるうえでは、イングランドにおけるセクター間の関係から学ぶこともあるのではないだろうか。

第 9 章　イングランドにおける貧困とコミュニティワーク

(注)
1) ドイツでは 1970 年代初頭までは、ホームレスについて非行者のサブカテゴリーとしての非定住者という個人主義的・病理学的な視点で認識してきたが、このような見解を批判してセラピー的アプローチと社会政策的アプローチが誕生した。前者はディアコニーのように、非定住を生み出している肉体的・精神的・心理的な要因を探り出すものであり、ホームレスから忌避される傾向がある。後者は住居や職業生活手段の欠如などの社会保障システムの有する欠陥を重視し、前者には批判的である（中村、2003、pp.140—143）。
2) タウンゼントは相対的剥奪を、「個人、家族、諸集団は、その所属する社会で慣習になっている、あるいは少なくとも広く奨励または是認されている種類の食事を摂ったり、社会的諸活動に参加したり、あるいは生活の必要諸条件やアメニティをもったりするために必要な生活資源を欠いているとき、全人口のうちでは貧困の状態とされる」と定義し、1968 年から 69 年のイギリスにおいて貧困な世帯は 25.2％にのぼると推計した（Townsend,1979,p.31、273）。ただしタウンゼントは『連合王国における貧困』の第 15 章では、地域的貧困について「相対的剥奪（relative deprivation）」の概念と指標を用いた分析を行ってはいない。
3) 「良い隣人」プロジェクトとは、1970 年代にイギリスで盛んになった地域住民によるケアを推進するプロジェクトの総称であり、1976 年には社会サービス部の大臣が「良い隣人になろう」キャンペーンを実施し、イギリス・ボランティアセンターも 3 か年計画で近隣ケアを推進した。「良い隣人」運動を定義するならば、ケアの量や範囲を拡大するために地域住民を動員する組織化された取り組みであり、社会的ケアの改善に加えて、隣人関係の涵養も期待される（Abrams et al,1981,pp.9—10,Bulmer,1986,p.43）。
4) 「良い隣人」プロジェクトには、社会的ケアの供給と隣人関係の涵養という、まったく異なった 2 つの役割を期待すると混乱が生じるため、政府は 2 つの目的を同時にではなく、それぞれの目的にそって設定された政策を別個に展開しなければならない（Bulmer,1986,p.26、127）。
5) 「社会的経済」による活動はフランスで盛んであり、フランスのワロン地域圏社会的経済審議会（CWES）は社会的経済とは、①利潤よりもむしろメンバーないし共同体のニーズ充足という目的、②管理の自律性、③民主主義的な意思決定プロセス、④収入配分における資本に対する人間および労働の優越、という 4 つの特徴をもつ組織であると定義している。1990 年にはヨーロッパ社会的経済にかかわる企業は 26 万 8679 にのぼり、そのうち銀行などの形態をとる協同組合は 10 万 3738、共済組合と

いう形態のものが1万3929と多数を占めていたが、非営利組織も15万1012団体にのぼった（富沢, 1999, pp.3—4, 35—38, 川口・富沢編, 1999, p.52, 79）。

6）内務省サイドでも、1980年に内務大臣が地域ボランタリー・アクション発展計画を策定して革新的なサービスを開発するプロジェクトの実施・評価のための調査研究を開始し、メジャー政権下ではハワード内務大臣が1994年に"The Make a Difference initiative"を提唱した。ブレア政権も、ボランタリー・アクションやコミュニティを重視していた（Rochester, 2001, p.66）。

7）行政のなかには、たった3週間という応募期間で700万ポンドのプロジェクトに参加するボランタリー組織を公募し、一方的に補助金額の増減を発表するなど、ボランタリー部門に魔法のような解決ができる組織として非現実的な期待をすることもあった（Scott, Alcock, Russell, Macmillan, 2001, pp.50—55）。

8）この調査は、2001年12月から2002年5月にかけて1万4000人のコミュニティ・ディベロップメント・ワーカーを対象に郵送調査として実施され、2,866の回答を得た。また検証のためのワークショップと無給のワーカーに対する質的調査も実施されている。報告書はAndrew Glen, Paul Henderson, Jayne Humm, Helen Meszaros "Survey of Community Development Workers in the UK：A Report of paid and unpaid community workers" SCCD, CDF, 2003.5として出版されている。

9）"PAURO"という名称は、ラテン・アメリカで貧困者への搾取と「沈黙の文化」を克服するため、成人識字教育を通じた意識化と自己変革、抑圧からの解放をすすめたパウロ・フレイエの名にちなんだものである（Freire, 1970=1979, pp.255—289）。

10）ただし1968年にCalouste Gulbenkian Foundationの援助により出版された"Community Work and Social Change—the report of a study group on training"のように、イングランドにアメリカのコミュニティ・オーガニゼーションを導入する試みも存在した。

> 終章
> 貧困と地域福祉活動―価値観の転換と推進方法―

第Ⅰ節　野宿生活者の貧困と社会政策の課題

1　野宿生活者の貧困と社会政策

（1）本章の目的と構成

　筆者はこれまで、「序章　本研究の目的と研究方法、構成」で述べた仮説のうち、地域福祉活動は貧困の質的な側面に対して、精神面での必要を充足し、貧困に対応する地域福祉活動をすすめる方法とは、調査と話し合いによって「貧困を自分にもかかわる問題として認識し、身につまされる思いによってできる範囲の活動が芽生えて、一緒にやろうという人があらわれて広がってゆく」という部分を検証してきた。そして本章では、仮説のなかで残された「価値観が変わること」について掘り下げたい。
　なぜ「私たちの価値観を変える」のか。それは「第Ⅰ節　野宿生活者の貧困と社会政策の課題」で述べるように、社会政策に課題が多い日本の現状では、貧困の質的な側面に対応する地域福祉活動には「価値観を変える」ことにしか取り組めないからである。「第Ⅱ節　貧困と地域福祉活動の対象としての『私たち』」では、私たちの価値観が消費社会における貧困と私たちのへだたりを拡大したために、貧困と私たちのへだたりの拡大に歯止

めをかけるためには「私たちの価値観」もまた、貧困と地域福祉活動の対象であることを示したい。そして「第Ⅲ節　私たちの価値観の転換と社会福祉実践」では、「私たちの価値観を変えること」には内面の変革が伴い、それには社会福祉実践がもつ「人間性を育てる性質」が貢献する可能性があることを指摘したい。

　今日の日本で貧困問題について調査と話し合いという方法を用いても、住民主体の地域福祉活動が展開するのは容易ではない。なぜなら欧米では貧困な地域の住民が主体でコミュニティ・オーガニゼーションが行われるが、日本では釜ヶ崎や山谷、寿町などを除くと地域住民の多くは野宿生活者以外の定住者だからである。これらの地域住民が貧困を自分にもかかわる問題として認識し、身につまされる思いを感じるようになるためには、私たちが、野宿生活者の貧困だけでなく、私たちの生活苦やその背景にある社会や価値観のおかしさにも気づき、危機感をもつことが必要なのである。

　それゆえに貧困に対応する地域福祉活動の推進は、「私たちの価値観を変えること」から出発せざるを得ない。そして今日の消費社会では私たちが貧困に対して身につまされる思いを感じにくいために、私たちの価値観を変えることから出発することもまた、重要なのである。

（2）社会政策の課題

　2003（平成15）年に実施された「ホームレスの実態に関する全国調査」によると、野宿生活者になった理由は「仕事が減った」（35.6％）、「倒産・失業」（32.9％）、「病気・けが・高齢で働けなくなった」（18.8％）であり、2007（平成19）年に実施された調査でも、野宿生活者の人数は減ったものの、野宿生活者になった理由は「仕事が減った」（31.4％）、「倒産・失業」（26.6％）、「病気・けが・高齢で働けなくなった」（21.0％）であった[1]。野宿生活者の貧困を解決するためには、所得保障や雇用、保健医療、住宅な

終章　貧困と地域福祉活動－価値観の転換と推進方法－

どの社会政策が必要である。

　日本では戦後に格調が高い生活保護法が制定されたが、中央官庁による通知や監査による運用面での制約が大きく、福祉事務所の職員は両者の間で苦悩や屈折を経験している。またジェネラリストを是とする日本の公務員制度の下で専門性などの課題や、恥の文化と経済至上主義、競争主義、能力主義の浸透などによる、公的扶助の申請や受給の恥辱感は払拭されていない（副田、1995、p.251）。今日では、「生活保護制度の在り方に関する専門委員会報告書」（2004年12月、生活保護制度の在り方に関する専門委員会）で、生活保護制度を生活困窮者の自立・就労を支援する観点から見直し、被保護世帯の生活の再建と地域社会への参加や労働市場への「再挑戦」のための「バネ」として機能させるために、自立支援が強調されている。ただし野宿生活者はこの委員会の主要な検討課題には、入れられていない。

　そもそも就労できず生活に困窮する場合には、生活保護以前に失業保険制度が対応すべきだが、今日の日雇い労働者に対する失業保険は雇用機会の減少に対応できないほど形骸化している。それゆえに失業保険で対応できない場合には、所得保障制度が対応すべきであろう。しかし厚生労働省は省庁再編によって、労働と生活の両面にわたる社会政策を所管する官庁となったにもかかわらず、この古典的な課題の解決には至っていない。近年では研究者が、生活保護の運用におけるスティグマを伴う資産調査や受給者の選別などの課題を解決するために、近代的な所得保障制度である「ベーシック・インカム」論を紹介しているが[2]、日本の所得保障制度はこのように前近代的な状態である。

　「ホームレスの自立の支援等に関する基本方針」では、「安定した居住の場所の確保」として、就労でき、自立可能な野宿生活者を想定した公営住宅への優先入居をあげているが、この想定に該当しない野宿生活者の方が多いことはいうまでもない。そして「就業の機会の確保」として啓発や情

報の収集・提供、相談、職業訓練、試行雇用事業をあげているが、その内容はイングランドやドイツでの雇用確保能力向上への支援と労働市場への介入とは、比べようもない。

2 野宿生活者の貧困と私たちのへだたり

(1) 雇用環境の変化と労働政策の課題

この 30 年間で、野宿生活者、あるいは日雇労働者をめぐる雇用環境は厳しくなった。「表 10—1 高度成長期以降の日雇労働者の就労等の推移」で示したように、かつては日雇労働者が月平均 20 日働くことができた時代もあったが、月に 16 日以上就労できた日雇労働者は 1972（昭和 47）年の

表 10 - 1　高度成長期以降の日雇労働者の就労等の推移

調査時点	所得、労働日数の概況	出　典
1970 年	調査当日の所得 2,200 円、1 か月平均所得 47,000 円、前月平均労働日数 20 日	江口英一他編著『山谷－失業の現代的意味』未来社、1979 年、p.131。回答数 187
1995 年	1 か月平均所得 8,159 円、1 週間の就労日数 0 日が 44.4%、6 か月間の就労日数 45 日未満が 58.3%	＜笹島＞の現状を明らかにする会「名古屋＜笹島＞野宿者聞き取り報告書」1995 年 10 月、p.10、73、回答数 36
1998 年	現職のある 32 人のうち月に 10 日以上就労は 15 人、1 日あたりの稼動収入 5,000 円未満が 11 人、54.2%は前月に仕事がなかった。	広島路上生活を明らかにする会・野宿労働者の人権を守る広島夜回りの会「広島市の『ホームレス』」1998 年、pp.19—21 回答数 83
2001 年	この 2 か月間の平均現金収入 66,000 円、平均就労日数 30.2 日、就労日数 19 日未満が 31.5%	基礎生活保障問題研究会「名古屋市『ホームレス』聞取り調査中間報告」2001 年、p.30 有効回答 261

64.4％から1980（昭和55）年には46.5％に減少し、1990年代後半のホームレス調査によると月に9日未満しか働けない者が半数近くを占めるようになった。そして2003（平成15）年に実施された「ホームレスの実態に関する全国調査」では、64.7％が現在仕事を「している」と回答したが、仕事の種類は、「廃品回収」が73.3％であり、「建設日雇」は17.0％、「運輸日雇」は2.2％に過ぎない。2007（平成19）年調査でも、現在収入のある仕事を「している」と回答した人が70.4％、仕事の種類は、「廃品回収」が75.5％、「建設日雇」は13.0％、「運輸日雇」は1.9％、若干数値が変わったが傾向は変わっていない。

　伍賀一道氏によると今日の失業の特徴は、第1に失業者の規模や失業期間の点で過去の不況時をはるかに凌いでいること、第2に雇用・就業の場の絶対的縮小であり、正規雇用の減少によって非正規就業や間接雇用が増加し、雇用関係の消去＝個人事業主（請負化）への変容もみられる（伍賀、2003年、pp.3―4）。伍賀氏はこのような失業の要因は、労働力需給のミスマッチではなく雇用機会自体の縮小であるため、能力開発や職業紹介によって大量失業が解消されることはなく、公正労働基準の確保ないし引き上げによる雇用創出策やワークシェアリングが必要であると述べている（伍賀、2003、pp.13―15）。

　過労死する労働者がいる一方で仕事がない野宿生活者が存在するという矛盾を解消し、野宿生活者の自立を支援するためには、貧困な人と私たちの間でのワークシェアリングをすすめるような労働政策も、必要なのではないだろうか。

（2）野宿生活者の貧困と私たちのへだたり

　「『社会的な援護を要する人々に対する社会福祉のあり方に関する検討会』報告書」は、社会的なつながりの構築について言及しているが、江口英一氏は貧困と私たちの間に、経済的なつながりが存在することを指摘し

ている。

　江口氏は所得を切り口として不安定就業層、日雇い労働者、名目的自営業という貧困階層を析出し、「図10―1　『貧困階層』（Ⅰ，Ⅱ，Ⅲ）の位置」を用いて、社会全体における貧困階層の位置について以下のように説明している。

　「この図において、黒くぬった部分で『貧乏線』（わたしの考える『貧乏線』として示したものなど想起されたい）以下にその『社会階層』の全体が没している『貧困階層Ⅰ』(e)は、『階層』と『貧乏線』としての世帯分布が、一致している典型的『貧困階層』のなかの、最も典型的な姿を示す

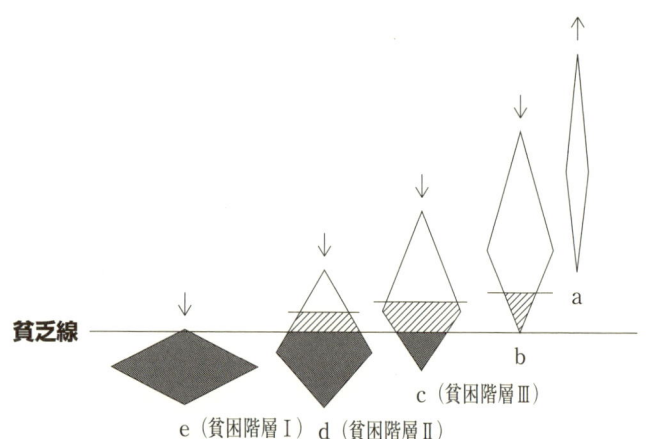

（注）（1）　a＝中層のなかの上位の社会階層
　　　　　　b、c＝中層の社会階層
　　　　　　d、e＝下層の社会階層
　　（2）　eおよびd「階層」は貧困階層のモデルとしての社会階層。「貧困層」と「社会階層」はこの場合一致している。
　　（3）　矢印は各社会階層に働く社会的、経済的圧力の方向を示す。
　　（4）　横線は貧乏線。その意味は前章などを参照せられたし。
　　（5）　斜線はその階層の低位生活世帯で、下降没落の可能性をふくむ部分。

図10－1　「貧困階層」（Ⅰ、Ⅱ、Ⅲ）の位置
出所：江口英一「現代の『低所得層』（下）、未来社、1980年、p.421

ものである…（中略）…『貧困階層』のⅡとして示したdは、現に消費水準的にはe層と同水準のものを、その『階層』に属する圧倒的部分としてふくんでおり、それに準ずる消費水準をもち、eの典型的『貧困階層』に下降、『没落』する可能性を保有する世帯を多く含んでいる…（中略）…『貧困階層』のⅢとして示したc層は、前記の関係における『没落』可能性の強い世帯を、前期のd層よりもより大きな部分としてふくんでいる。その部分が図のようにその階層世帯の大半をしめているこのような『社会階層』の場合には、やはり全体として『貧困階層』とよんでよいであろう…（中略）…すでにふれたところであるが、『社会階層』のこのような重層構造は、実は、19世紀から20世紀にかけて、いわゆる独占段階に入り、『分解』の阻止と『階層』内での分化・停滞がすすむとともに、『貧困』がますます広い『階層』をまきこんでいく状況のなかで、各国ともにみられる状況であろう」（江口、1980（下）、pp.423—424）。

　このようにして江口氏は、貧困が日雇い労働者や野宿生活者だけに限定される問題ではなく、私たちにもかかわる問題であることを実証したのであった。そして今日では、上述のような経済的なつながりのなかで、野宿生活者の貧困と私たちの間の「へだたり」は拡大しているかもしれない。総務庁の家計調査によると、1970（昭和45）年に11万7880円であった勤労者世帯1か月の家計支出総額（平均）は、1994（平成6）年には61万2139円に上昇している（金澤、1998、p.213）。一方「表10—1　高度成長期以降の日雇労働者の就労等の推移」で示したように、1970年に4万7000円であった日雇い労働者の1か月平均所得は、前述の勤労者世帯の（平均）ほどには伸びていない。仕事や収入、定住の場、医療、食べ物がないことに加えて、このような「私たち」とのへだたりの拡大もまた、自立へのハードルを高くし、貧困問題の解決を困難にしているのではないだろうか。

第Ⅱ節　貧困と地域福祉活動の対象としての私たち

1　貧困の変容と「私たち」とのへだたりの拡大

（1）なぜ「私たちの価値観を変える」のか

　地域福祉活動の前提条件である社会政策には、上述のような課題が残されており、それらを解決するための社会政策のあり方と実現の方法については、経済学者や社会福祉運動の研究者に委ねざるを得ない。むしろ筆者は社会福祉学者として、このような社会政策の限界のなかで、地域福祉活動を通じて「私たちの価値観を変える」ことの意味を問いたい。仕事や住居の必要を価値観の変革で充たすことはできないが、野宿生活者と私たちのへだたりの拡大の一因が、「私たち」の変化であり、その「私たち」の変化が消費社会に適合した私たちの価値観であるならば、「私たちの価値観を変える」ことにも多少の意義はあるように思われるからである[3]。

　たとえば1950年代にアメリカではホームレス生活者のほとんどが年間を通じて一定期間仕事に就いていたが、1980年代のシカゴ市ではホームレスのわずか3％が安定した仕事をもつのに過ぎず、1958年にはホームレスの年間中位所得は1058ドルであったが、1980年代のシカゴ市ではホームレス生活者の年間中位所得は1198ドルであり、インフレ調整をすると後者の所得はかつての3分の1に過ぎないという調査研究がある（小池、2003、p.338）。また日本の路上生活者も、「俺たちが変わったのではなく、世のなかが変わった」ということばをもらすことがあった[4]。

（2）「私たち」の変化と貧困の変容

　東京都民生局「不良住宅地区の概況調査」が刊行された1959（昭和34

年）に、大河内一男氏は『貧乏物語』を出版し、そのなかでアメリカ人の貧困について以下のように記述されていた。

「アメリカの労働者やサラリーマンのいわゆる『高賃金』が、右のような高い生活水準を容易にしているところに、実はアメリカ人の『貧乏』の原因がかくされているようだ。だがそれにしても『高賃金』が、高い生活水準を実現させていることについては、いくつかの特殊な事情が与って力がある点を忘れてはなるまい。第一に、アメリカによく普及している月賦販売制がある…（中略）…自動車だけではない、テレヴィも月賦で買う、カラー・テレヴィがはじまれば白黒だけでは満足できなくなるから、それも月賦だ、ということになるだろう。電気冷蔵庫はもちろんも台所の電化装置なども、郊外に土地と家を買うのも、夏の冷房装置のとりつけも、みな月賦ということになる。ちょっと値の張るものについては、この月賦払いがごく普通のやり方になる。こうしてアメリカ人にとっての月賦払いは、少なくとも労働者やサラリーマンの世帯にとっては、自分たちの生活設備を手軽に調達する方法なのであるが、同時に日一日と、その月賦払いの見えない糸にからみつかれて、気のついたときは、いくつも重なる月賦返済額はふくらむ一方だし、さればといって、いったん膨らんだ生活程度は、遽かに、縮めることは出来にくくなっている。生活はますます高く派手に、そして月々の支払いはますます重荷に、結局世帯のやりくりはいよいよ辛くなっていく。中産階級以下のアメリカ人の辿る生活のコースはこれだ」

「毎月の月給袋の中身の大半は、月賦払いに差し引かれ、残る『自由な』金はいかほどでもない。つまりアメリカの大独占企業は、自分で払った『高賃金』を、すぐさま耐久消費財の月賦購入のルートを通して、見事に回収しているのである」（大河内、1959、pp.46—48、p.55）。

（3）低所得・不安定層の家計構造の硬直化と低消費

大河内氏が『貧乏物語』を執筆した当時は、上記のような貧困は豊かな

アメリカの出来事であったが、高度成長期を経て私たちも上記のような貧困を経験するようになった。

高度成長期に日本では雇用が拡大し、収入の年平均伸び率10.0%と豊かな社会に突入した。耐久消費財が普及して物的生活水準が上昇し、家計支出の構造が変動して、意識や生活構造の枠組みが「中流」化した。川上昌子氏はその結果、独自の階層を形成するのではなく、それぞれの社会階層の内部に固定化され、潜在化して、生活の不安定性を内蔵した「低所得・不安定層」が生み出されたと記述している（川上、1987、p.213）[5]。

収入の年平均伸び率は1973（昭和48）年から1991（平成3）年までに6.8%、1991（平成3）年から1994（平成7）年には1.9%に減速するなかで、低所得の単身高齢者や母子世帯などは、私たちとの「へだたり」と同時に「私たち」と共通する家計構造に組み込まれ、家計構造の硬直化や低消費、低位な生活水準という貧困を経験するようになった。

たとえば「表10-2 1973年における失業対策者事業就労世帯」で示したように、1973（昭和48）年では失業対策者事業就労世帯の実収入は平均の3〜4分の1であり、年間収入五位階級の下位に位置する第Ⅰ五分位分の58.2%（神奈川）、72.4%（東京）に過ぎなかった。そして失業対策事業

表10-2 1973年における失業対策者事業就労世帯

	実収入	世帯主収入	その他の収入	世帯人員	世帯主年齢
総平均	138,023円	115,888円	22,134円	－	－
第Ⅰ五分位	62,327円 (100.0)	56,286円 (100.0)	6,820円 (100.0)	3.5人	40.4歳
神奈川	36,285円 (58.2)	34,253円 (60.9)	2,031円 (29.8)	1.6人	54.8歳
東京	45,392円 (72.4)	35,730円 (63.4)	9,662円 (141.6)	2.1人	57.6歳

出所：社会保障研究会「悪性インフレ下の低所得階層の暮らしと対応」1974、p.7より筆者が作成した。失業対策者事業就労世帯は東京地区10、神奈川地区30であった。

就労世帯では、住居費や光熱費などの社会的固定費と保健衛生費や交通通信費、教養娯楽費、交際費、主食費を加えるとおよそ4割に達し、社会的固定費を確保するために低消費で、低位な生活水準に耐えていたのであった（社会保障研究会、1974、pp.6—7、41—42）[6]。江口英一氏はこのような形態の貧困を解決するためには、貧困の基準を「食えるか食えないか」という生存水準論ではなく、「人なみの生活条件が充たされているか」という「社会慣習的水準論」に基づいて考えられるべきであると指摘していた（江口、1979、上、pp.11—13）。

（4）貧困の変容と「私たちの生活苦」

このような貧困と生活の変容は、低所得・不安定層だけでなく私たちの生活にも影響を及ぼした。金澤誠一氏が行った1953（昭和28）年から1994（平成6）年の総務庁「家計調査」の再集計によると、支出面では住宅や教育、医療などの社会的固定費や税金・社会保障の家計負担が重くなり、個人が自由に支出する個人的再生産費目が低下して、多就業化や借金により高水準の支出を維持するようになった（金澤、1998、p.225、pp.211—220）。

「私たち」の変化には、収入だけでなく支出も増加するため、そのような高水準の支出を維持し、ローンなど借金の返済のために多就業化や長時間労働を行うという、今日的な生活苦も含まれるのである[7]。

2　地域福祉活動の対象としての私たちの価値観

（1）「私たち」の変化と消費社会的な価値観

前述のような貧困や生活苦も含めた「私たち」の変化を可能にしたのは、競争と消費社会である。中川清氏が指摘したように、私たちは不断の構造変動のなかで、「社会的な制約を生活システムの自己抑制によって乗り越え、課題を絶えず内部化することによって『よりよい』生活を実現」し、

「欲望の主体」として消費社会を生み出してきた（中川、2000、p.8）。

そして私たちは借金の返済のために多就業化や長時間労働という生活苦をかかえながらも、その解決を社会政策や福祉国家ではなく市場に委ねがちである[8]。「人なみ」を上昇させ、貧困と私たちのへだたりを拡大させたのが、消費社会の根底にある私たちの欲望や価値観ならば、貧困に対応する地域福祉活動は、福祉国家よりも市場を選択する「私たちの価値観」を対象とするのかもしれない。

（2）消費社会における価値観の問題

消費社会において、私たちの価値観には混乱がみられるのかもしれない。ボードリヤールは、消費社会では「商品の論理が一般化し、今や労働過程や物質的生産物だけでなく、文化全体、性行動、人間関係、幻覚、個人的衝動までを支配」するため、「快楽主義的かつ退行的性格」をもつ消費に支配され、「社会全体が有限責任の株式会社となって悪魔と契約を交わし、豊かさと引き換えに一切の超越性と目的性を売り渡してしまったので、今や目的の不在に悩まされている」と記述している(Jean Baudrillard,1970＝1995, p.50、pp.302—303)[9]。事実、かつてはスラム地区の社会病理として取り上げられることも多かった犯罪や非行は、今日では消費社会の欲望に誘発された事件として「私たち」の間で発生している。

トインビーホールが設立された当時に出版された『見棄てられたロンドンの悲痛な叫び』では、「何が（貧困な）東ロンドンを救うのか」という学生からの問いに、学長が（貧富を分けている場所を取り除くという意味での、豊かな）「西ロンドンの破壊である」と答えた場面が紹介されていた（Briggs&Macartney,1984＝1987,p.2、9)。このことばを今日的に解釈するならば、野宿生活者等の貧困問題を解決するためには、社会政策の整備に加えて、消費社会における「人なみ」の上昇と「へだたりの拡大」に歯止めをかけることも必要なのかもしれない[10]。そのためには、消費社会を生

み出した私たちの価値観を見直すことも重要であろう。

そもそも貧困に取り組む地域福祉活動が最初に直面する課題は私たちの差別や偏見であるし、貧困に対応する近代的な社会政策を実現するためには、そのような政策への支出を許容するだけの国民の価値観が必要なのである。

第Ⅲ節　私たちの価値観の転換と社会福祉実践

1　中川福祉村における福祉文化と自治への取り組み

（1）ボランティア体験による価値観の変革

　私たちが消費社会における価値観の混乱に気づき、自らの価値観を見直すために最も有効なのは、ボランティア体験であろう。田巻松尾氏は野宿生活者の支援活動への参加を通じて、市民社会の差別性や加害者性を実感し、野宿生活者の支援は野宿生活者の主体性を増大させるとともに、支援する側の人間を成長させ、そして両者の連帯に基づいて、社会の矛盾や不正の構造を変えていく活動を目指すべきであることに気づいた。支援する者の成長とは、差別意識や加害者性の対象化、自覚化、内省を出発点として、被支援者との出会いや交流、社会の矛盾や不正の構造を変えていく活動への参加を通じて、自らの価値観を相対化し、自分を変えていくことを意味している（藤井・田巻、2003、p.219、pp.222―223）。

（2）なぜ中川福祉村がつくられたか

　しかし私たちの価値観を変える方法が野宿生活者の支援へのボランティアとしての参加に限られるならば、「私たちの価値観を変える」活動が地域に広がることにも限界があるであろう。以下に述べる「中川福祉村」の事

例は、貧困に対応する地域福祉活動ではないが、福祉施設と地域社会の日常的な交流によって、地域住民の価値観が変わり、福祉文化が形成されることを示唆している。

斉藤茂吉の生地であり、やまびこ学級でもしられる山形県上山市では、福祉教育やボランティア講座で完結せず、福祉施設が社会資源としてつながって地域住民の価値観の変革や福祉文化の醸成、住民自治に取り組んできた[11]。上山市社協の菅沼喜一事務局長は九州の「今津福祉村」にヒントを得て、養護老人ホーム蔵王長寿園と山形県立山形盲学校、医療法人二本松会上山病院、盲ろうあ児施設山形青鳥学園、そして地域関係者が、これらの施設が立地する金谷地区（後に中川地区と改称）で、「施設そのものが一戸の家であり、入居者は村民」という、中川福祉村を設立した（菅沼、1983、p.35、40、43）。

1967（昭和42）年に設立された蔵王長寿園の園長は、「第5章　住民主体と山形会議」で紹介した松田仁兵衛氏であり、長寿園は老人クラブを組織し、市の老人クラブ連合会と交流していた。また山形脳病院の分院からはじまった二本松上山病院の入院患者は、地域の農家等で雇用されていた。（菅沼、1983、p.75）そして当時中川地区に設置されていた県立山形盲学校の校長は、1948（昭和23）年のヘレン・ケラーの来日の際に山形を案内した鈴木栄助氏であり（菅沼、1983、p.79）、鈴木氏は「蔵王おろしと蔵王水系に対する共同防衛の苦闘と忍従の歴史」を歩んできた地域住民に、山形盲学校から福祉施設からの贈りものとして、あんま、はり、灸による農夫症の治療を企図していた。中川福祉村の設立当時は、二本松病院による高血圧予防運動や蔵王長寿園による老人大学講座、病院と学校で開催される社会福祉大学講座、障害児施設との交流など、施設機能を地域住民に公開するアイディアがあり（菅沼、1983、pp.80—82）、二本松上山病院の院長は福祉村が心を病んだ人にとって治療的共同社会となることを期待していた（菅沼、1983、p.87）。なお当時中川地区にある施設入所者等は1000

人を超えており、施設の職員やパートとして住民が雇用されていた（菅沼、1983、p.94）[12]。

（3）中川福祉村の活動と組織

　中川福祉村の設立当初には、①老人福祉の事業（ホームフレンド事業、福祉の家づくり事業、マッサージ講座など）、②子ども福祉の事業（児童遊園の整備など）、③婦人福祉の事業（婦人保護施設金谷寮との交流）、④障がい者福祉の事業（道路整備、標識板など）、⑤総合事業（福祉まつり、坊平高原つつじ祭り、盆踊り大会、蔵王山頂大掃除）などの事業が行われた。1975（昭和50）年10月に行われた地区民運動会は「福祉祭運動会」に名前を変え、青年団からの提案により運動能力を競うよりもともに楽しむレクリエーションを中心に実施された（菅沼、1983、p.104）。

　1976（昭和51）年3月には公民館で中川福祉村会議を開いて基本構想、自治組織、活動について話し合い、1976（昭和51）年7月に初議会を開いて、村長、助役、収入役等を承認した（菅沼、1983、pp.136—161）。地区公民館を役場として、村の地区会長と各種団体、施設、機関の代表が「議会」をつくり、その下に常任委員会を設置して個別の事業の企画立案と執行にあたるという方式をとった。収入は各戸の負担金と助成金、寄付金であり、自主財源をつくるためにお茶の販売もした（菅沼、1983、pp.55—56）。福祉村を団体や組織の代表で結成すると個々の団体の代表という意識が強くなり、専門機関に依存しがちになるため、自治権をもたない「自治村」の方式をとったのだが、この方式は今日の市町村合併で叫ばれている地域内分権の先駆けともいえるかもしれない。

　中川福祉村では、「施設を訪れたことがない」という住民の声に応えて、一日かけて地域内の施設を訪れる福祉施設巡回研修や、地域の民家を施設の人たちが遊びにくることができるように解放してお茶を飲み、レクリエーションなどを楽しむ「福祉の家」、年齢や障がいの有無を超えてつつじ

を鑑賞しながら坊平高原を歩き回る「つつじ祭」、世代交流の集い、介護者懇談会につながったホームフレンド事業（病弱で老人クラブに参加できない人を高齢者が訪問する事業）など、地域住民と福祉施設をつなぐ手づくりの活動が行われた（菅沼、1983、p.190、202、233、256、267）。

（4）福祉文化としての中川福祉村

　1988（昭和63）年から世代交流の集いは、福祉施設代表、各地区会長、民生児童委員、老人クラブ会長、婦人会長、PTA代表などが一堂に会する「中川地区福祉会議」に姿を変えた。また地域の施設にも、山形青鳥学園と金谷寮は廃止になり、特別養護老人ホーム蓬仙園、知的障害児通園施設山形ひかり学園、知的障害者更生施設山形育成園、精神障害者授産施設「こまくさの里」が加わる、という変化があったが、住民は福祉村があることで「偏見や差別がないのです。村民と一緒に患者もやっている。ごく自然な形でとけこんでいる」と評価している（中川福祉村、1995、p.72、鏡、2004、p.3）[13]。

　中川福祉村では、蔵王山頂大掃除で精神病棟に入院していて、他人とほとんど会話しなかった患者が15年ぶりに地域住民に自分から話しかけ、盲学校の生徒が地域の小学校を「探検」し、一緒に探検した小学生と仲良しになるなど（中川福祉村、1995、p.34）、自然な形で施設の入所者が地域に溶け込んでいた。また日曜日に視覚障がい者と野球をする行事で知り合った地域の子どもが、知的障がい児施設に入所している子どもを訪れ、施設に入所している子どもが喜んだこともあった（菅沼、1983、p.243）。今日の中川福祉村には、リーダーの確保や地域の産業の振興などの課題もあるが、上山市立中川小学校では「中川福祉村福祉教育指定校」として、親子二代で福祉施設との交流が続けられている（鏡、2004、pp.45—46、p.31）。

　中川福祉村では社協が福祉施設という地域の資源と住民をつなげる役割を果たしたため、「第4章　社協の設立と保健福祉活動への展開」以降で

述べたようなねじれはみられない。そして筆者は、中川福祉村で福祉文化が形成された背景には、「できることをする」という地域福祉活動の基本に忠実であったことと、「共感するということは、本当に共同体験すること」（菅沼、1983、p.46）があったと考えている。

2　価値観の変革と内面の変革、社会福祉実践

（1）内面の変化と価値観の変革

　かつてゼノ・ゼブロフスキー修道士は、貧困地域に電気をひくために電力会社に交渉に行き、「この人たちは動物ではない。私たちと同じ人間です」と述べた。ボランティア、あるいは社会福祉の原点では、このような価値観が明らかに示されていた。

　糸賀一雄氏の記述によると、ある日施設の職員が、重症心身障がい児が必死の力を振り絞って腰を浮かせ、おむつ交換に協力していたことに気づいた。その職員は、それまで自分が子どもたちのそのような姿をみえていなかったことを反省し、その一因が功利主義的な価値観であったことを自覚した。糸賀氏はこのようなエピソードに基づいて、「心身障害をもつすべてのひとたちの生産的生活がそこにあるというそのことによって、社会が開眼され、思想の変革までが生産されようとしているということである。ひとがひとを理解するということの深い意味を探求し、その価値にめざめ、理解を中核とした社会形成の理念をめざすならば、それはどんなにありがたいことであろうか」（糸賀、1968、p.178）と記述されている。そして糸賀氏は、以下のように記している「（障がいをもつ子どもについて）考えていなかった社会に、呼びかけ働きかけ、この子らの立派な生き方を示すことによって、社会の人びとにこの子らのことを考えさせるようにしたとするならば、それはたいへんな大事業なのである。それは政治的、暴力的な革命ではない…（中略）…（そのようなことについて）自分自身の問題と

して連帯的に真剣に取り上げるような社会が形成されるとすれば、それは社会自体の内面的な変化であり、進歩」である（糸賀、1968、p.37）。

「私たちの価値観を変える」ことは上述のような内面の変革からはじまり、内面の変革によって「身につまされる思い」が生じて、貧困に対応する地域福祉活動が広がっていくのかもしれない。

（2）内面の変革と社会福祉実践

そして糸賀氏は、福祉施設が資本主義社会の構造的欠陥として発生する福祉課題に対応することは福祉課題の発生を助長しているという批判に対して、施設を放棄するのではなく、施設を子どもたちと施設の役割をどうしたらよいか考えるための砦として意味づけ、生活を支える実践を通じて、重度の心身障がいをもつ子どもたちが自己実現する姿を明らかにした（糸賀、1968、p.14）。

私見では、社会福祉実践には生活問題を抱える人を支えるだけでなく、そこに参画する職員やボランティアに「生きる意味」について考える機会を提供する役割も果たす。そして消費社会や競争のなかで生きる意味について疑問を感じた人がボランティア活動に参加し、自らの価値観を問い直して、新たな価値観を得る事例も散見される。生活問題を抱える人の「うめき」と向かい合う社会福祉実践には、「生きる意味」について考える機会を提供し、生の営みを実感させることによって、「人間性を育てる」可能性があるのではないだろうか。

筆者は「序章　本研究の背景、目的と研究方法、構成」で、社会事業は家族機能では充たしきれない地域住民の必要を充たし、地域住民は社会事業と自分たちの生活のつながりを理解し、社会事業を支えるという重田信一氏の記述を紹介した。このような施設と地域社会の関係を今日的に応用するならば、社会福祉実践がもつ「人間性を育てる」可能性を地域住民に向けて発信することも、「私たちの価値観を変える」方法であろう。日本で

は地域組織化と施設と地域社会の関係は別個の方法として発展してきたが、そもそも日本社会事業学校連盟編『住民主体の地域福祉活動—事例によるコミュニティ・オーガニゼーション研究』では、社協活動だけでなく「住民に支えられた施設づくり」の事例も掲載されていたのである。

（3）地域福祉活動にできること

「第Ⅰ部　セツルメントにおける人格的交流と主体化」で述べたように、今日のセツルメントの多くは、貧困ではない地域で福祉サービスを提供している。それゆえに自らが貧困に対応する地域福祉活動を実践することは困難だが、利用者参加等を通じて地域住民の価値観を変革することは可能かもしれない。なぜなら人格的な交流に基づいた価値観の変革が、セツルメントによる社会改良の源泉だからである。筆者は今後、日本に現存するセツルメント系の施設が、利用者参加を通じた価値観の変革にどのように取り組むかを、見守りたい。

そして「第Ⅱ部　山形における住民主体と地域組織化」で述べたように、社協には地域組織化の方法だけでなく、地域組織化をすすめる機関のあり方も問われている。このような厳しい状況ではあるが、社協は早期から福祉教育に取り組んできた歴史もある。社協もまた貧困に対応する地域福祉活動の主役となることは困難であろうが、貧困に限定せず、幅広い福祉教育の一環として、貧困に対応する地域福祉活動を紹介することは可能かもしれない。社協による福祉教育によって、すぐに貧困についての偏見を払拭することはできないかもしれないが、高齢者や障がいをもつ人、そして社会福祉について偏見をなくすことは、長期的には貧困も含めて差別や偏見のない地域社会の形成につながっていくかもしれない。日本の社協がイングランドのようなインフォーマル部門とボランタリー部門を支援する機関になるのか、サービスの提供機関として存続するのかは定かではないが、筆者は今後、心ある社協職員が、福祉教育と呼ばれる地域住民による福祉

の学習にどこまでこだわるかを見守りたい。

　貧困に対応する地域福祉活動についての研究が上のような結論だけで終わるのも、いささか淋しい。それゆえに筆者は研究生活の後半において、ボランタリー・アクションによる地域再生について研究を試みたい。ボランタリー・アクション論の理論的な射程には、価値観の転換に基づいた自発性や主体性の発露、利用者参加による自治能力の涵養と協同組合方式による自治的な運営、福祉の多元化のなかでのアソシエーションとしての社会政策への影響力の行使、地域再生への貢献という、「貧困に対応する地域福祉活動をすすめる方法」が含まれている。

　そして貧困に対応する地域福祉活動の対象を野宿生活者の貧困だけでなく、農村の貧困やインナー・シティのシャッター街に象徴される都市部の自営業の生活不安など、地域に定住できなくなり、非定住化する前段階の貧困も含めて「地域再生」と設定することで、「私たち」が貧困を自分たちにもかかわる問題として認識しやすくなり、身につまされることを期待したい。

　近年では遠藤宏一氏のように、保健・医療・福祉が公共事業依存型から内発的発展への転換に貢献する可能性があることを指摘する論者もみられる（遠藤、2004、p.230）。筆者は今後社会福祉研究者として、社会福祉実践がもつ「人間性を育てる」性質が地域住民の心を動かし、内発的な地域再生につながる可能性について研究していきたい。

終章　貧困と地域福祉活動－価値観の転換と推進方法－

(注)
1) ホームレスの実態に関する全国調査報告書については、http://www.mhlw.go.jp/houdou/2003/03/h0326-5.htmlhttp://www.mhlw.go.jp/houdou/2003/03/h0326-5.html 並びに http://www.mhlw.go.jp/houdou/2007/04/h0406-5.html を参照
2) 小沢修司氏によると「ベーシック・インカム」とは、社会保障のなかでも現金給付を無拠出でミーンズ・テストなしで支給する「社会手当」の一種である（小沢、2004、pp.18 — 19）。またベーシック・インカムをめぐる論争については、Tony Fitzpatrick "Freedom and Security—An Introduction to the Basic Income Dabate" 1999（邦訳武川正吾・菊地英明訳『自由と保障—ベーシック・インカム論争』勁草書房、2005年）で詳述されている。
3) 筆者がこの研究で「私たち」という用語を用いるのは、岩田正美氏が、貧困と社会の関係について、社会の構成員の貧困であるがゆえに除去さなければならないという「われわれの貧困」と、社会の脅威であるがゆえに消滅させなければならない「彼らの貧困」ということばで説明されたことを参考にしている（岩田、2005、p.3）。ただし岩田氏の著作では「われわれの貧困」と「彼らの貧困」ということばについてはそれ以上ふみこんだ説明をされていないため、「私たち」についての意味づけは、岩田氏のインプリケーションと異なる可能性もある。
4) このエピソードは、川上昌子氏から伺ったものである。
5) 青木紀氏は母子世帯の貧困の研究において、貧困の世代的再生産という視点を重視されている。氏は貧困のなかにおかれてきた家族員の生活史に、教育競争からの早期における「脱落」や自律の準備が整わない段階で家を出るなどの現象がしばしばみられると指摘し、家族のもつ資源格差と市場経済化の推進の結合に注目している（青木、2003、p.14）。
6) 川上昌子氏や金澤誠一氏の研究によると、その後も生活の標準化は低所得層をまきこんで進行し、低所得層では食費や社会的強要費目の縮小による消費支出構造の孤立化や標準的な生活様式の放棄と隔絶された生活がみられている（川上、1987、p.220、金澤、1998、p.239、244）。
7) 馬場康彦氏は「1974年以降一度設定された生活標準は、生産力の高さに規定された社会的欲望の高さに引き付けられて、そのレベルが上昇を続けている。その上昇が収入階級間『格差』が拡大する傾向の中で引き起こされているのである。これが『現代』の第一の特徴である。『現代』の第二の特徴は、第一の特徴＝生活標準化が『必要からの乖離』＝『乖離』という矛盾を携えながら進行しているということである。（中略）1974年以降の生活標準の上昇と『必要からの乖離』は、生活経済上の『転倒的関係』＝『転倒』を生み出す」と指摘し、「ここで注意を要するのは、この生活者や世帯に対する標準の強制力が、『必要からの乖離』を伴って作用しているということである。標準化の進展とともに『なくてはならないもの』が『必要なもの』からますます遠ざかっていくのである」と述べている（馬場、1997、pp.8—9、p.22）。

8) エスピン・アンデルセンは福祉国家の原理の1つとして、市場の普遍化による労働力の商品化と社会権による商品的性格の弱まりという「脱商品化」をあげているが（Esping-Andersen,1990＝2001,p.233）、一方日本では、私たちの生活が「閉鎖的で孤立的・分散的な状態から社会的に交流し相互依存しあるいは結合しあう状態」に変わる」社会化のなかでも、社会的共同消費手段を共同で利用する「直接的な共同化としての社会化」よりも労働力と生活手段の商品化による「資本主義的な生活の社会化」が進展した（相沢与一、1986、p.21）。

9) たとえばドイツでは、ホームレスが街路や駅に滞在しているときに妨害し侵害されているのは街路や駅ではなく、ホームレス生活者自身の権利である（中村・嵯峨、2003、p.159）。一方日本では逆の発想に基づいた指摘を野宿生活者がされることはめずらしくなく、ホームレスに炊き出しをするボランティアを「ホームレスを呼び寄せる原因」として敵視する行政職員も存在する。

10) この論理は、日本国内の貧困だけでなく、アジアやアフリカ、ラテンアフリカの貧困問題の解決にもあてはまるかもしれない。発展途上国の貧困を解決するためには、公正な貿易ルールの構築と産業化された私たちの社会が過度な「豊かさ」の追求を見直し、持続可能な社会に向けて舵を取り直すというライフ・スタイルの見直しが不可欠であることは、国際的な開発や貧困について論じる際には半ば常識と化している（Jeremy Seabrook,2003＝2005,p.176）。

11) 中川福祉村に該当する地域は、2003年4月1日時点では人口4062人（2142世帯）で、施設を含む19集落にあたる（鏡、2004、p.29）。なお中川福祉村・稲毛栄一郎村長、上山市社協・鏡洋志福祉活動専門員へのヒアリングは、平成10・11年度科学研究費補助金奨励研究（A）「地域性に対応した地域福祉活動プログラムの推進方法の実証的研究」課題番号（10710102）による研究の一環として行われた。

12) 金谷地区が福祉の村となった条件は、①地域内に各種の団体が結成されており、住民の福祉のための活動が調和しながら推進できる、②地区内に福祉施設や学校、病院、公民館があり、施設等にも地域と交流する意図がある、③婦人学級、若妻学級等がモデル指定地区を引き受けてきた、④公害が少なく自然環境が美しい、であった（菅沼、1983、p.21）。

13) ヒアリングにご協力いただいた上山市社協・鏡洋志福祉活動専門員（当時）も中川福祉村の出身であり、「施設に入所している大人や子どもたちと交流する機会があったので、自然に友人になり、差別する以前に途で会うとあいさつもしていた。差別や偏見がないのは当たり前のこととして育ってきたが、今思うと中川福祉村の出身であったことが影響しているのかもしれない」と回想されている。

文献

- 相沢与一「戦後日本の国民生活の社会化」江口英一・相沢与一編『現代の生活と「社会化」』労働旬報社、1986 年
- 青木紀編著『現代日本の『見えない』貧困』明石書店、2003 年
- 秋山智久「『施設の社会化』とは何か」社会保障研究所編『リーディングス日本の社会保障 4 社会福祉』有斐閣、1992 年（原著は 1978 年 10 月に「社会福祉研究」第 23 号に掲載）
- 朝倉美江『生活福祉と生活協同組合福祉』同時代社、2002 年
- 朝倉美江「協同組合福祉による生活支援」野村秀和編『高齢社会の医療・福祉経営』桜井書店、2005 年
- 阿部志郎「セツルメントからコミュニティ・ケアへ」阿部志郎編『地域福祉の思想と実践』海声社、1986 年
- 阿部志郎編『小地域福祉活動の原点——金沢善隣館活動の過去・現在・未来』全国社会福祉協議会、1993 年
- 阿部志郎「福祉の哲学」誠信書房、1997 年
- 阿部志郎・一番ヶ瀬康子『なんぞ嘆ぜんやついに事業成るなきを——横須賀基督教社会館の 50 年』ドメス出版、2001 年
- 天達忠雄「『要救護性』の問題について——社会事業本質に関する一試論として——」明治学院論叢『社会学・社会福祉学研究』65・66、1984 年（原著は『社会事業』第 24 巻第 5 号に掲載。1940 年）
- 飯豊町社会福祉協議会『幸せを拓いて——飯豊社協の 15 年』1970 年
- 井岡勉「地域福祉の現代的課題と基本理念・概念」井岡勉他編著『地域福祉概説』明石書店、2003 年
- 石川久仁子「セツルメントにおけるコミュニティへのアプローチの変容と現代的意義」日本地域福祉学会『日本の地域福祉』第 18 巻、2004 年
- 磯村英一・奥田道大・石川淳志・竹中和郎「スラム形成の実態とその対策 第 1 集 東京バタヤ部落の研究」（厚生科学研究）1960 年
- 市瀬幸平『イギリス社会福祉運動史』川島書店、2004 年
- 一番ヶ瀬康子「社会福祉への視点」一番ヶ瀬康子・真田是編『社会福祉論（新

版)』有斐閣、1975 年
- 糸賀一雄『福祉の思想』日本放送協会出版、1968 年
- 稲田七海「定住地としての釜ヶ崎―『寄せ場』転換期における野宿生活者支援」お茶の水女子大学大学院人間文化研究科『人間文化論叢』第 7 巻（2005 年版）、2005 年 3 月
- 今井正子「生きる喜びを今日も感じて―利用者さんの輝きを見つけたい」名古屋キリスト教社会館『社会館の福祉』vol.3、2000 年 9 月―a
- 今井正子「介護保険とデイサービス友」名古屋キリスト教社会館『社会館の福祉』 vol.4、2000 年 9 月―b
- 岩田正美「現代の生活と貧困」江口英一編著『社会福祉と貧困』法律文化社、1981 年
- 岩田正美「ホームレス／現代社会／福祉国家―『生きていく場所』をめぐって」明石書店、2000 年
- 岩田正美「貧困・社会的排除と福祉社会」岩田正美・西澤晃彦編『講座福祉社会 9 貧困と社会的排除』ミネルヴァ書房、2005 年
- 岩田正美「福祉政策の中の就労支援―貧困への福祉的対応をめぐって」社会政策学会編『社会政策学会誌第 16 号　社会政策における福祉と就労』法律文化社、2006 年
- 右田紀久恵「地域福祉研究の基本的視点―その概念設定をも含めて」住谷磐・右田紀久恵編『現代の地域福祉』法律文化社、1973 年
- 右田紀久恵「地域福祉の課題」右田紀久恵・高田真治共編『地域福祉講座①社会福祉の新しい道』中央法規出版、1986 年
- 右田紀久恵「分権化時代と地域福祉―地域福祉の規定要件をめぐって」右田紀久恵編著『自治型地域福祉の展開』法律文化社、1993 年
- 右田紀久恵「福祉国家のゆらぎと地域福祉」右田紀久恵他編『福祉の地域化と自立支援』中央法規出版、2000 年
- 右田紀久恵『自治型地域福祉の理論』ミネルヴァ書房、2005 年
- 浦辺史・重田信一・五味百合子・日本福祉大学社会事業理論史研究会（座談会）「戦時下の社会事業と社会事業研究所の活動―天達忠雄氏を偲びつつ」日本福祉大学『研究紀要』第 69 号、1986 年 10 月

- 江口英一他編『山谷─失業の現代的意味』未来社、1979年
- 江口英一「現代の『低所得層』」（上）、未来社、1979年、（中）（下）1980年
- 江口英一編『社会福祉と貧困』法律文化社、1981年
- 遠藤宏一「保健・医療・福祉とつなぐ地域づくり」窪田暁子・高城和義編『福祉の人間学─開かれた自律をめざして』勁草書房、2004年
- 大河内一男『わが国における社会事業の現在及び将来─社会事業と社会政策の関係を中心として─』大河内一男著作集第五巻、青林書院新社、1970年（原著は1938（昭和13）年）
- 大河内一男『貧乏物語』文藝春秋新社、1959年
- 大阪市セツルメント協議会『地域福祉の諸問題』朝日文化厚生事業団、発行年不詳
- 大阪市地域福祉施設協議会『大阪市地域福祉施設協議会40周年記念誌 町を歩こう』1999年
- 大橋謙策「社会問題対応策としての教育と福祉」小川利夫・土井洋一編著『社会福祉と諸科学5 教育と福祉の理論』一粒社、1978年
- 岡伸一「ILOのアジア戦略」大澤真理編著『アジア諸国の福祉戦略』ミネルヴァ書房、2004年
- 岡村重夫『地域福祉論』光生館、1974年
- 岡村重夫『社会福祉原論』全国社会福祉協議会、1983年
- 岡本祥浩「第2章 ホームレス生活者の現状とその支援制度」小玉徹・中村健吾・都留民子・平川茂編著『欧米のホームレス問題（上）実態と政策』法律文化社、2003年
- 岡本祥浩「第1章 ホームレス支援策の焦点」中村健吾・中山徹・岡本祥浩・都留民子・平川茂編著『欧米のホームレス問題（下）支援の実例』法律文化社、2004年
- 岡本祥浩「第2章 地域におけるホームレス支援施策の実践」中村健吾・中山徹・岡本祥浩・都留民子・平川茂編著『欧米のホームレス問題（下）支援の実例』法律文化社、2004年
- 小沢修司「ベーシック・インカム構想と新しい社会政策の可能性」社会政策学会編『新しい社会政策の構想─20世紀的前提を問う』法律文化社、2004年

- 鏡洋志「小地域社会における住民自治組織の主体形成と福祉的機能構築の変革過程に関する研究」（修士論文）、2004年
- 篭山京・江口英一共著『社会福祉論』光生館、1974年
- 篭山京『籠山京著作集第1巻　ボランタリー・アクション』ドメス出版、1981年
- 柏熊岬二「地区診断の意義と目的」青井和夫、小倉学他編『地区診断の理論と実際』績文堂、1958年
- 金澤誠一「勤労者世帯生活の実態」江口英一編著『改定新版　生活分析から福祉へ──社会福祉の生活理論』光生館、1998年
- 神奈川県川崎愛泉ホーム『小地域福祉活動ひとつの試み』1987年
- 神奈川県横浜愛泉ホーム・神奈川県川崎愛泉ホーム『地域福祉実践ハンドブックその1　基礎編・老人福祉編』1988年
- 神奈川県横浜愛泉ホーム・神奈川県川崎愛泉ホーム『地域福祉実践ハンドブック　その2　児童活動編』1989年
- 神奈川県横浜愛泉ホーム・神奈川県川崎愛泉ホーム『地域福祉実践ハンドブック　その3　地域福祉ニーズの把握　活動づくりから地域づくりへ』1990年
- 加納恵子「海外の実践事例／英国のCDP（1968─1978）」高森敬久他編著『コミュニティ・ワーク──地域福祉の理論と方法』海声社、1989年
- 河合幸尾「日本における社会福祉の展開」一番ヶ瀬康子・高島進編『講座社会福祉2　社会福祉の歴史』有斐閣、1981年
- 川上昌子「社会構成の変化と貧困の所在」江口英一編著『生活分析から福祉へ──社会福祉の生活理論』光生館、1987年
- 川上昌子「低所得層の生活実態」江口英一編著『生活分析から福祉へ──社会福祉の生活理論』光生館、1987年
- 川口清史・富沢賢治編『福祉社会と非営利・協同セクター』日本経済評論社、1999年
- 関西学院大学21世紀COEプログラム第1回国際シンポジウム成果報告書「『人類の幸福に資する社会調査』の研究」関西学院大学、2004年
- 岸川洋治／ローレンス・H・トムソン「近隣活動とコミュニティ・センター」阿部志郎編『地域福祉の思想と実践』海声社、1986年
- 岸川洋治『近隣活動とコミュニティセンター──横須賀基督教社会館と地域住民

- のあゆみ』筒井書房、2004年、
- 基礎生活保障問題研究会「名古屋市『ホームレス』聞取り調査中間報告」2001年
- 北川由紀彦「単身男性の貧困と排除」岩田正美・西澤晃彦編『講座福祉社会9　貧困と社会的排除』ミネルヴァ書房、2005年
- 北島健一「福祉国家と非営利組織」宮本太郎編『福祉国家再編の政治』ミネルヴァ書房、2002年
- 木本明「東京都・23特別区における『路上生活者自立支援事業』の現状と今後の方向性」川上昌子編著『日本におけるホームレスの実態』学文社、2005年
- 小池隆生「第2章　連邦政府のホームレス生活者対策」小玉徹・中村健吾・都留民子・平川茂編著『欧米のホームレス問題（上）実態と政策』法律文化社、2003年
- 孝橋正一『新訂　社会事業の基本問題』ミネルヴァ書房、1960年
- 伍賀一道「現代日本の失業と不安定就業」社会政策学会編『現代日本の失業』法律文化社、2003年
- 『国民たすけあい共同募金―赤い羽根二十周年』1966年
- 斎藤純一「福祉国家の危機と再編」斎藤純一編著『福祉国家／社会的連帯の理由』ミネルヴァ書房、2004年
- ＜笹島＞の現状を明らかにする会「名古屋＜笹島＞野宿者聞き取り報告書」1995年10月
- 定藤丈弘・北野誠一「障害者福祉実践の課題と展望」定藤丈弘・佐藤久夫・北野誠一編『現代の障害者福祉』有斐閣、1996年
- 佐藤豊継「社会福祉協議会における計画策定と地域福祉」大橋謙策他編『社会福祉構造改革と地域福祉の実践』東洋堂企画出版社、1998年
- 澤田清方「新たな地域福祉の確立」『社会福祉研究第76号』鉄道弘済会、1999年
- 澤田清方「地域福祉の推進課題とその方法」井岡勉他編著『地域福祉概説』明石書店、2003年
- 塩崎賢明「建築家・プランナーと居住運動」内田勝一・平山洋介編『講座現代居住5　世界の居住運動』東京大学出版会、1996年
- 重田信一「都市社会事業に関する研究」中央社会事業協会、1942年

- 重田信一・橋本道夫・永田幹夫「鼎談 『育成協』の歩みを顧みて」全国社会福祉協議会『月刊福祉』第48巻第6号、1965年
- 重田信一他「保健福祉地区組織活動の効果測定」保健福祉地区組織育成中央協議会、1963年
- 重田信一他「コミュニティ・オーガニゼーション」若林龍夫編『社会福祉方法論』 新日本出版社、1965年
- 重田信一『アドミニストレーション』誠信書房、1971年
- 重田信一編著『社会福祉』川島書店、1973年
- 重田信一・吉田久一『社会福祉の歩みと牧賢一』全国社会福祉協議会、1977年
- 重田信一・中川幽芳・吉田久一・一番ヶ瀬康子「同時代の社会事業を語る」（対談）、吉田久一・一番ヶ瀬康子編『昭和社会事業史への証言』ドメス出版、1982年
- 重田信一「この人に聞く―住民の意志を尊重する社協に」『地域福祉研究No.19』日本生命済生会、1991年
- 重田信一「戦後社会福祉の動向と社会福祉協議会の位置づけ」日本地域福祉学会地域福祉史研究会編『地域福祉序説』中央法規、1993年
- 重田信一『わが生い立ちの記―社会事業に出会うまで』1998年
- 重田信一・高島進・永田幹夫・遠藤興一・西崎緑・池本美和子「大先輩からの助言（第2回―重田信一先生）」（インタビュー）社会事業史学会『社会事業研究』第29号、2001年10月
- 重田信一「『山形会議』までの全国社会福祉協議会の足跡」『山形会議40周年記念 社会福祉協議会活動を考える全国セミナー報告書 地域福祉活動における住民主体の原則を考える』山形県社会福祉協議会、2001年
- 柴田謙治「イギリス・コミュニティ・ワークの形成における生活問題の影響の一考察―インナー・シティ政策を通じて」明治学院大学大学院『社会福祉学』第12号、1988年
- 柴田謙治「ソーシャル・セツルメント運動の国際的動向と今日的役割」『愛知教育大学研究報告第46輯（人文・社会科学編）』1997年3月
- 柴田謙治「地域福祉の思想としての『住民主体』」濱野一郎・遠藤興一編著

『社会福祉の原理と思想』岩崎学術出版社、1998 年
・柴田寿子「ヨーロッパにおける社会的連帯と補完性原理」斎藤純一編著『福祉国家／社会的連帯の理由』ミネルヴァ書房、2004 年
・渋谷篤男「第 8 章　社会福祉協議会活動の方法　第 2 節　社会福祉協議会活動の方法・技術」市川一宏他『社会福祉協議会活動論』全国社会福祉協議会、新版　社会福祉学習双書 2005 年
・社会福祉法人興望館『興望館セツルメント 75 年の歴史』1995 年
・社会保障研究会「悪性インフレ下の低所得階層の暮らしと対応──失対就労世帯と生活保護世帯」1974 年
・菅沼喜一『みちのく中川福祉村』山形県社会福祉協議会、1983 年
・須田木綿子「コミュニティの形成と福祉サービス」窪田暁子・古川孝順・岡本民夫編『世界の社会福祉 9──アメリカ、カナダ』旬報社、2000 年
・住谷一彦『共同体の史的構造論（増補版）』有斐閣、1994 年
・全国社会福祉協議会地域組織推進委員会（議事録）「協議　社会福祉協議会基本要項について、「へき地、離島問題の研究について」僻地離島問題研究委員会──中間報告──（案）の要旨」1961 年 3 月 22 日
・全国地域福祉センター研究協議会資料集（1971 年 7 月 12 日～ 17 日・於神奈川県社会福祉会館）全国社会福祉協議会・神奈川県隣保事業協会
・副田義也『コミュニティ・オーガニゼイション』誠信書房、1968 年
・副田義也『生活保護制度の社会史』東京大学出版会、1995 年
・高橋明善「農民生活と農村の社会問題」蓮見音彦編『社会学講座 4　農村社会学』東京大学出版会、1973 年
・高畠町社会福祉協議会『社協法人化 25 周年記念　まほろばの里　社協 25 年の歩み』1989 年
・高森敬久・高田眞治・加納恵子・平野隆之『地域福祉援助技術論』相川書房、2003 年
・武智秀之「福祉のガヴァナンス」武智秀之編著『福祉国家のガヴァナンス』ミネルヴァ書房、2003 年
・竹中和郎『東京都におけるスラム社会形成に関する研究』東京都社会福祉会館、1962 年

- 田代国次郎『東京都内スラムの歴史と実態』社会福祉研究センター資料室、1972年
- 谷川修「名古屋キリスト教社会館40年の歩み」名古屋キリスト教社会館『社会館の福祉』vol.4、2000年9月
- 谷川修「インタビューでつづる社会館ものがたり 第5話 『名古屋キリスト教病院』をつくるのが夢だったんだ」名古屋キリスト教社会館『社会館の福祉』vol.5、2002年6月―a
- 谷川修「ちどり児童会学童保育に30年かかわって」名古屋キリスト教社会館『社会館の福祉』vol.5、2002年6月―b
- 谷川貞夫『コミュニティ・オーガニゼーション概説』全国社会福祉協議会、1957年
- 田端光美『日本の農村福祉』勁草書房、1982年
- 田端博邦「『福祉国家』と労使関係の理論」埋橋孝文編著『比較のなかの福祉国家』ミネルヴァ書房、2003年
- 寺久保光良『貧困と闘う人びと』あけび書房、2004年
- 東京帝国大学農学部農政学研究室『更生運動下の農村』1938年
- 東京都民生局『東京都地区環境調査―都内不良環境地区の現状』1959年
- 富沢賢治『社会的経済セクターの分析』1999年、岩波書店
- 所めぐみ「英国のコミュニティワークの動向」日本生命済生会『地域福祉研究』No.33、2005年
- 富田富士雄『コミュニティケアの社会学』有隣堂、1995年
- 永岡正己「戦前の社会事業論争」真田是編『戦後日本社会福祉論争』法律文化社、 1979年
- 永岡正巳「大阪における地域福祉の源流―方面委員とセツルメントを中心に」日本地域福祉学会地域福祉史研究会編『地域福祉序説』中央法規、1993年
- 中川清『日本の都市下層』勁草書房、1985年
- 中川清『日本都市の生活変動』勁草書房、2000年
- 中川福祉村『中川福祉村の歩みと展望―開村20周年記念誌』1995年
- 長坂保伸「"友"の利用者さんとすごして見えてきた課題」名古屋キリスト教社会館『社会館の福祉』vol.3、2000年9月

- 長坂保伸「今が幸せ、悔いはない」名古屋キリスト教社会館『社会館の福祉』vol.7、2003年9月
- 中島恵理『EU・英国における社会的包摂とソーシャルエコノミー』大原社会問題研究所雑誌 No.561、2005年8月
- 永田幹夫『改訂 地域福祉組織論』全国社会福祉協議会、1985年
- 永田幹夫『地域福祉論』全国社会福祉協議会、1988年
- 永田幹夫「『社協基本要項』策定の意義及び背景」日本地域福祉学会地域福祉史研究会編『地域福祉序説』中央法規、1993年
- 永田幹夫・渡辺武男「この人に聞く 永田幹夫―地域福祉への途一筋に」『地域福祉研究 No.24』日本生命済生会、1996年
- 中村健吾「序」小玉徹・中村健吾・都留民子・平川茂編著『欧米のホームレス問題（上）実態と政策』法律文化社、2003年
- 中村健吾「第2章 ホームレス生活者支援策の歴史」小玉徹・中村健吾・都留民子・平川茂編著『欧米のホームレス問題（上）実態と政策』法律文化社、2003年
- 中村健吾・嵯峨嘉子「第4章 今日のホームレス生活者支援の諸制度」小玉徹・中村健吾・都留民子・平川茂編著『欧米のホームレス問題（上）実態と政策』法律文化社、2003年
- 中村雄二郎『臨床の知とは何か』岩波新書、1992年
- 中山徹「第3章 野宿者の現状と野宿者支援策」小玉徹・中村健吾・都留民子・平川茂編著『欧米のホームレス問題（上）実態と政策』法律文化社、2003年
- 中山徹「第3章 ホームレス支援におけるボランタリー組織の役割と支援の蓄積」中村健吾・中山徹・岡本祥浩・都留民子・平川茂編著『欧米のホームレス問題（下）支援の実例』法律文化社、2004年
- 西内潔『日本セッツルメント研究序説』童心社、1971年
- 日本社会事業学校連盟編『住民主体の地域福祉活動』全国社会福祉協議会、1971年
- 日本社会福祉学会編『社会福祉学研究の50年』ミネルヴァ書房、2004年
- 日本福祉大学COE推進委員会編『福祉社会開発学の構築』ミネルヴァ書房、2005年

- 野原光「閉じられた『自立』から開かれた『自律』へ」窪田暁子・高城和義編『福祉の人間学―開かれた自律をめざして』勁草書房、2004年
- 馬場康彦「現代生活経済論―真の『豊かさ』とは何か」ミネルヴァ書房、1997年
- 濱野一郎「コミュニティ・オーガニゼーション」重田信一編著『社会福祉の方法』 川島書店、1979年
- 濱野一郎「『社協理論』における『サービス』と『組織化』」重田信一編著『現代日本の生活課題と社会福祉―家庭・施設・地域をその場として』川島書店、1985年
- 林俊和「地域生活支援への期待」名古屋キリスト教社会館『社会館の福祉』vol.7、2003年9月
- 広島路上生活を明らかにする会・野宿労働者の人権を守る広島夜回りの会「広島市の『ホームレス』」1989年
- 福祉士養成講座編集委員会編『地域福祉論』中央法規出版、2003年
- 福島正夫・石田哲一・清水誠編『回想の東京帝大セツルメント』日本評論社、1984年
- 福原宏幸・中山徹「日雇労働者の高齢化・野宿化問題」社会政策学会『日雇労働者・ホームレスと現代日本』お茶の水書房、1999年
- 藤井克彦・田巻松尾『偏見から共生へ』風媒社、2003年
- 藤田博仁「ホームレス施策の現状と課題」日本社会保障法学会編『社会保障法第21号』法律文化社、2006年
- 藤野豊「井上友一」『日本の地方自治論―歴史と群像』、地方自治職員研修臨時増刊号No.6、公務職員研修会、1981年3月
- 古川孝順・庄司洋子・三本松政之編『社会福祉施設―地域社会コンフリクト』誠信書房、1993年
- 古川孝順『社会福祉学』誠信書房、2002年
- 古川孝順『社会福祉学の方法』有斐閣、2004年
- 保健福祉地区組織育成中央協議会「保健福祉シリーズ5 地区組織活動の事例―滋賀県甲賀町・福岡県甘木市金川地区・栃木県二宮町」1961年
- 前田大作「コミュニティ・オーガニゼーションのプロセス」若林龍夫編『社会福祉方法論』新日本出版社、1965年

- 前山総一郎『アメリカのコミュニティ自治』南窓社、2004 年
- 牧賢一『社会福祉協議会読本』中央法規出版、1953 年
- 増田四郎『都市』筑摩書房、1968 年
- 松崎粂太郎「大都市における沈殿層の所在とその疎外状況」篭山京編『大都市における人間構造』東京大学出版会、1981 年—a
- 松崎粂太郎「地域生活構造における『最低限』」江口英一編著『社会福祉と貧困』法律文化社、1981 年—b
- 松田仁兵衛『社会福祉とともに』全国社会福祉協議会、1977 年
- 水島治郎「大陸型福祉国家」宮本太郎編著『福祉国家再編の政治』ミネルヴァ書房、2002 年
- 宮内町社会福祉協議会・山形県保健福祉地区組織育成連絡協議会「山形の保健福祉 No.3 町内会と保健福祉活動」発行年記載なし・宮城孝『イギリスの社会福祉とボランタリーセクター』中央法規、2000 年
- 宮田和明「『新政策』論争」真田是編『戦後日本社会福祉論争』法律文化社、1979 年
- 宮田親平『だれが風を見たでしょう―ボランティアの原点・東大セツルメント物語』文藝春秋、1995 年
- 宮本太郎「福祉レジーム論の展開と課題」埋橋孝文編著『比較のなかの福祉国家』ミネルヴァ書房、2003 年
- 三和治「コミュニティ・オーガニゼーションの発達過程」若林龍夫編『社会福祉方法論』新日本法規出版、1965 年
- 安原茂「農民層分解と農村社会の構成」蓮見音彦編『社会学講座 4 農村社会学』 東京大学出版会、1973 年
- 山形県共同募金会事務局「奉仕団体としての地域青年団の育成について」昭和 28 年度中央共同募金指定地区報告書、1954 年？
- 山形県社会福祉協議会「山形の保健福祉 No.34 インフレ下における住民生活防衛運動」発行年記載なし
- 山形県社会福祉協議会『山形の社会福祉四十年』1992 年
- 山形県社会福祉協議会・山形県保健福祉地区組織育成協議会「社協がとりくむ調査活動＜昭和 39 年度＞」1965 年

- 山形県社会福祉協議会・余目町社会福祉協議会「山形の保健福祉 No.25　たちあがった住民たち〜余目町落合地区の活動展開に学ぶもの〜——コミュニティ・オーガニゼーションの実際」1970 年
- 山形県保健福祉地区組織育成連絡協議会『保健福祉地区組織活動を推進する上の諸問題』1964 年
- 山形県保健福祉地区組織育成連絡協議会「山形の保健福祉№ 10　わたくしたちの町づくり　保健福祉活動の事例」1965 年
- 山形県民生児童委員協議会編『山形県民生委員の歩み』、1987 年
- 山形県民生児童委員協議会『地域を支える民生委員・児童委員活動　活動事例集』、1994 年
- 山口稔『社会福祉協議会理論の形成と発展』八千代出版、2000 年
- 山崎克明他『ホームレス自立支援』明石書店、2006 年
- 山本英治「農村社会と農民組織集団」蓮見音彦編『社会学講座 4　農村社会学』東京大学出版会、1973 年
- 吉田久一『吉田久一著作集 3　改訂増補版　現代社会事業史研究』川島書店、1990 年
- 労働科学研究所『日本の生活水準』労働科学研究所出版部、1960 年
- 和気康太「課題の発見と目標の設定」武川正吾編『地域福祉計画』有斐閣、2005 年
- 和田清美他編『大都市における地域医療、看護・介護の理想と現実—東京都足立区セツルメント診療所 50 年のあゆみ』こうち書房、2001 年
- 渡部剛士「私の履歴書—社会福祉の起点を求めて」1987 年（原文は「福祉ジャーナル」1976 年 7 月号に掲載）
- 渡部剛士『農村におけるコミュニティ・オーガニゼーションの実践—その展開と視点—』重田信一編著『現代日本の生活課題と社会福祉』川島書店、1985 年
- 渡部剛士「地域福祉における民間団体の位置と役割」地域福祉研究 No.18、日本生命済生会、1990 年
- 渡部剛士「地域における福祉課題と社会福祉協議会」大坂譲治・三浦文夫監修『高齢化社会と社会福祉』中央法規出版、1993 年

- 渡部剛士「この人に聞く 元社協マンの愛と情熱―理想の住民主体・利用者主体を求めて（東北福祉会せんだんの杜 杜町・渡部剛士）」『地域福祉研究 N.O.29』日本生命済生会、2001 年
- 渡部剛士「随想 私の実践・研究を振り返って（64）―私がこだわり続けてきたもの」社会福祉研究第 93 号、2005 年
- Alan Twelvetrees "Community Work" 3rd edition.Palgrave,2002（杉本敏夫訳『コミュニティワーク』2006 年、久美株式会社）
- Andrew Glen,Paul Henderson,Jayne Humm,Helen Meszaros "Survey of Community Development Workers in the UK:A Report of paid and unpaid community workers" SCCD,CDF,2003.5
- Anthony B Atkinson "In come and the Welfare State",Cambridge University Press,1955（邦訳 丸山冷史「アトキンソン教授の福祉国家Ⅰ」晃洋書房、2001 年）
- Asa Briggs & Anne Macartney "Toynbee Hall the First Hundred Years" Routledge & Kegan Paul,1984（邦訳「アサ・ブリッグス・アン・マカートニー（阿部志郎監訳）『トインビー・ホールの 100 年』全国社会福祉協議会」1987 年）
- Bernd Schulte "A European definition of poverty: the fight against poverty and social exclusion in the member states of the European Union," Peter Townsend & David Gordon（eds.）"World Poverty" Policy Press, 2002
- Brian Jackson "Working Class Community" Routledge & Kegan Paul,1968（大石俊一訳『コミュニティ―イングランドのある町の生活』晶文社、1984 年）
- Chris L.Clark "Theory and practice in voluntary social action" Avebury,1991
- Colin Rochester "Regulation:The Inpact on Local Voluntary Action" Margaret Harris & Colin Rochester（eds.）"Voluntary Organisations and Social Policy in Britain" Palgrave,2001
- David N.Thomas "The Making of Community Work" George,Allen & Unwin,1983
- Deborah Mitchell "Income Transfers in Ten Welfare States" 1991（埋橋孝文他共訳『福祉国家の国際比較研究』啓文社、1993 年）
- Didier Demaziere "La Sociologie du chomage" 1995（都留民子訳『失業の社会学―フランスにおける失業との闘い』法律文化社、2002 年）

- Duncan W.Scott & Lynne Russell "Contracting:ThevExperience of Service Deliverly Agencies" Margaret Harris & Colin Rochester (eds.) "Voluntary Organisations and Social Policy in Britain" Palgrave,2001
- Duncan W.Scott,Pete Alcock,Lynne Russell & Rob Macmillan "Moving Pictures:Realities of voluntary action" The Policy Press,2000
- Eileen Younghusband "Social Work in Britain 1950 ― 1975" ,1978,George Allen and Unwin（本出祐之監訳「英国ソーシャルワーク史 1950―1975」、誠信書房、1984 年（上）、1986 年（下））
- Gosta Esping-Andersen "The Three Worlds of Welfare Capitalism" 1990,（岡沢憲芙・宮本太郎監訳『福祉資本主義の三つの世界』ミネルヴァ書房、2001 年）
- Ian Smith"Community Work in Recession"Mary Langan & Phil Lee(eds.)"Radical Social Work Today", Unwin Hyman,1989
- ジャック・ドゥフルニ「社会的経済概念の長い道のり」川口清史・富沢賢治編『福祉社会と非営利・協同セクター』日本経済評論社、1999 年
- Jean Baudrillard,1970, "La Societe de consommation"（今村仁司・塚原史訳『消費社会の神話と構造』（普及版）紀伊國屋書店、1995 年）
- Jeremy Seabrook "The No-Nonsense guide to World Poverty" 2003（渡辺景子訳『世界の貧困―1 日 1 ドルで暮らす人々』青土社、2005 年）
- Joan Cooper "The Creation of the British Personal Social Services 1962―1974" Heinemann Educational Books,1983
- Justin Davis Smith "Volunteers:Making a Difference?" Margaret Harris & Colin Rochester(eds.)Voluntary Organisations and Social Policy in Britain"Palgrave,2001
- Ken Coates & Richard Silburn "Poverty:the Forgotten Englishmen" Pelican,1971（2nd.eds.）
- Lord Beveridge, "Voluntary Action-A report on methods of social advance" ,George Allen &Unwin,1948
- Margaret Harris "Boards:Just Subsidiaries of the State?" "Voluntary Organisations in a Changing Social Policy Environment" Margaret Harris & Colin Rochester(eds.) "Voluntary Organisations and Social Policy in Britain" Palgrave,2001

- Martin Bulmer "Neighbours— the work of Philip Abrams" Cambridge University Press,1986
- Marilyn Taylor "Partnership:Insiders and Outsiders" Margaret Harris & Colin Rochester（eds.）"Voluntary Organisations and Social Policy in Britain" Palgrave,2001
- Marilyn Taylor "Public Policy in the Community" Palgrave,2003
- Martin Loney "Community against Government — The British Community Development Projects 1968—1978" Heinemann Educational Books,1983
- Michael Locke,Paul Robson & Steven Howlett "Users:At the Centre or on the Sidelines?" Margaret Harris & Colin Rochester（eds.）"Voluntary Organisations and Social Policy in Britain" Palgrave,2001
- Murray G.Ross "Case histories in community organizations",Harper & Row,1958
- Murray G.Ross "Community Organization; Theory, principles and practice(2nd ed.)" Harper & Row,1967（岡村重夫訳『改訂増補 コミュニティ・オーガニゼーション―理論・原則と実際』全国社会福祉協議会、1968 年）
- Nicholas Deakin "Public Policy and Social Policy" Margaret Harris & Colin Rochest（eds.）"Voluntary Organisations and Social Policy in Britain" Palgrave,2001
- Norman Johnson "Mixed Economies of Welfare" Prentice Hall Europe,1999（青木郁夫・山本隆監訳『グローバリゼーションと福祉国家の変容』法律文化社、2002 年）
- Paul Harrison "Inside the Inner City:Life Under the Cutting Edge" Pelican,1983
- Paulo Freire "Pedagogia Do Oprimido",1970（小沢有作他訳『被抑圧者の教育学』亜紀書房、1979 年）
- ピーター・マルキューズ「アメリカの居住運動」内田勝一・平山洋介編『講座現代居住 5 世界の居住運動』東京大学出版会、1996 年）
- Peter Townsend "Poverty in the United Kingdom — A survey of household resources and standards of living" 1979,Pelican,
- Philip Abrams,Shiela Abrams,Robin Humphrey,Ray Snaith "Action For Care — A Review of Good Neighbour Schemes in England" The Volunteer Centre,1981
- Report of the Wolfenden Committee "The Futureof voluntary organizations"

313

1978,Croom Helm
- Rex A.Skidmore,Milton G.Thackeray,O.William Farely"Introduction to social work（6th edition）" Prentice Hall,1994,
- Richard.M.Titmuss（B.Abel-Smith & Kay Titmuss eds.）"Social Policy:An Introduction" George Allen & Unwin,1974（三友雅夫監訳「社会福祉政策」恒星社厚生閣、1981 年）
- Susan Laurence & Peter Hall "British policy responses" Peter Hall (ed.) "The Inner city in context" Heinemann,1981
- Tony Fitzpatrick "Freedom and Security ― An Introduction to the Basic Income Dabate" 1999（武川正吾・菊地英明訳『自由と保障―ベーシック・インカム論争』勁草書房、2005 年）
- Van Harris "Resource Pack 1 Understanding Community Development Work" Federation for Community Development Learning,2004
- Victor A.Pestoff "Beyond the Market and State:Social enterprise and civil democracy in a welfare society" 1998（藤田暁男他訳『福祉社会と市民民主主義―協同組合と社会的企業の役割』日本経済評論社、2000 年）
- Wilson,H.et al "Change or decay:final report of the Liverpool Inner Area Study" HMSO,1977

● **索引** ●

○ **あ行** ○

愛他主義　258
新しい貧困　24
アドミニストレーション　153
飯豊町社協　149
生きがい　95
石井記念愛染園セツルメント　39
石井十次　39
今津福祉村　290
インナー・シティ　96
　―の貧困　246
上田市社協　139
上山市　290
呻き（うめき）　70、173、178
運動体社協　239
岡村理論　73

○ **か行** ○

賀川豊彦　43、46
下層社会　80
片山潜　40
釜ヶ崎　105
川崎愛泉ホーム　96、97
川西町社協　224

環境改善サービス　14
キングスレイ館　39、56
近隣性の本質　258
近隣における助け合い　258
郡社協　145
限界集落　189
甲賀町社協　140
公共性　15
公私役割分担　110、234
孝橋理論　65
興望館　43、58
公民館とセツルメント　85
互酬　60、258
コミュニティ・オーガニゼーション　19、135
　―の概念　120
　―の過程　121
　―の内容　129
　―の方法　129
コミュニティ・ソーシャルワーク　259
コミュニティ・ディベロップメント・プロジェクト（CDPs）　248
コミュニティ・ディベロップメント・ワーカー　267
コミュニティ・ディベロップメント・ワーク　266

315

コミュニティ・ビジネス　261
コミュニティケアの基盤　60
コミュニティ市民会議の任務　123
コミュニティワーカーの原則　93
コミュニティワーク　19、252

○　さ行　○

在宅福祉サービス　14
細民　42
酒田市社協　227
参加型調査　187
事業型社協　224、239
市区町村社協活動強化要項　223
重田信一　21、32、133、136、142、170
市町村社協　144、145
施設の社会化　32
自治村　291
社会慣習的水準論　287
社会企業　265
社会事業の構成要素　21
社会事業の対象　64、67
社会事業の代替性　63
社会事業の補充性　64
社会的経済　261、275
　―の役割　263
社会福祉　20
　―学　23
　―の運営（アドミニストレーション）
　240
　―の機能　74

社協活動の課題　147
社協活動の基本的な方向　148
社協基本要項　138
社協と共同募金　222
社協の基本的機能　138
社協の自主性　143
社協の主体性　144
社協の職員　139
　―配置　144
社協の組織　138
住民主体　98、138、151、161、171、179
　―原則　138、141
自立　14、17
白鷹町社協　206
人格的交流　59、74
スラム地区　40、75
生存水準論　287
セツルメント運動の発展　38
セツルメントとは　38
セツルメントの全盛期　43
セツルメントの代替性　65
セツルメントの退潮　75
セツルメントの目的　57
セツルメントの役割　67
全国社会福祉連合会（全社協）　128
全社協の「当面の活動方針」　130
善隣館　111
相対的剥奪　275
組織活動　14

索引

○ **た行** ○

高畠町社協　227
地域が支える福祉　14、16、93
地域住民の主体化　59
地域組織化　19、91、171、176
　　―の課題　108
　　―の過程　194、197、202、212、219
　　―の技術　215
　　―の原像　125
　　―の原則　98
　　―の評価　212
地域的貧困　243
地域で支える福祉　14、16、93、101
地域福祉活動　243
地域福祉とは　14
地域福祉の目的　16
地区社協　144、217
中央社会福祉協議会（中央社協）　128
調査と話し合い　184、197、210、215
鶴岡市社協　228
定住的貧困　42
東京帝国大学セツルメント　45、51

○ **な行** ○

中川福祉村　289
名古屋キリスト教社会館　99
二宮尊徳　125

農漁村の貧困と社協　162
農山村の生活形態　177
農村地域協議会　271
農繁期保育所　151
野宿生活者の貧困　277

○ **は行** ○

バーミンガム・セツルメント　261
羽黒山開拓村　184
長谷川良信　43
花畑教場　39
平田町社協　228
貧困　61、68、69、173、176、178、211、243、277
　　―の質的な側面　70
福祉教育　295
福祉国家　231
福祉に欠ける状態　178、204
福祉文化　292
不良環境地区　61
ベーシック・インカム　297
ペテー・アダムス　39
ペテー博士　39
報徳思想　125
報徳社運動　126
ホームレスの貧困　244
補完性の原理　236
ボランタリーの役割　260

317

○ ま行 ○

牧賢一　136
松田仁兵衛　156、164
身につまされる思い　21、159、161、172、179
宮内町足軽地区　201

○ や行 ○

山形会議　141、156
　―の結論　146
山室軍平　43
良い隣人運動　256
横須賀基督教社会館　88
横浜愛泉ホーム　97
余目町社協　195

○ ら行 ○

ラフ・スリーパー　244
利用者参加　109
利用者本位　109

○ わ行 ○

渡部剛士　155、168

【著者紹介】

柴田　謙治　（しばた　けんじ）

1987 年　上智大学大学院文学研究科社会学専攻博士前期課程修了
1990 年　明治学院大学大学院社会学研究科社会福祉学専攻博士後期課程満期退学

【職歴】
東京都社会福祉総合センター研究員（嘱託）、愛知教育大学教育学部助手・同助教授、金城学院大学現代文化学部福祉社会学科助教授を経て、現在、金城学院大学現代文化学部教授

【専門】
コミュニティワーク論、ボランタリー・アクション論

【著書】
『コミュニティワークの理論と実践を学ぶ』みらい、2004、共編
『社会福祉基礎シリーズ1　社会福祉の原理と思想』有斐閣、2003、分担執筆
『新時代の地域福祉を学ぶ』みらい、2002 年、分担執筆

貧困と地域福祉活動
―セツルメントと社会福祉協議会の記録―

2007 年 10 月 31 日　初版発行
2009 年 2 月 25 日　第 2 刷

著　　者　　柴田　謙治
発　行　者　　田村　茂男
発　行　所　　株式会社　みらい
〒 500-8137　岐阜市東興町 40 番地　第 5 澤田ビル
TEL　058-247-1227　FAX　058-247-1218
http://www.mirai-inc.jp/

印刷・製本　　サンメッセ株式会社

ISBN978-4-86015-124-9
Printed in Japan

乱丁本・落丁本はお取り替えします